Globale Migration zur Einführung

Helen Schwenken

Globale Migration zur Einführung

JUNIUS

Junius Verlag GmbH
Stresemannstraße 375
22761 Hamburg
www.junius-verlag.de

Umschlaggestaltung: Florian Zietz
Titelbild: Migration. Get used to it,
© Anne Giangiulio
Satz: Junius Verlag GmbH
Printed in the EU 2018
ISBN 978-3-88506-805-1

Bibliografische Information der Deutschen Nationalbibliothek
Die Deutsche Nationalbibliothek verzeichnet diese Publikation in der Deutschen Nationalbibliografie; detaillierte bibliografische Daten sind im Internet über http://dnb.d-nb.de abrufbar.

Zur Einführung ...

... hat diese Taschenbuchreihe seit ihrer Gründung 1977 gedient. Zunächst als sozialistische Initiative gestartet, die philosophisches Wissen allgemein zugänglich machen und so den Marsch durch die Institutionen theoretisch ausrüsten sollte, wurden die Bände in den achtziger Jahren zu einem verlässlichen Leitfaden durch das Labyrinth der neuen Unübersichtlichkeit. Mit der Kombination von Wissensvermittlung und kritischer Analyse haben die Junius-Bände stilbildend gewirkt.

Seit den neunziger Jahren reformierten sich Teile der Geisteswissenschaften als Kulturwissenschaften und brachten neue Fächer und Schwerpunkte wie Medienwissenschaften, Wissenschaftsgeschichte oder Bildwissenschaften hervor. Auch im Verhältnis zu den Naturwissenschaften sahen sich die traditionellen Kernfächer der Geisteswissenschaften neuen Herausforderungen ausgesetzt. Diesen Veränderungen trug eine Neuausrichtung der Junius-Reihe Rechnung, die seit 2003 von der verstorbenen Cornelia Vismann und zwei der Unterzeichnenden (M.H. und D.T.) verantwortet wurde.

Ein Jahrzehnt später erweisen sich die Kulturwissenschaften eher als notwendige Erweiterung denn als Neubegründung der Geisteswissenschaften. In den Fokus sind neue, nicht zuletzt politik- und sozialwissenschaftliche Fragen gerückt, die sich produktiv mit den geistes- und kulturwissenschaftlichen Problemstellungen vermengt haben. So scheint eine erneute Inventur der Reihe sinnvoll, deren Aufgabe unverändert darin besteht, kompetent und anschaulich zu vermitteln, was kritisches Denken und Forschen jenseits naturwissenschaftlicher Zugänge heute zu leisten vermag.

Zur Einführung ist für Leute geschrieben, denen daran gelegen ist, sich über bekannte und manchmal weniger bekannte Autor(inn)en und Themen zu orientieren. Sie wollen klassische Fragen in neuem Licht und neue Forschungsfelder in gültiger Form dargestellt sehen.

Zur Einführung ist von Leuten geschrieben, die nicht nur einen souveränen Überblick geben, sondern ihren eigenen Standpunkt markieren. Vermittlung heißt nicht Verwässerung, Repräsentativität nicht Vollständigkeit. Die Autorinnen und Autoren der Reihe haben eine eigene Perspektive auf ihren Gegenstand, und ihre Handschrift ist in den einzelnen Bänden deutlich erkennbar.

Zur Einführung ist in der Hinsicht traditionell, dass es den Stärken des gedruckten Buchs – die Darstellung baut auf Übersichtlichkeit, Sorgfalt und reflexive Distanz, das Medium auf Handhabbarkeit und Haltbarkeit – auch in Zeiten liquider Netzpublikationen vertraut.

Zur Einführung bleibt seinem ursprünglichen Konzept treu, indem es die Zirkulation von Ideen, Erkenntnissen und Wissen befördert.

Michael Hagner
Ina Kerner
Dieter Thomä

Inhalt

1. Einleitung

Diese Einführung beginnt mit der Infragestellung ihres Gegenstands: Denn viele der Konzepte, die in der Migrationsforschung lange zentral waren oder es weiterhin sind – Migrant_innen, Kultur, Identität, Integration, Grenze – werden von einer reflexiven oder kritischen Migrationsforschung inzwischen grundlegend kritisiert, weil sie auf dichotomischen Festschreibungen beruhen, deren stete Wiederholung Ein- und Ausschlüsse fixiert. Die Migrationsforschung ist immer schon aktiv an der Herstellung ihrer eigenen Kategorien und Themen beteiligt. Das bedeutet zwar nicht, dass es Migration, Grenzen oder Identitäten nicht gäbe. Aber sich dieser Produktions- und Konstruktionsprozesse bewusst zu werden sollte heute ein wesentliches Element der Migrationsforschung sein. Dazu will diese Einführung beitragen.

Nach einer klassischen Bestimmung wird Migration definiert als längerfristige, zumindest ein Jahr andauernde räumliche Verlagerung des Lebensmittelpunkts von Individuen oder Gruppen. In räumlicher Hinsicht gilt die Überschreitung einer Grenze als internationale Migration, die durch dieses Kriterium von der Binnenmigration unterschieden wird. Soziologische Definitionen benennen drei Dimensionen der Migration: den Ortswechsel, die damit einhergehende Veränderung des sozialen Beziehungsgeflechts sowie »Grenzerfahrungen« (Oswald 2007, 13). Bestimmendes Merkmal ist also die Verlagerung des Lebensmittelpunkts (Familie, Wohnung, Arbeit, soziales Netz, Kultur). Die Bewegung einer Person ist somit das entscheidende Kriterium.

Ein anderer Zugang, der neben den Individuen und Gruppen auch die betroffenen Gesellschaften auf zentrale Weise einbezieht, betrachtet »Migration als Perspektive«. Das bedeutet, dass mit dieser Perspektive »soziale Phänomene und Kontexte erfasst werden, für die die Überschreitung politischer und symbolischer Grenzen natio-ethno-kultureller Zugehörigkeit durch Menschen, Artefakte und Praxisformen konstitutiv oder zumindest kennzeichnend ist: Übersetzung oder Vermischung als Folge von Wanderungen, Entstehung von Zwischenwelten und hybriden Identitäten, Phänomene der Zuschreibung von Fremdheit, Strukturen und Prozesse des Rassismus oder auch die Erschaffung neuer Formen von Ethnizität und vieles andere mehr – all dies gehört zur migrationsgesellschaftlichen Realität, ist adressiert und sollte in den Blick genommen werden, wenn wir von Migration sprechen.« (Mecheril 2014, 111) Deutlich wird an dieser Beschreibung, dass es einen signifikanten Unterschied macht, ob Migrationsforschung auf die räumlich mobilen Subjekte blickt oder in einem umfassenderen Verständnis auch die Folgen von Wanderungsprozessen und Gesellschaften als Migrationsgesellschaften umfasst. Und deutlich wird auch, dass solchen Beschreibungen und Definitionen jeweils Annahmen zugrunde liegen, die wenigstens umstritten sind. Dennoch soll im Folgenden nicht ganz auf Begriffsklärungen verzichtet werden, da sie Verständigung erlauben und an ihnen auch das Ringen um Begriffe und die ihnen zugrunde liegenden Einschätzungen verdeutlicht werden kann.

Wie aber kann Migrationsforschung betrieben werden, ohne Migration und Migrant_innen als etwas von der Norm Abweichendes, als ›das Andere‹ zu denken? Einige programmatische Formulierungen lauten: »Entmigrantisierung der Migrationsforschung« (Dahinden 2016), »Migrantisierung der Gesellschaftsforschung« (Bojadžijev/Römhild 2014) oder »Migrationsforschung als Nicht-Ausländerforschung« (Mecheril et al. 2013, 16). Was ist damit gemeint? Zunächst einmal verfolgen diese Programme das Ziel, die Migrationsforschung wieder enger an die Sozialtheorie anzubinden, dichotomisierende Kategorien zu hinterfragen und nicht allein ›die Migrant_innen‹ zum Gegenstand zu machen, sondern Migrationsgesellschaften bzw. Segmente der allgemeinen Bevölkerung. Eine als »Ausländerforschung« verstandene Migrationsforschung richtet ihr Augenmerk »einseitig auf die Bedingungen gelingender Eingliederung von MigrantInnen in bestehende, direkt oder indirekt als gegeben geltende Ordnungen« (ebd., 14). Dazu zähl(t)en Assimilations- und Integrationsforschung, eine an Migration im Dienste des Humankapitals ausgerichtete Forschung sowie die historische Gastarbeiterforschung. Solche Perspektiven unterstützen die oft implizit wirksame Annahme, dass ›das Allgemeine‹ oder ›die Normalität‹ ein Zustand ohne Migrationsprozesse sei. Ausgangspunkt ihrer Problematisierung ist, dass sich die Migrationsforschung in zwei Kontexten institutionalisiert hat, zum einen im Rahmen der Herausbildung von Nationalstaaten und in den letzten Jahrzehnten im Zusammenhang einer engen Kopplung von Auftrags- und Migrationsforschung. Die Nationalstaatengründung bedeutete, ein Innen und ein Außen klar zu definieren, sowohl territorial mittels der Institution von Grenzen wie auch das Staatsvolk betreffend anhand der Unterscheidung von In- und Ausländer_innen. Nur wenn nationalstaatliche ›Container‹ die Analyseeinheit sind, macht der Begriff der internationalen Migration Sinn.

Im akademischen Feld war bzw. ist die Migrationsforschung randständig. Nicht zuletzt deshalb hat sie häufig in Form von Auftragsforschung stattgefunden oder wurde von politiknahen Stiftungen initiiert. Angefordert wurden Studien, die mit spezifischen Kategorien (Türkinnen, Muslime, Migrationshintergrund, Integration etc.) hantierten und konkrete Problemlösungen erwarteten. Ihre Kategorien sind einem Alltagsverständnis entlehnt, werden durch die permanente Wiederholung immer weniger hinterfragt und auf diese Weise zum Inventar einer Wissenschaft, wodurch sie sich wiederum ›normalisieren‹. Durch die Problemlösungsorientierung sehen sich die Wissenschaftler_innen aufgefordert, auf einer konkreten Ebene anzusetzen, wobei aber die oft tief verankerten und nur schwierig zu verändernden gesellschaftlichen Umstände von Migrationen (z.B. internationale Arbeitsteilung, rassistische und antiziganistische Kontinuitäten, der »monolinguale Habitus« [Gogolin 2008] des Schulsystems) außer Acht bleiben. Beide Tendenzen haben dazu geführt, dass die Institutionalisierung der Migrationsforschung mit der Reproduktion von Kategorien einhergeht und auf einem »Paradigma der normalisierten Differenz« (Dahinden 2016, 2210) aufbaut, das eine reflektierende sowie eine breiter gesellschaftstheoretisch orientierte Migrationsforschung an sich infrage zu stellen beabsichtigt. Dass sie hinterfragt werden, soll nicht bedeuten, dass es Migrant_innen oder Migration nicht gäbe. Auch sind Ergebnisse von Arbeiten, die dem klassischen Containermodell folgen und Muster von Wanderungen oder gesellschaftlicher Inkorporation identifizieren, nicht pauschal von der Hand zu weisen. Jedoch muss auch die entsprechend verfahrende Forschung selbstreflexiv konstatieren, dass Migrationsforschung selbst Teil des Problemkomplexes geworden ist, den sie zu beschreiben und erklären beabsichtigte (Bommes/Thränhardt 2010, 9).

Einen einfachen Weg aus dieser grundsätzlichen Problematik der Migrationsforschung gibt es nicht, jedoch können einige über Migration und Migrant_innen hinausgehende Forschungsperspektiven ihr entgegenwirken: Migrationsprozesse sind in allen Dimensionen soziologischer Betrachtung relevant: bezogen auf das Individuum sowie die Gesellschaft und in ihren vielfältigen Verflechtungsformen; Migration ist relevant für das soziale Handeln, die soziale Ordnung sowie den sozialen Wandel. Diese Dimensionen sind, gekoppelt und korrespondierend mit der Analyse entsprechender Prozesse mithilfe von Gesellschaftstheorien, zu berücksichtigen. Insofern ist die Gesellschaftsforschung zu »migrantisieren« (Bojadžijev/Römhild 2014).

Migrationsforschung sollte zudem nicht nur eine Spezialdisziplin (eine sogenannte spezielle Soziologie) sein. Migrant_innen treten »in allen relevanten sozialen Kontexten, der Ökonomie, der Politik, dem Recht, der Erziehung, der Gesundheit, dem Sport, den Massenmedien oder der Religion individuell oder als Familien sozial in Erscheinung [...]. Migrationssoziologen müssen damit zugleich immer auch Familien-, Erziehungs-, Jugend- oder Rechtssoziologen, Arbeitsmarktforscher, Betriebs-, Industrie- oder Organisationssoziologen, Ungleichheitsforscher, Konfliktsoziologen, Politikwissenschaftler oder Staatstheoretiker usw. sein« (Bommes 2011, 36). Es mag also zwar disziplinäre Spezialisierungen geben, aber eine gute Migrationsforscherin ist immer auch Generalistin und greift auf Befunde aus anderen Disziplinen und Kontexten zurück.

Als Antwort auf die Reproduktion von als problematisch empfundenen Kategorien durch die Wissenschaft reicht das Spektrum der migrationstheoretischen Positionen ähnlich wie in der feministischen Wissenschaft vom »strategischen Essentialismus« (Phillips 2010) über intersektionale Ansätze bis zur Dekonstruktion. Eine strategisch-essentialistische Perspektive etwa nutzt die Kategorien, erläutert aber ihre Entstehung und reflektiert ihren Kontext. In einigen Forschungsdesigns wird die Kritik auch dahingehend übersetzt, dass die gleiche Gruppe in verschiedenen (oftmals Länder-)Kontexten untersucht wird, um so der Zuweisung von bestimmten Eigenschaften an eine Gruppe

(›die zweite Generation‹) entgegenzuwirken und diese Zuschreibung vielmehr zum Gegenstand der Untersuchung zu machen. Intersektionale Ansätze arbeiten ebenfalls mit teils herkömmlichen Kategorien, zeigen aber deren Verflechtung und Ineinanderwirken auf (Lutz/Amelina 2017; Meyer 2017). Wie in der feministischen Diskussion ist hier die Bezugnahme auf Kategorien ambivalent und paradox. So können gruppenbezogene Positionen politisch sowohl emanzipatorisch wirken (›Neue Deutsche‹) und zur Erlangung sowie juristischen Kodifizierung von Rechten (Antidiskriminierungsgesetz, Anerkennung als verfolgte Minderheit etc.) führen als auch zur Referenz für Gegenbewegungen werden. Eine dekonstruktivistisch oder poststrukturalistisch orientierte Migrationsforschung hingegen kritisiert eine auf herkömmlichen Kategorien basierende Forschung radikal. Dies hat methodologische Konsequenzen, indem Kategorien als flexibel und veränderbar bzw. als letztlich nicht einmal definierbare Zugehörigkeiten in das Forschungsdesign eingelassen werden (z.B. Findlay/Li 1999).

1.1 Perspektiven auf globale Migration

Über Migration lässt sich ohne eigene Schwerpunktsetzungen (und die damit einhergehenden Auslassungen) sowie ohne eine eigene Positionierung keine Einführung schreiben. Daher seien hier die Perspektiven benannt, die für diesen Band maßgeblich sind.

Die erste Perspektive, die dieses Buch einnimmt, besteht in der sozialkonstruktivistischen Herangehensweise an das Thema Migration. Die Frage »Gibt es Migration?« scheint zwar eine einfach zu beantwortende empirische Fragestellung zu sein. Aber ganz so einfach ist es dann doch nicht. Denn Migration wird hergestellt – etwa durch Bezeichnungspraxen, durch Statistiken, durch Theorien, durch Separierungen; und damit auch durch die Migrationsforschung, die deshalb nicht einfach ihren Gegenstand ›hat‹, sondern an dessen Herstellung konstitutiv beteiligt ist. Migration gibt es nur dann, wenn bestimmte Mobilitätsformen als Migration verstanden und benannt werden. Wie anders ist zu erklären, dass bei mobilen Hochqualifizierten von *expats* die Rede ist und nicht von Migrant_innen? Benennungen sind von Strukturen der Macht und von normativen Orientierungen gekennzeichnet. Gerade im Zusammenhang mit Migrationsfragen wird häufig die Frage nach der Erwünschtheit von Migration und Migrant_innen gestellt, und nur selten ist bei der Erörterung dieser Frage eine neutrale Grundeinstellung vorherrschend. Das hat vor allem mit dem Etikettieren (Labeling) von bestimmten Menschen als ›Illegale‹, als ›Menschen mit Migrationshintergrund‹, als ›Flüchtlinge‹, als ›kriminelle Einwanderer‹ zu tun, wobei sogleich ins Auge fällt, dass es nur sehr wenig positiv konnotierte Etiketten für Zugewanderte gibt. Und auch die auf den ersten Blick zumeist nicht als negativ assoziierten Zuschreibungen erweisen sich bei näherem Hinsehen – und für die Betroffenen erst recht – als stigmatisierend. Beispiele dafür sind Bezeichnungen wie ›Opfer von Menschenhandel‹ oder ›IT-Inder‹. Die Forschung zu *race relations* in den USA konnte zeigen, wie sich das negative Bild Schwarzer durch entsprechende Label verfestigt und diese, einmal in der Welt, kaum wieder rückholbar sind bzw. immer wieder aufgerufen werden (Davis 1981, Kap. 11 »Rape, Racism and the Myth of the Black Rapist«). An dieser Herstellung von Migration und ihren Subjekten sowie den Diskursen über Migration ist eine Vielzahl von Akteur_innen beteiligt.

Dies leitet über zur zweiten, nämlich der kritischen regimetheoretischen Perspektive dieses Bandes. In der Migrationsforschung finden sich unterschiedliche theoretische Ansätze zu Regimen (zur Übersicht: Pott/Rass/Wolff 2018). Regime-Ansätze in den Internationalen Beziehungen (z.B. Beiträge in Ghosh 2000) haben ein stark institutionalisiertes Akteurs- und Politikverständnis. Als Regime gilt dort beispielsweise das Flüchtlingsschutzregime mit klaren Normen, Definitionen, zuständigen Organisationen und Handlungsabläufen. In der ethnografischen Migrations- und Grenzregimeforschung (z.B. Forschungsgruppe Transit Migration 2007; Tsianos/Karakayalı 2010) wird das Akteurs- und Handlungsspektrum hingegen deutlich breiter gefasst. Als Regime gilt hier »ein Ensemble von gesellschaftlichen Praktiken und Strukturen – Diskurse, Subjekte, staatliche Praktiken –, deren Anordnung nicht von vornherein gegeben ist, sondern das genau darin besteht, Antworten auf die durch die dynamischen Elemente und Prozesse aufgeworfenen Fragen und Probleme zu generieren« (Karakayalı/Tsianos 2007, 14). Gemäß diesem Verständnis nähert sich diese Forschung den Migrations- und Grenzregimen in methodologischer Hinsicht vor allem ethnografisch und analysiert Praktiken (»praxeologische Grenzregimeanalyse«, Tsianos/Hess 2010) und Diskurse. Eine historisch-materialistische Weiterentwicklung oder Reinterpretation des Regimebegriffs (Georgi 2016; Forschungsgruppe Staatsprojekt Europa 2013) wiederum greift auf die Staatstheoretiker Nicos Poulantzas, Antonio Gramsci und Louis Althusser sowie die Regulationstheorie, zurückgehend auf den französischen Politökonom Michel Aglietta, zurück und stellt Hegemonieprojekte bzw. gesellschaftliche Kräfteverhältnisse, deren strukturelle Verankerungen und konkurrierende Hegemonieprojekte (das neoliberale, das konservative, das national-soziale und pro-europäisch-soziale, das linksliberal-alternative und das linksradikale, Forschungsgruppe Staatsprojekt Europa 2013, 64–80) ins Zentrum der Analyse. Damit wird ein stärkerer Akzent auf die systemischen und politökonomischen Aspekte von Migrationsregimen gelegt, in deren Kontext die Auseinandersetzungen um

Migration stattfinden. Die beiden letzten Verständnisse von Migrationsregimen informieren diese Einführung, indem sie gesellschaftliche Auseinandersetzungen um Migration, Rechte und gesellschaftliche Teilhabe in den Mittelpunkt stellen und Migrant_innen als Akteure von Regimen und Politiken einbeziehen, ohne dabei jedoch Strukturen aus dem Blick zu verlieren.

Eine dritte Perspektive, die in dieser Einführung leitend ist und die Wahl des Covermotivs bestimmte, fasst Migration als globales Phänomen und als Ausdruck globaler sozialer Ungleichheiten. Migration betrifft Aus- und Einwanderung gleichermaßen, und viele Migrant_innen sind bzw. fühlen sich, wie der algerische Soziologe Abdelmalek Sayad es formuliert hat, »doppelt abwesend« – im Herkunftsland vergessen und im Zielland nicht repräsentiert (Sayad 2004). Migrationsprozesse sind sehr häufig, selbstverständlich mit Ausnahmen, auf durch Kolonialismus und Kapitalismus entstandene Ungleichheiten zurückzuführen. In den Herkunftsgesellschaften wirken diese Faktoren oft weiter ungleichheitsverstärkend, weil es nicht die Ärmsten sind, die migrieren, sondern zumeist ressourcenstärkere Menschen, deren Angehörige zudem über den Erhalt von Überweisungen durch die migrierten Verwandten in ihrer Position gestärkt werden. All diese Prozesse vollziehen sich nicht linear oder in eine Richtung, wohl aber lassen sich Muster erkennen. Lange war bzw. noch immer ist die deutschsprachige Migrationsforschung sehr auf den deutschen und europäischen Kontext und die als für diese Gesellschaften relevant wahrgenommenen Folgen von Migration fokussiert und lässt sich insofern zu großen Teilen als Integrationswissenschaft kennzeichnen – mit den bereits skizzierten Verengungen, die das zur Folge hat. Leser_innen, die stärker an diesem Feld interessiert sind, seien auf einschlägige Überblicks- und Einstiegswerke verwiesen (z.B. Aumüller 2015; Hoesch 2018; Hess/Binder/Moser 2009).

Die vierte Perspektive dieser Einführung ist eine genderanalytische. Migrationen wirken, genauso wie andere gesellschaftliche Faktoren, ganz unterschiedlich auf Geschlechter und Geschlechterverhältnisse und sind in komplexer Weise mit den verschiedenen Dimensionen sozialer Stratifizierung verbunden (Intersektionalität). Die meisten der klassischen Migrationstheorien sind jedoch von einem Gender Bias geprägt, der entweder mögliche Genderdifferenzen aufgrund einer individuumszentrierten Perspektive nicht in Betracht zieht oder Frauen pauschal als abhängige oder nachziehende Familienangehörige versteht. Auch in bestimmten Migrationspolitiken werden beispielsweise die Kategorien Alter und Bildung neben Geschlecht als bedeutsame Marker für die Zuweisung ungleicher Mobilitätsrechte verwendet, wenn etwa eine Regierung, in diesem Fall die indische, festlegt, dass Frauen im Alter von unter dreißig Jahren und mit nur geringer formaler Bildung nicht emigrieren dürfen.

Fünftens versucht diese Einführung, Regulationen von Migration immer auch in ihren Widersprüchlichkeiten zu begreifen. So wurde etwa die eben erwähnte Bestimmung der Migrationspolitik Indiens mit der Intention eingeführt, Personengruppen zu schützen, die als besonders vulnerabel eingeschätzt wurden. Für viele der Betroffenen stellt sie indes eine patriarchale, bevormundende Restriktion ihrer Bewegungsfreiheit dar. Solch widersprüchliche Verhältnisse etwa von Schutz versus Restriktion durchziehen eine größere Zahl von Migrationspolitiken. Und an ihnen kristallisieren sich soziale Artikulationen, deren Spektrum von unsichtbaren Widerstandshandlungen (bspw. im Sinne von »hidden transcripts«, Scott 1990; oder unsichtbaren (Alltags-)Politiken, Ataç et al. 2015) bis zu stärker formalisierten Reaktionsmustern in sozialen Bewegungen und Organisationen (exemplarisch: Bratic 2000; Özcan 1992; Schwenken 2006) reicht. Auch dieser Aspekt von Migration wird in dieser Einführung nicht gesondert behandelt, sondern jeweils in die Kapitel integriert.

1.2 Migrationsforschung global

Nicht nur Migrationsprozesse sind global und in globale Ungleichheitsstrukturen eingelassen, sondern dasselbe gilt auch für die Migrationsforschung selber. Bei der Forschungsfinanzierung und der Verbreitung von Veröffentlichungen ist zweifelsohne eine US-amerikanische und europäische Dominanz zu konstatieren. Wie selbstverständlich wurden (und werden) in führenden Zeitschriften Artikel mit allgemeingültigen Ansprüchen veröffentlicht, die sich jedoch, ohne dass dies thematisiert würde, ausschließlich auf die USA oder Europa beziehen. Forschung aus dem Globalen Süden hat es dagegen deutlich schwerer, wahrgenommen zu werden. Dabei gibt es in allen Kontinenten ausgezeichnete Migrationsforschung.

In Afrika gilt Migration aus historischer Perspektive eher als der Normalzustand denn Sesshaftigkeit, wird jedoch von Forscher_innen des Globalen Nordens häufig als etwas Exzeptionelles dargestellt. Fragen von Mobilität und Translokalität sind im afrikanischen Kontext in viele Forschungsfelder eingelassen, ohne gleich als Migrationsforschung gekennzeichnet zu sein. In den Regionen sind dabei je spezifische Entwicklungen charakteristisch (bspw. zu Westafrika: Adepoju 2003). Migrationsforschende sind u.a. in dem 1998 durch die UNESCO initiierten *Network of Migration Research on Africa* (NOMRA) oder über Fachverbände wie die »Sektion Migration« der *Union for African Population Studies* (UAPS) vernetzt. Das seit 1993 bestehende *African Centre for Migration & Society* (ACMS) an der University of the Witwatersrand in Johannesburg in Südafrika oder das *Center for*

Migration and Refugee Studies an der American University Cairo in Ägypten sind zwei explizit auf Migrationsfragen ausgerichtete Institute. Am ACMS trägt ein Forschungsschwerpunkt die Projektbebezeichnung »Governing Morality: Gender, Sexuality & Migration« (Palmary 2017) und verdeutlicht damit die biopolitische Verquickung der betreffenden Dimensionen im politischen Umgang mit Migration in vielen afrikanischen Ländern bzw. bei der Migration von Afrikaner_innen nach Europa. Ferner gibt es einige *policy*-orientierte (Forschungs-)Institute mit dem Schwerpunkt Migration wie das *African Migration and Development Policy Centre* (AMADPOC) am UN-Sitz Nairobi in Kenia. In der angewandten Forschung stehen Fragen von Migration und Entwicklung oben auf der Agenda (z.B. Adepoju 2007). Ein weiteres wichtiges Thema sind die Fluchtbewegungen bzw. die Auswirkungen langanhaltender Fluchtsituationen auf die Betroffenen, die von der Friedens- und Konfliktforschung wie auch von der Fluchtforschung, allerdings primär von Autor_innen aus Großbritannien und Kanada, behandelt werden.

In vielen asiatischen Ländern gibt es eine gut ausgebaute Migrationsforschung. Anerkannte Fachzeitschriften für den (süd-)asiatischen Raum sind u.a. *The South Asian Diaspora* (seit 2009) und das *Asian and Pacific Migration Journal* (seit 2006). Einen Überblick über die in Indien laufenden Forschungen und Debatten gibt der jährlich erscheinende *India Migration Report* (z.B. Irudaya 2017) sowie für Südasien neuerdings der *South Asia Migration Report* (Irudaya 2016). Wichtige Migrationsforschung findet u.a. am *Centre for Development Studies* in Thiruvananthapuram, Kerala, oder am *Zakir Husain Centre for Educational Studies* an der Jawaharlal Nehru University in Neu-Delhi statt. Einen Schwerpunkt der indischen Migrationsforschung bilden »Diasporabeziehungen«, d.h. die Bezüge historischer Migrationsbewegungen (vor allem *bonded labour*) bzw. heutiger oft hochqualifizierter

Emigration zum Herkunftsland in kultureller, familiärer, ökonomischer Hinsicht. In Dhaka in Bangladesch soll mit der *Research and Migratory Movements Research Unit* (RMMRU, gegründet 1995) die Lücke zwischen akademischer Forschung, globalen Migrationsdiskursen und lokalen Organisationen geschlossen werden. In Thailand wurde 1987 das *Indochinese Refugee Information Center* gegründet, das mit den Veränderungen der Flucht- und Migrationsprozesse in das jetzige *Asian Research Center for Migration* (ARCM) an der Chulalongkorn University übergegangen ist. An der National University of Singapore wird im *Asia Research Institute* im Cluster »Asian Migration« mit einem Schwerpunkt u.a. auf Globalisierung, *global cities* und (Im-)Mobilitätspraktiken geforscht. Die Binnenmigration in China (Fan 2014), die chinesische Diaspora weltweit (Chan 2018) und das für Chines_innen vergleichsweise neue Migrations- und Investitionsziel Afrika sind einige der chinabezogenen Themen.

In Mittel- und Südamerika ist die Migrationsforschung in den jeweiligen Ländern sehr unterschiedlich stark institutionalisiert, was sowohl mit der Ausstattung der Universitäten als auch mit der Bedeutung von Migration in den betreffenden nationalstaatlichen Kontexten zusammenhängt. Im lateinamerikanischen sozialwissenschaftlichen Forschungsverbund CLACSO, *Consejo Latinoamericano de Ciencias Sociales*, befasst sich eine transnationale Arbeitsgruppe mit Süd-Süd-Migrationen. Im nordamerikanischen Mexiko gibt es die wohl am weitesten ausgebaute Migrationsforschung, u.a. mit Schwerpunkten zu den jeweiligen geografischen Besonderheiten in Grenzlagen wie am *Colegio de la Frontera Norte* in Tijuana, wo auch die Zeitschrift *Migraciones Internationales* herausgegeben wird, und am ECOSUR in Tapachula an der Südgrenze oder in Regionen mit starker Emigration wie in der Entwicklungsforschung an der Universidad Autonóma de Zacatecas, wo der *UNESCO-Lehrstuhl für Migration,*

Development and Human Rights einen Kern der Forschungsarbeit bildet und die Zeitschrift *Migración y Desarrollo* sowie zahlreiche Buchreihen herausgegeben werden. In Ecuador legt die Migrationsabteilung von FLACSO (*Facultad Latinoamericana de Ciencias Sociales Sede Ecuador*) einen Fokus auf den Zusammenhang von Gender und Migration.

1.3 Nationalstaatliche Paradigmen von Migrationsforschung

Welchen Einfluss haben regionale Spezifika und die jeweils vorherrschenden Formen der Repräsentation in unterschiedlichen Migrationsregimen auf die dort stattfindende Migrationsforschung, konkreter auf Definitionen, die Identifikation von Problemen und auf die Theoriebildung? Einen schematischen Wirkmechanismus gibt es in dieser Hinsicht sicherlich nicht, zudem sind die unterschiedlichen Migrationsregime steten Veränderungen – und in regionalen Verbünden wie der Europäischen Union in Teilen Angleichungen – ausgesetzt. Dennoch kann eine entsprechende Systematisierung helfen, Unterschiede zu erkennen. So ist für die deutsche Migrationsforschung charakteristisch, dass Konzepte von Integration eine viel bedeutsamere Rolle spielen als etwa in der französischen Migrationsforschung. Michael Bommes und Dietrich Thränhardt (2010) sprechen daher von »nationalen Paradigmen« der Migrationsforschung.

Mit Blick auf Migrationsbewegungen unterscheiden sich Staaten grundsätzlich danach, ob sie primär Emigrations- oder Immigrationsstaaten sind, wobei bei Ersteren eine erhebliche Rolle spielt, was die Gründe für Emigration sind und wie aktiv die Rolle des Staates dabei ist, und bei Letzteren, ob sie sich selbst als Einwanderungsländer verstehen oder dies ›wider Willen‹ geworden sind. In Wohlfahrtsstaaten werden Migrant_innen sehr unterschiedlich wahrgenommen, entweder als potenzielle Last und Betrüger_innen oder als Beitragszahlende und künftige Staatsbürger_innen, und diese Wahrnehmung korrespondiert teils mit der von Gøsta Esping-Andersen etablierten Unterscheidung liberaler, konservativer und sozialdemokratischer Wohlfahrtsstaatsmodelle (Esping-Andersen 1990). Ein- bzw. Ausschlussorientierungen sind daher ebenso wie das Staatsbürgerschaftsmodell und die Rolle von nachwirkendem Kolonialismus wichtig, und die Differenzen gehen häufig auf die unterschiedlichen Formen der Nationalstaatsbildung sowie die Situierung der betreffenden Staaten in der internationalen Arbeitsteilung zurück, wo sie sich dann mehr oder weniger direkt in der jeweiligen Migrationsforschung zeigen.

Für die meisten europäischen Staaten – Frankreich, die Niederlande, Deutschland und Großbritannien – steht, wie die Tabelle unten zeigt, die Perspektive der Einwanderung im Fokus, in den Hintergrund getreten sind dagegen die historischen Phasen, in denen etwa in Deutschland Auswanderung oder Exil wichtigere Referenzen waren. Andere langfristig wirksame geschichtliche Ereignisse und Kräfte wie der Kolonialismus oder die Französische Revolution behalten demgegenüber bei der Ausgestaltung auch der aktuellen Migration gerade in Frankreich und Großbritannien ihre Bedeutung. Für Großbritannien kann in der Migrationsforschung das *race-relations*-Paradigma, für die Niederlande das Paradigma der ethnischen Minderheiten, für Frankreich jenes der Assimilation in die französische (Staats-)Bürgerschaft und für Deutschland die Integration in den Wohlfahrtsstaat als zentral gelten (Bommes/Thränhardt 2010, 9, 23 f.). Als »national« charakterisieren Bommes und Thränhardt die Paradigmen der Migrationsforschung aber nicht nur aufgrund des spezifischen nationalen Kontextes, sondern auch, weil Migrationsforschung ihre Anfänge als angewandte Forschung mit Lösungsauftrag hatte, von diesen Gegebenheiten immer noch stark beeinflusst ist und es in den jeweiligen Ländern staatliche Akteure und Institutionen sind, die das Staatsbürgerschaftsmodell, die Einwanderungsbedingungen und das, was jeweils als Problem wahrgenommen wird, definieren (ebd., 10). Es gibt also Besonderheiten in den jeweiligen Nationalstaaten, aber auch vergleichbare Debatten, die teils mit unterschiedlichen Begrifflichkeiten geführt werden: Wenn sich zum Beispiel in den USA die Diskussion in der Migrationsforschung um Konzepte von Assimilation dreht und zwischen kultureller und struktureller Assimilation unterschieden wird, so verläuft die gleiche Debatte in Deutschland stärker entlang der Konzepte von Integration und Ungleichheit/Benachteiligung.

	Basis: Individuum	**Basis: Individuum**
Zielkonzept Inklusion	**Frankreich** Hilfekultur: (Individual-) Inklusion durch Staatsangehörigkeit, Assimilierung Organisierung: repräsentative Migrant_innenorganisierung, Kampagnen	**Niederlande** Hilfekultur: Inklusion auf ethnischer Basis, Minorisierung Organisierung: Förderung der Selbstorganisierung ethnischer Gruppen, Minderheiten-Netzwerke
Zielkonzept Exklusion	**Deutschland** Hilfekultur: hoheitlich-paternalistische (Individual-) Exklusion, Klientelisierung Organisierung: soziale (Betreuungs-) Verbände für Migrationsprobleme, Wohlfahrtsverbände	**Großbritannien** Hilfekultur: *racial*/paternalistische Exklusion, Ethnisierung Organisierung: *communities*, »race relations industry«, *voluntary sector*

Unterscheidung nationaler Einwanderungsregime, Quelle: Bauer 1999, 502, 6.

Für die Migrationsforschung in Staaten mit einer anderen Stellung in Migrationssystemen oder dem globalen Migrationsgeschehen passen die auf die westlichen Industriestaaten gemünzten und am wohlfahrtsstaatlichen Modell ausgerichteten Paradigmen nicht, so dass sich dort andere Orientierungen ergeben, die weniger auf die Modi der Inkorporation schauen, sondern auf die Bedeutung von Migration allgemein: So konzentrieren sich die Studien am *Centre for Development Studies* in Thiruvananthapuram im südindischen Kerala auf den Komplex »Entwicklung durch Migration«, für den große soziale Kosten und Mechanismen von Ausbeutung bedeutsam sind (z.B. Irudaya/Varghese/Jayakumar 2011). Anders Arbeiten aus Mexiko: Auch dort sind Fragen lokaler Entwicklung und die Wirkungen staatlicher Förderung von Rücküberweisungen und Investitionen ein wichtiges Thema, stehen aber neben der Thematisierung des Transits durch Mexiko, der Abschiebung von Mexikaner_innen aus den USA (z.B. París Pombo 2012), der Gestaltung von Diasporabeziehungen (Fitzgerald 2008) und vergleichenden Langzeitbeobachtungen zu den Wirkungen von Rückkehrmigration (z.B. García Zamora 2017). Zusammenfassen lassen sich diese Perspektiven als das in der mexikanischen Migrationsforschung dominierende »Emigrationsstaatsparadigma«, und ganz ähnlich ist beispielsweise die Migrationsforschung zu den Philippinen mit ihrer Akzentuierung der für die Emigration errichteten staatlichen Infrastruktur einzuordnen (Guevarra 2010; Rodriguez 2010).

Wie stabil sind diese nationalen Paradigmen? Lässt sich eine Migrationsforschung vorstellen, die nicht von nationalen Paradigmen bestimmt ist? Bei den zuletzt beschriebenen Leitvorstellungen aus Emigrationsstaaten spricht vieles für eine vergleichsweise Stabilität der Forschungsperspektiven. Etwas anders sieht es für die europäischen Staaten aus, in denen sich in den letzten Jahrzehnten ein Wandel vollzogen hat. So vertritt Christian Joppke in *Beyond national models* (2007) die These einer Einebnung der nationalen Unterschiede in den leitenden Politiken zur Inkorporation von Zugewanderten in Westeuropa und führt das Beispiel der Niederlande an: Dort wurde der lange Zeit vorherrschende multikulturelle Ansatz aufgegeben, und es findet eine Verknüpfung von Integrationspolitik und Migrationskontrolle bzw. Sicherheitspolitik statt, die eine ›schlechte Integration‹ sanktioniert und verpflichtende Maßnahmen zur *civic integration* vorsieht. Seit 2006 wird von den Einwandernden erwartet, dass sie sich bereits vor der Einwanderung auf die Integration vorbereiten (*integration from abroad*). Damit finde eine Angleichung an die deutsche Praxis statt, die ebenfalls in anderen europäischen Ländern zu sehen sei und die Joppke als »repressive liberalism« (ebd.) bezeichnet. Mit Blick auf die Ausbreitung des Ansatzes der *civic integration* listet er die Länder auf, die der niederländischen Trendwende »als Modell für Europa« gefolgt sind: Schweden, Finnland, Dänemark, Frankreich, Belgien, Österreich, Portugal und Spanien (ebd., 9). Wenn diese These zutrifft, dann hätte dies auch Auswirkungen auf die Migrationsforschung. Betrachtet man dabei vornehmlich die Institutionen, dann dürften die Veränderungen jedoch eher längerfristiger Natur sein, zumal der Einfluss von Paradigmen wie in Deutschland der Integrations- und Assimilationstheorie von Hartmut Esser (1980) nicht zu unterschätzen ist.

Um einen Überblick über die in Deutschland über lange Zeiträume dominierenden Themenschwerpunkte, Dauerkontroversen und die favorisierten theoretischen Bezugsrahmen zu geben, wird im folgenden Abschnitt auf die Entwicklung der Migrationsforschung in West- und Ostdeutschland sowie seit 1990 in Gesamtdeutschland eingegangen.

1.4 Stationen der Migrationsforschung in West- und Ostdeutschland

Die Entwicklung der wissenschaftlichen Auseinandersetzung mit Migration nachzuzeichnen ist wie in anderen Disziplinen auch eine Frage der Deutung, von Selektion und Simplifizierung. Da diese Einführung gegenwartsorientiert angelegt ist, lässt sich hier nur ein notwendigerweise unvollständiger Abriss auf die Forschung zu je zeitgenössischen Migrationsphänomenen geben. Für ein weitergehendes Interesse sei auf die historische Migrationsforschung und die entsprechenden Übersichtswerke verwiesen (z.B. Bade et al. 2007; Oltmer 2012).

Die systematische Beschäftigung mit Fragen der Migration begann in Deutschland im 18. Jahrhundert zur Zeit der zunehmenden Auswanderung nach Nordamerika. Schon zu dieser Zeit standen Fragen von Politik und Verwaltung im Vordergrund: Welche ökonomischen Folgen hat die Emigration und wie lässt sie sich verhindern? Eine Untersuchung mit dieser Leitfrage führte 1817 der junge Nationalökonom Friedrich List im Rahmen seiner Tätigkeit im Finanzministerium unter Auswandernden in Baden und Württemberg durch und kam zu dem Ergebnis, dass die Teilung von Grundbesitz unter den Erbberechtigten dazu führte, dass viele kein Auskommen mehr hatten und sich zur Auswanderung gezwungen sahen (List 1842). Eine im engeren Sinne wissenschaftliche, von der Ökonomie dominierte und auf Auswanderungsfragen gerichtete Beschäftigung mit Migration begann in Deutschland an der Wende vom 19. zum 20. Jahrhundert. Im heutigen Jargon gesprochen, befasste sich diese Forschung viel mit dem Phänomen des *brain drains* und der durch die Emigration verlorenen (Aus-)Bildungsinvestitionen. Es folgten Arbeiten zur Ost-West-Wanderung sowie zur Industrialisierung. Im Vergleich zu anderen Ländern war die Migrationsforschung in Deutschland bis zum Zweiten Weltkrieg randständig.

Die sich nach dem Nationalsozialismus, insbesondere in Westdeutschland nach 1968 und vor allem durch Exilierte sowie teils durch Remigrierte entwickelnde Exilforschung befasst sich mit der »Aufarbeitung von einzelnen Lebensgeschichten und Kollektivbiografien [der von den Nationalsozialisten Verfolgten und Vertriebenen, HS] und zugleich auch [mit] den [...] vergessenen oder verdrängten Ideen und Werke[n], wissenschaftlichen Ansätze[n] und kulturellen Leistungen sowie [den] von ihnen begründeten Schulen und Institutionen« (Hansen-Schaberg 2014). Die *Deutsche Forschungsgemeinschaft* (DFG) förderte Studien zur zwangsweisen Wissenschaftsemigration. In Ostdeutschland befasste sich die Arbeitsgruppe »Exilforschung« an der *Akademie der Wissenschaften* vor allem mit dem antifaschistischen Exil; in Westdeutschland gründete sich 1984 die immer noch aktive *Gesellschaft für Exilforschung*. Viele Institute, Archive und Universitäten in Deutschland und in Ländern, in denen die Exilierten leb(t)en, kooperieren bei der Sammlung, Erschließung und Erforschung von individuellen und kollektiven Biografien, Werken und Dokumenten. Die Lebensgeschichten von Exilantinnen und geschlechtsspezifische Aspekte des Exils wurden vor allem von Exilforscherinnen sichtbar gemacht: »Die Revision des Klischees von der Emigrantin ausschließlich als Ehefrau, Mutter und Familienstütze war überfällig, handelte es sich doch vielfach um Angehörige einer Generation von Frauen, die den Zugang zu höherer Bildung, zum Universitätsstudium und zur Berufstätigkeit erkämpft hatten. Dass sich dennoch die Geschlechterzuschreibungen so hartnäckig halten konnten, hat seine Ursachen in der Verdrängung emanzipatorischer und egalitärer Ansätze der 1920er Jahre.« (Hansen-Schaberg 2014) In jüngerer Zeit hat die Exilforschung ihr Feld in mehrfacher Hinsicht erweitert.

Wurden zunächst die Biografien und Werke bekannter Exilierter aus Literatur, den Künsten und der Wissenschaft untersucht, so erweiterte sich das Spektrum später auf das »Exil der kleinen Leute« (Benz 1991). Zudem wurden nun auch andere Formen des Exils und der gewaltinduzierten Migration im 20. Jahrhundert berücksichtigt, die der Tatsache Rechnung trugen, dass Flucht und Gewaltmigration anhaltende Phänomene sind. Die Aufgabe der Exilforschung stellt sich insofern heute etwas anders dar als in der Konstituierungsphase: »Aufgabe der Exilforschung«, bemerkt Wolfgang Frühwald, »scheint mir demnach zu sein, das kommunikative und das kulturelle Gedächtnis zugleich an einem historisch und anthropologisch verbindlichen Gegenstand zu schulen. Eine solche Exilforschung [...] würde gehört und verstanden werden, weit über die Kreise der ›Betroffenen‹ und die Fachkreise hinaus.« (Frühwald 1995, 57) Interessanterweise aber entwickelten sich Exil- und Migrationsforschung getrennt, auch die aktuell sich begründende Flucht- und Flüchtlingsforschung ist wenig mit der Exilforschung verbunden, obgleich einige der Fragestellungen nah beieinander liegen und selbst der Praxistransfer wie etwa die reformpädagogischen Leistungen in der Arbeit mit jüdischen Kindern und Jugendlichen für die heutige Arbeit mit unbegleiteten Minderjährigen Anschlüsse bieten könnte.

In Deutschland setzte die wissenschaftliche Beschäftigung mit der sogenannten Gastarbeitseinwanderung zur etwa selben Zeit wie die Exilforschung ein. Marxistische Wissenschaftler_innen verstanden die deutsche Anwerbepolitik als Teil neokolonialer und imperialistischer Politik (z.B. Nikolinakos 1973): »Die ausländischen Arbeiter sind in ihrer Heimat Opfer kapitalistischer Krisenwirtschaft und Armut. Sie wurden in die BRD geholt, weil das Kapital zusätzliche Arbeitskräfte ausbeuten wollte.« (Bech/Faust 1981, 7). Diese »Reservearmeethese« fand große Verbreitung. Migrationshistorische Arbeiten diskutierten die Zuwanderung von ›Gastarbeitern‹ im Vergleich mit anderen Migrationsprozessen in Deutschland wie der Überseeauswanderung im 19. und 20. Jahrhundert, der kontinentalen Einwanderung in Kaiserreich und Weimarer Republik sowie der ›Fremdarbeiterfrage‹ während des Nationalsozialismus (Bade 1983). Exil und Arbeitsmigration waren, auch in der Forschung, teils eng miteinander verbunden, da es für Linke, Oppositionelle und Verfolgte aus Portugal, Spanien oder Griechenland einfacher war, als ›Gastarbeiter_in‹ nach Deutschland zu kommen, denn um Asyl nachzusuchen (z.B. Seibert 2008). Der Großteil dieser Arbeiten stammte aus der Sozialen Arbeit, der Soziologie, der Sprachwissenschaft und der Pädagogik, befasste sich mit den sozialen Implikationen der Zuwanderung und konstatierte eine Gleichzeitigkeit von »Segregation und Integration« (Hoffmann-Nowotny/Hondrich 1982). Seinen Niederschlag fand zudem der Bedarf nach repräsentativen Untersuchungen (z.B. König et al. 1986). Zahlreiche Arbeiten nahmen bestimmte Gruppen in den Blick wie z.B. migrierte Frauen (z.B. Arndt-Schug/Franger 1991; Krasberg 1979; Morokvašic 1987), Familien (z.B. Nauck 1985) oder die Situation Jugendlicher (Bielefeld/Kreissl/Münster 1982). Für das deutsche Gastarbeitsregime ist die Zuordnung der sozialen Betreuung von Wohlfahrtsverbänden zu bestimmten Nationalitäten (z.B. der Italiener_innen zur *Caritas*) charakteristisch. Auch in der Forschung spiegelte sich diese Logik einer institutionalisierten Zuständigkeit und wurde selten hinterfragt. Erst später, in den 1990er Jahren, wird die ›Sozialarbeiterisierung‹ bestimmter Felder im Zusammenhang mit Migration (z.B. bei der Arbeit mit unbegleiteten Minderjährigen, der Rolle von Beratungsstellen und Begegnungszentren) kritisch thematisiert.

In Ostdeutschland war für die Forschung zur Migration die von Lothar Elsner, Historiker an der Wilhelm-Pieck-Universität

Rostock, herausgegebene Schriftenreihe *Fremdarbeiterpolitik des Imperialismus*, in der zwischen 1974 und 1988 neunzehn Bände erschienen, ein wichtiges Publikationsforum. Es wurden dort vor allem Arbeiten veröffentlicht, die sich mit Arbeitsmigration in den kapitalistischen Ländern Europas befassten. Insbesondere interessierte die Forschung, warum es zu einer spezifischen Anwerbepolitik gekommen war, wie verschiedene Klassen zu den Eingewanderten standen und welche Funktion die ausländischen Arbeiter_innen im Kapitalismus einnehmen. Kein Band befasst sich hingegen mit Migrationsprozessen in der DDR oder anderen sozialistischen Staaten, obgleich es sich bei den Anwerbeabkommen und der Festlegung von Arbeits- und Lebensbedingungen der Vertragsarbeiter_innen in Ostdeutschland um einen staatlich genauestens gesteuerten Prozess handelte, bei dem das *Staatssekretariat für Arbeit und Löhne* federführend war, die Betriebe diesen umsetzten und dabei auch über Auslegungsspielräume verfügten. Nicht ganz unähnlich zu den Prozessen in Westdeutschland, waren also in der DDR staatliche und andere Akteure an der Ausgestaltung des Arbeitsmigrationsregimes beteiligt. Eine Erklärung für die fehlende Migrationsforschung ist, dass die Bildungs- und Arbeitsmigration in Ostdeutschland eher als »proletarischer Internationalismus« denn als Migration galt (Müller/Poutrus 2005) und es einen Gleichstellungsgrundsatz gab, der die Gleichbehandlung von DDR-Bürger_innen und Nicht-DDR-Bürger_innen postulierte (Mende 2013, 156 f.). In der Praxis bezog sich der Gleichstellungsgrundsatz auf die Entlohnung und, deutlich eingeschränkt, auf sozial- und arbeitsrechtliche Fragen, denn für die Staatsbürgerschaft galt das Abstammungsprinzip (*ius sanguinis*), und selbst die Regierungsabkommen sahen Ungleichbehandlungen vor. Für viele von rechten Regierungen und Diktaturen Verfolgte (aus Chile, Griechenland, Spanien etc.) war die DDR ein wichtiges Ziel ihres Exils. Kurz vor und nach der Wende begann in Ostdeutschland »ohne offiziellen Auftrag« (Krüger-Potratz 1991, 13–28) die Forschung zu Minderheitenfragen, und auch Arbeiten zu Arbeitsmigration, Rassismus sowie migrantischen Artikulationen und (häufig informellen) Widerstandsstrategien entstanden.

Der Begriff der Migrationsforschung kam in Westdeutschland ab den 1980er Jahren auf. Wesentliche Themen in der Forschung waren Fremdheit und Identität (Bukow/Llaryora 1988). Selbstethnisierungsprozesse galten als wichtige Faktoren für eine nicht gelingende ›Integration‹ und für die Ablehnung ›des Fremden‹ in der Bevölkerung. Von einigen Forschenden wurde diese Perspektive auf Migration deutlich kritisiert und dem konstantierten »Kulturkonflikt« ein skeptisches »sogenannter« vorangestellt (Auernheimer 1988), um stattdessen Fragen von Kultur und Identität als prozessual und in gesellschaftliche Strukturen eingebettet (Kultur als »Prozess« und »Symbolsystem«, ebd., Kap. 5; »Die Behinderung von Lebensentwürfen«, ebd., 148) zu begreifen. In unzähligen Studien wurden spezifische soziale Merkmale von Angehörigen bestimmter Herkunftsländer erforscht. Mit der Verstetigung des Aufenthalts der sogenannten ›Gastarbeiter_innen‹ nahm schließlich auch die Zahl der Studien (insbesondere solcher, die von staatlichen Akteuren in Auftrag gegeben wurden) zu, die sich mit den Auswirkungen der Migration auf den deutschen Arbeitsmarkt befassten (z.B. Hammer 1976; Hönekopp 1987; Raute 1976). Neben Fallstudien entstanden auch erste (Selbst-)Reflexionen der Wissenschaft im Bereich der Migrationsforschung sowie hinsichtlich der gesellschaftlichen Wirkungen ihrer Konzepte und Sprache (Schönbach 1970; Treibel 1988).

Wichtig für eine kritische wissenschaftliche Auseinandersetzung waren und sind Arbeiten zu Rassismus und ›Ausländerfeindlichkeit‹ (z.B. Fuchs 1986; Hoffmann/Even 1985; Kalpaka/Räthzel 1986, 1992). Auch in der Frauenbewegung und der Frauenforschung wurde um das Verhältnis von Rassismus und Sexismus gerungen und wurden rassistische Mechanismen und Ausschlüsse thematisiert (z.B. Arndt-Schug/Franger 1991; Türkoglu 1991; FeMigra 1994; Huth-Hildebrand 2002). In Ostdeutschland erschienene Arbeiten wollten »Ausländerhetze« und Diskriminierung von Migrant_innen als »Probleme ... imperialistische[r] Ausländerpolitik und Rassendiskriminierung« (Elsner 1987) in den kapitalistischen, westlichen Einwanderungsländern verstehen. Diskriminierung war demnach in Ostdeutschland und anderen sozialistischen Staaten inexistent, weil es dort »keinerlei Wurzeln mehr für Nationalismus und Rassendiskriminierung« (ebd., 4) gebe. Elsner und Elsner veröffentlichten dann 1994 einen retrospektiven Band zur *Ausländerpolitik und Ausländerfeindschaft in Ostdeutschland* (Elsner/Elsner 1994). Die Existenz von Rassismus wurde auch in Westdeutschland von marxistischen Wissenschaftler_innen als eng verbunden mit einer strategischen politischen Funktion und den Interessen der herrschenden Klassen in den kapitalistischen Staaten gesehen: Die »ausländerfeindliche Politik der Bundesregierung« diene dazu, »von den Ursachen der Krise und der Abwälzung der Krisenlasten auf die Arbeitenden abzulenken; die Arbeiterklasse zu spalten und die Arbeiterbewegungen zu schwächen; die Bevölkerung ideologisch-politisch auf die ›nationale Identität‹ einzustimmen« (Elsner 1987, 8). Konjunkturen von sichtbarem Rassismus galten demnach als bewusst eingesetzte Mittel von Regierungen – und nicht als Ausdruck von in den jeweiligen Gesellschaften tief verankerten Ressentiments und Einstellungen. Jan Behrends et al. setzen sich in einem Thesenpapier mit den historischen Ursachen der Fremdenfeindlichkeit in den neuen Bundesländern auseinander (Behrends/Lindenberger/Poutrus 2003).

Diese knappe Skizze der Forschungen zu Migration in West- und Ostdeutschland und ansatzweise nach der Wende wird an dieser Stelle nicht weitergeführt. Vielmehr werden nun die Entwicklungen in den darauf folgenden zwei Jahrzehnten sowie die aktuelle Diskussion in den jeweiligen Kapiteln wieder aufgegriffen.

1.5 Zum Aufbau der Einführung

Das folgende zweite Kapitel führt die sozialkonstruktivistische Herangehensweise an das Thema Migration anhand der Problematisierung von Definitionen, Kategorien und Statistiken aus. Zu den eher technischen Fragen der Erfassung von Daten gesellen sich politische, denn Definitionen von Migration sind immer auch Gegenstand und Ausdruck konkurrierender Interessen. Diese werden vor allem am Thema Flucht an Beispielen erläutert. Im Anschluss an die Problematisierung der Aussagekraft von Definitionen und Statistiken wird gleichwohl ein Überblick über globale Migrationsmuster und Tendenzen gegeben.

Das dritte Kapitel führt in Migrationstheorien unterschiedlicher theoretischer Schulen ein und kommentiert diese kritisch. Prinzipiell sind alle Typen oder Teilphänomene von Migration theoretisierbar, der Fokus lag in der Vergangenheit aber auf der Erklärung von Migrationsursachen und -verläufen sowie auf den Umständen der Inkorporation in die Aufnahmegesellschaften. Diese Einführung nimmt aus konzeptionellen sowie platzbedingten Gründen vor allem den Migrations- und nicht den Integrationsaspekt in den Blick.

Das vierte Kapitel gibt einen Überblick über Debatten, inwiefern sich Migrationsbewegungen steuern und kontrollieren lassen, und präsentiert zentrale Thesen und theoretische Positionen zu dieser Frage. Diese reichen von der Annahme der Steuerungsfähigkeit durch die Nationalstaaten über die empirische Infragestellung der Wirksamkeit entsprechender Versuche bis hin zu Ansätzen, die davon ausgehen, dass Migrationsbewegungen durch eine prinzipielle Unregierbarkeit gekennzeichnet sind. Der machtkritischen Grundhaltung dieser Einführung folgend wird in diesem Kapitel kenntlich, dass die Wahrnehmung der Kontrollfähigkeit und die Bestimmung, wer als Akteur_in wahrgenommenen wird, ein beständiger Konfliktpunkt im Migrationsgeschehen ist.

Im fünften Kapitel wird der Blick auf Migration aus geschlechteranalytischer Sicht vertieft. Dabei wird der eingängigen These widersprochen, dass die Feminisierung der Migration ein aktueller Trend sei. Die Darstellung wendet sich zunächst der Geschlechterblindheit in der Migrationsforschung zu, die dazu geführt hat, dass Frauen und Genderthemen dort lange unsichtbar waren, was der Feminisierungsthese erst den Boden bereitete. Daran anschließend wird die kontrovers diskutierte Frage behandelt, inwiefern sich Geschlechterverhältnisse durch Migration verändern.

Das sechste Kapitel beschließt den Band mit der Betrachtung von Migration als Emigration. Dabei werden verschiedene Typen von Emigrationsstaaten vorgestellt und deren Positionen im globalen Mobilitätsregime beschrieben, das Menschen aufgrund ihrer Geburtsorte ungleiche Mobilitätschancen zuweist. Die Ungleichheitsdimension ist auch wesentlicher Bestandteil der andauernden Kontroverse, ob Migration zu Entwicklung oder Entwicklung zu Migration führt, und folglich der Frage, wie Emigration seitens der Emigrationsgesellschaften einzuschätzen ist – als zu förderndes oder zu verhinderndes Phänomen. Zum Ende des Kapitels wird ein Überblick gegeben, auf welche Weise Emigrationsstaaten ihr Verhältnis zu den Emigrierten gestalten.

2. Definitionen und Daten: Die Produktion von Migration

Bevölkerungsstatistiken und die visuelle Darstellung von Migrationsbewegungen sind ein empirisch komplexes und politisch umstrittenes Unterfangen. Daher soll in diesem Kapitel die Problematisierung von Statistiken und der ihnen zugrunde liegenden Definitionen vor die für eine Einführung gleichwohl unerlässliche Darstellung einiger wichtiger Kennziffern und Bestimmungen gestellt werden.

Empirisch komplex sind Migrationsstatistiken, weil sich die Frage stellt, wer überhaupt und wie lange eine Person Migrantin oder Migrant ist. Der Pionier der Migrationsforschung Ernest Ravenstein hat sich im 19. Jahrhundert intensiv mit dem Wanderungsverhalten in England, also vor allem mit der Binnenmigration, befasst. Für ihn galt schon die Migration ins Nachbardorf als festzuhaltendes Ereignis. Heutzutage wird als Migration vor allem die Wanderung über Staatsgrenzen hinweg, also die internationale Migration, verstanden. Dabei ist das Phänomen der Binnenmigration, insbesondere im Rahmen der Land-Stadt-Migration und im Zuge von Urbanisierungsprozessen weiterhin bedeutsam. Mit Ausnahmen (z.B. Portugal, Belarus) liegen die Emigrationsraten der internationalen Migration deutlich unter jenen der Binnenmigration (UNDP 2009, 22). In Afrika ist die Binnenmigration nicht nur zahlenmäßig bedeutsamer als internationale Wanderungsbewegungen, sondern auch hinsichtlich der Rücküberweisungen und für die Armutsbekämpfung. Urbanisierungsprozesse haben sich in vielen afrikanischen Staaten in den letzten Jahrzehnten verlangsamt, wohingegen die Migration von Stadt zu Stadt an Bedeutung gewinnt. Die große Bedeutung der Binnenmigration wird bei der öffentlichen, oft aufgeregten Diskussion um internationale Migration (gerade aus Afrika) zumeist übersehen. Auch kann die Migration von einem Landesteil in einen anderen in großen Ländern durchaus Veränderungen bedeuten, die der Migration über Landesgrenzen fast vergleichbar sind, etwa wenn eine andere Sprache gesprochen wird, die Küche sich unterscheidet oder – wie in China und Indien – für die Binnen-Arbeitsmigrant_innen nicht die gleichen Arbeitsrechte gelten. Die Binnenmigration, vor allem in Städte entlang traditioneller Handels- und Transitrouten wie in West- und Nordafrika, ist für viele Migrierende auch weiterhin ein Schritt zur internationalen Migration, denn das Zusammentreffen von Menschen, Gütern, Informationen und Transportlogistik an einem bestimmten Ort bietet ein stimulierendes Umfeld für Mobilität aller Art.

2.1 Wie treffend fangen Statistiken Migrationsgeschehen ein?

Die Beschreibung der internationalen Migration folgt in der Regel der Unterscheidung von vier Idealtypen der Migration, die sich nach der Logik der Migrationsbewegung richtet: 1. Einwanderung, 2. Rückwanderung und 3. Transmigration (die Mobilität ist von einem Hin und Her geprägt, und soziale, religiöse, politische und ökonomische Praktiken erstrecken sich über mehrere Sozialräume). Teils wird 4. die Diaspora-Migration als eigener Typ beschrieben, bei der eine Gruppe von Personen über viele Aufnahmeregionen verstreut lebt und untereinander sowie zum

Herkunftsland weiter enge Beziehungen pflegt. Neben diesen verbreiteten Typen schlägt die Forschung weitere Formen vor wie, um in der räumlichen Logik der Unterscheidung zu bleiben, die virtuelle Migration (Aneesh 2006). Darunter fallen etwa in Indien tätige Call-Center-Angestellte, die für den US-amerikanischen Markt arbeiten, vorgeben, vor Ort zu sitzen, entsprechende Akzente beherrschen müssen, im Rhythmus der Zeitzonen ihrer Kundschaft leben und sogar das Wetter in den USA kennen – also zwar selbst nicht physisch mobil sind, aber sich dennoch, zumindest partiell, auf das Leben ›in der Migration‹ virtuell einlassen müssen. In dieser der räumlichen Migrationsrichtung folgenden Logik wird nur die migrierende Person benannt und statistisch erfasst (›Einwandererin‹, ›Rückkehrmigrant‹), nicht aber die anderen von Migration Betroffenen wie etwa diejenigen mit sozialen Beziehungen zu den Migrierenden, die ›zurückbleiben‹. In Forschung und Politik werden diese Personen als *left behind* bezeichnet, eine Begriffswahl, die Passivität suggeriert, obgleich die Situationen viel komplexer sind (Toyota/Yeoh/Nguyen 2007). Eine Gruppe an physisch Migrierten, die in Bevölkerungsstatistiken nicht bzw. zum Teil doch, aber nicht systematisch repräsentiert ist, ist jene der undokumentierten Migrant_innen, wobei auch dieser Begriff unscharf ist, denn die meisten Angehörigen dieser Gruppe verfügen über einen Pass oder ihre Einreise wurde registriert, also ›dokumentiert‹. Diese Unschärfen müssen bei der Verwendung von Statistiken berücksichtigt werden und erklären teils die Varianzen zwischen verschiedenen Statistiken zum gleichen Thema.

Politisch relevant ist die Frage der statistischen Erfassung, weil Statistiken dazu dienen, Bevölkerungen zu zählen, sichtbar zu machen, zu ordnen und zu regieren (in Anlehnung an Michel Foucault). Die hinter den aggregierten Daten stehenden Personen verlieren ihre Individualität, und über Mittelwerte oder die

Zusammenfassung von Personen anhand gemeinsamer Merkmale als Gruppe erscheint diese homogener, als sie es tatsächlich ist. Mithilfe von Statistiken wird auch das Bestehen zu lösender Probleme untermauert, quasi »objektiviert«, bzw. werden diese allererst produziert, denn Zahlen werden selten hinterfragt. Auch werden Zahlen oft politisch-strategisch eingesetzt. Linda Supik (2014) kommt in ihrer Bestandsaufnahme von migrations- und ethnizitätsbezogenen Statistiken in Europa zu dem Schluss, dass die Intention ihrer Herstellung und Designs häufiger in der Diskriminierung als im Erfassen und Ausgleich von Diskriminierungen liegt. Die politische Motivation von Migrationsstatistiken gilt in besonderem Maße für Modellierungen und Projektionen in die Zukunft.

Ein Beispiel für die politische Bedeutung von Statistik ist die Zahl der über das Mittelmeer in Europa Ankommenden. Die europäische Grenzschutzagentur *Frontex* berichtete, dass zwischen Januar und September 2015 insgesamt 710 000 »migrants« in die EU, vor allem über die griechischen Inseln, eingereist seien. Im gesamten Jahr zuvor seien 282 000 Personen registriert worden, somit sei im Herbst 2015 ein Höchststand erreicht worden. Die hohe Zahl an Neuankommenden habe einen Dominoeffekt zur Folge und wirke sich auf die Balkanroute aus, wo Ungarn 13 mal so viele Personen an der Grenze aufgegriffen habe wie im Jahr zuvor. Diese Zahlen versetzten den Migrationsforscher Nando Sigona (2015) in Erstaunen, denn selbst die *Vereinten Nationen* und die *International Organization for Migration* kamen nur auf 590 000 neu in die EU gelangte Migrierende. *Frontex* hatte die Zahl der Personen mit der Zahl der Grenzübertritte verwechselt. D.h. diejenigen, die in Griechenland von Frontex das erste Mal gezählt wurden, reisten über Nicht-EU-Länder wie Albanien oder Mazedonien weiter und wurden beim erneuten EU-Grenzübertritt in Ungarn oder Kroatien erneut gezählt. Es ist also folgenreich – und in der Migrationsforschung ein häufiger auftretendes Problem –, Grenzübertritte mit Personen zu verwechseln bzw. nicht klar auf den Unterschied der Zählweisen hinzuweisen. Politik und Medien jedenfalls griffen »den Fakt« des neuen Höchststands schnell auf und forderten eine Begrenzung der Fluchtzuwanderung.

Ein Beispiel für eine umstrittene Prognose ist die Zahl der zu erwartenden Umweltmigrant_innen. In den 1990er Jahren entwickelte sich um diesen Migrationsgrund eine Kontroverse zwischen »Minimalisten« und »Maximalisten« (auch als »Skeptiker« und »Alarmisten« bezeichnet), die zu sehr unterschiedlichen Zahlen kommen (Klepp 2017, 8). Der maximalistische Ansatz, vor allem vertreten in den Umweltwissenschaften, identifiziert eine Reihe umweltbedingter Faktoren und leitet davon die Zahl derjenigen Personen ab, die eine Region verlassen werden. Der minimalistische Ansatz, in der Migrationsforschung stärker vertreten, hingegen verweist auf die Komplexität von Migration sowie die Multikausalität für Migrationsentscheidungen und versucht die Faktoren in den Berechnungen zu isolieren. Kritisiert wurde auch, dass sich aus der Zahl der potenziellen Umweltmigrant_innen nicht automatisch die Zahl der tatsächlich Migrierenden ergebe, da Adaptionsstrategien an das zur Migration Anlass gebende Milieu dafür sorgten, dass sich viele für ein Bleiben entscheiden würden. Die Kontroverse hat sich mit der Entwicklung differenzierterer Studien, etwa durch die Einbeziehung sozioökonomischer Faktoren und die Berücksichtigung eines regional unterschiedlichen Umgangs mit Umweltrisiken in umweltwissenschaftliche Forschungsdesigns, inzwischen abgeschwächt (Klepp 2017, 14).

2.2 Die Macht von Definitionen: Sind Flüchtlinge Migrant_innen?

Die Beispiele aus dem vorherigen Abschnitt verweisen nicht nur auf methodische Herausforderungen, sondern auch auf einen Problemkomplex, der in Deutschland seit der wieder zunehmenden Fluchtmigration kontrovers diskutiert wird: Wo werden eigentlich die definitorischen Grenzen zwischen Migrierenden und Flüchtenden gezogen?

»Refugees are not migrants«, konstatiert Erika Feller (2005), und diese Gruppen zu vermischen »is dangerous, and detrimental to protection«. Diese Auffassung vertritt eine hochrangige Vertreterin des *United Nations High Commissioner for Refugees* und artikuliert damit ein Unbehagen mit der Migrationsforschung, in der die verschiedenen Gruppen *on the move* sämtlich unter Migrant_innen gefasst werden. Sie argumentiert so rigoros, weil es letztlich um die Frage des legitimen Zugangs zu Schutz geht. Analytisch wird die Frage, ob Flüchtlinge Migrant_innen sind, aber auch von den *Refugee Studies* eindeutig beantwortet: »Flüchtlinge sind per Definition und vom Ursachenverständnis der Vertreibung her immer auch MigrantInnen. Doch sie unterscheiden sich dadurch, dass sie aufgrund ihres Verlusts von und auf der Suche nach grundlegenden Rechten und Schutz migrieren. [...] [G]erade die Wiederherstellung von Grundrechten ist zentral für die Unterscheidung von Flüchtlingen und MigrantInnen [...]. Wie diese Unterscheidung getroffen wird, ist in Politik und Wissenschaft höchst umstritten und doch unumgänglich, um in einer Welt der Nationalstaaten Migration und Migrationspolitik jenseits ökonomischer Interessen verstehen und untersuchen zu können.« (Kleist 2015, 153) Der Zusammenhang zwischen Migration und Flucht wird auch als *migration-asylum nexus* bezeichnet.

Von einem »Kontinuum« zwischen freiwilliger und erzwungener Migration spricht Nicholas Van Hear und schlägt eine Konzeptionalisierung der Ursachen von Migration entlang der einen Achse »mehr bzw. weniger Optionen und Wahl« vor (Van Hear 1998, 43). Entlang der anderen Achse trägt er fünf Bewegungstypen bzw. -richtungen ab: »outward, inward, return, onward, staying put« (ebd., 44). Am Ende des Freiwilligkeits-Spektrums siedelt Van Hear Geflüchtete und Vertriebene an, da diese vergleichsweise wenig Wahl und nur eine begrenzte Zahl an Optionen haben. Die Stärke dieser Konzeptionalisierung besteht darin, dass sich mit ihrer Hilfe die Vielfalt und Komplexität von Migrationstypen wie auch die individuellen Verläufe von Migrationen aufzeigen lassen. In jedem Migrationsprojekt gibt es Aspekte von Freiwilligkeit, die aber mit Faktoren gekoppelt sind, welche die Optionen einschränken. Das oftmals in der Öffentlichkeit gezeichnete Bild eines Entweder (Migrant_in) – Oder (Flüchtling) wird somit obsolet.

Van Hear begründet sein Unbehagen an der Unterscheidung von Flüchtlingen und Migrant_innen konzeptionell und empirisch. Wie ein Blick in die westeuropäische Nachkriegsgeschichte zeigt, entscheidet sich häufig weniger aufgrund der Sachlage, sondern mindestens ebenso auf politischer Ebene, wer über welche Kanäle in einem Land (temporär) Aufnahme findet. Stephen Castles und Sean Loughna (2005) unterscheiden für die industrialisierten westlichen Länder drei Phasen: Nach dem Zweiten Weltkrieg bis in die 1970er Jahre fand in Westeuropa die Aufnahme über Anwerbeabkommen statt, wobei Fragen von Asylgrund und Flüchtlingseigenschaft keine Rolle spielten, obwohl viele der ›Gastarbeiter_innen‹ de facto vor autoritären bzw. diktatorischen Regimen in der Türkei, Griechenland, Portugal oder Spanien flohen. Seit dem Anwerbestopp 1973 bis in die 1980er Jahre fand dann vermehrt eine Zuwanderung über

	Freiwillige Migration Mehr Optionen und Wahl	Weniger Optionen und Wahl	Unfreiwillige Migration Wenig Optionen und Wahl
	Proaktive Migrant_innen Reaktive Migrant_innen ◄————————————————►		
Weggehen	Tourismus, Besuche, Auslandsstudium, Geschäftsreisen	Ökonomisch-motivierte Migration, Land-Stadt-Migration, Emigration aufgrund erwarteter Verfolgung	Flucht, Vertreibung
Nach innen gerichtete Mobilität	Familienzusammenführung	Asylantragstellung von Personen mit anderen Einreisevisa	Anträge auf Asyl-, Fluchtanerkennung
Rückkehren	Freiwillige Rückkehr	›freiwillige‹ Rückkehr aufgrund von Notwendigkeiten	Abschiebungen, Rückschiebungen
Weiterziehen	Umzug, Dispersion	Resettlement von Flüchtlingen in Drittstaaten	Erzwungene Weiterflucht
Bleiben	Entscheidung zu bleiben	Verbleib am sicheren Ort	Exil

Migrationstypen auf dem Kontinuum zwischen Wahl und Zwang (nach Van Hear 1998, 44)

die Beantragung von Asyl statt, weil andere Einwanderungswege (abgesehen vom Familiennachzug) verschlossen waren. Das heißt, Personen, deren sozioökonomische Lage und deren Motivation zur Emigration sehr ähnlich zu denen vorheriger Migrationsgruppen waren, mussten nunmehr einen anderen Einwanderungskanal wählen. Seit Anfang der 1990er Jahre wurden die Möglichkeiten zur Stellung eines Asylantrags sowie der Asylgewährung massiv eingeschränkt, und zum neuen politischen Paradigma wurde die »Bekämpfung illegaler Migration« erhoben, das nicht nur auf dem Feld der Asylpolitik wirksam wird, sondern auch durch neue Grenzpolitiken wie etwa die Vorverlagerung (Externalisierung) von Grenzkontrollen oder – als Kopplung von Asyl- und Grenzpolitiken – durch die Festlegung bestimmter Staaten als »sichere Dritt- bzw. Herkunftsstaaten«. Wer letztlich als Flüchtling anerkannt wird, ist also hochgradig von einem breiten Spektrum an politischen und diplomatischen Erwägungen, ökonomischen Interessen und gesellschaftlichen Verhältnissen der Zielländer abhängig. ›Den› Flüchtling, als der dieser dann in den Statistiken erscheint, gibt es nicht.

Der Vorschlag, eine neue Kategorie – die der »survival migrants« (Betts 2013) – einzuführen und die Kontroverse darum, zeigen exemplarisch auf, worum es bei den Benennungskämpfen geht. *Survival migrants* sind Personen(-gruppen), die »existenziellen Bedrohungen« ausgesetzt sind, d.h. deren Lebensgrundlagen beispielsweise aufgrund von Umweltveränderungen, Gewalthandlungen, Nahrungsunsicherheit oder »staatlicher Inkompetenz« (ebd., 3) entzogen sind und deren Lebensumstände sich in dieser Hinsicht innerstaatlich nicht verbessern lassen. Bis dato werden sie vom UNHCR ratlos mit dem Etikett »weder – noch« versehen, also als weder freiwillig Migrierende noch als durch gezielte Verfolgung charakterisierte Flüchtlinge bezeichnet. Alexander Betts nennt diese Unterscheidung einen »historischen Anachronismus« (ebd., 174). Viele der Überlebensmigrant_innen hätten bereits Ansprüche im Rahmen des internationalen Menschenrechtsregimes, allerdings gebe es keine internationale Organisation, die sich zuständig fühle und auch kein entsprechendes Regime. Anhand der Aufnahmemodi für *survival mi-*

grants aus dem Kongo, Somalia und Zimbabwe beschreibt er, wie in Tansania und Kenia der Flüchtlingsschutz im Rahmen eines *regime stretching* auf diese Gruppen ausgeweitet wurde.

Kontrovers diskutiert wurde Betts' Vorschlag sowohl im Hinblick auf konzeptionell-definitorische wie auf praktische Fragen (vgl. dazu *European Political Science*, 14, 2015, 59–73): Was ist die Schwelle an Verletzungen von grundlegenden Rechten, die erreicht sein muss, um als schützenswert zu gelten? Zur Beantwortung dieser Frage zieht Betts Henry Shues Konzept der drei »basic rights« heran, die erfüllt sein müssen, um zu existieren – grundlegende Sicherheit, wirtschaftliches Auskommen und Freiheit (Shue 1996 [1980]). Ein allgemein akzeptiertes Maß oder »moralisches Minimum« an zu garantierenden Grundrechten ist nirgends festgeschrieben. Die Problematik der Nichtanerkennung von Flucht- und Migrationsgründen wäre nur verschoben. Welche Organisationen (mit ihren jeweiligen Definitionen, Mandaten und *workflows*) setzen sich durch, wenn es darum geht, die *survival migrants* (nicht) zu schützen? Wenn die *International Organization for Migration* (IOM) beispielsweise von »environmental migrants« (IOM 2015) als Personen(gruppe) spricht, dann tut sie dies unter anderem, weil sich damit ihr Mandat auch auf diese Gruppe erstreckt und diese nicht in den Zuständigkeitsbereich des UNHCR fallen sollte.

Roger Zetter (1991), ein Pionier der *Refugee Studies*, hat diese Prozesse als »Labeling« bezeichnet. Damit meint er Bezeichnungsprozesse, die nicht nur eine symbolische Dimension besitzen, sondern auch materiell-reale Effekte zeitigen. Wem das Etikett »refugee« aufgeklebt wird, der/die hat auch eine »bürokratische Identität«. Damit verbunden sind Ansprüche, sei es in rechtlicher Hinsicht (Schutz) oder bezogen auf alltägliche, aber bürokratisch definierte Bedürfnisse (Unterbringung, Ernährung). Mit dem Labeling einher geht auch, dass bestimmte andere Personen nicht als Flüchtling etikettiert werden, also die Unterschiede betont werden. Die Aufteilung in vermeintlich ›echte‹ und ›falsche‹ Flüchtlinge befördert auf diese Weise stereotype Vorstellungen von ›echten Flüchtlingen‹. Neben den offiziellen Labels existieren inoffizielle wie etwa das des ›Wirtschaftsflüchtlings‹ oder die rechtlich unbestimmte Kategorie der ›Bleibewahrscheinlichkeit‹, die sich in Deutschland seit 2014 in administrative Prozesse einschreibt (Zugang zu Sprachkursen, Fristen bei der Bearbeitung von Asylanträgen, Unterbringung) und schrittweise formalisiert wird.

Es geht bei diesen Kontroversen um Definitionen also um politische Deutungshoheit und Zuständigkeit – sowie für die Wissenschaft um den Zuschnitt und die Finanzierung von Forschungsbereichen. In welchem Verhältnis etwa stehen Migrationsforschung und eine sich in Deutschland konstituierende »Flüchtlingsforschung«?

2.3 Zur Messung von Migration

Zur Messung von Migration ist die Unterscheidung von *stocks* und *flows* zentral: Unter *migrant stock* wird die in einem Staat ansässige Anzahl an Personen verstanden, die in einem anderen Staat geboren wurde als in dem Staat, in dem sie lebt; die Zahl beinhaltet auch Flüchtlinge. *Migrant flows* sind Bewegungen über eine nationalstaatliche Grenze hinweg. Dabei können *in-flows* und *out-flows* erhoben werden. Die Daten erfassen jedoch nicht immer auch die Bewegungen der Staatsbürger_innen, so dass in vielen Staaten ein Bild entsteht, dem zufolge nur Ausländer_innen kommen bzw. gehen. Zur Messung der *migration stocks* halten die Vereinten Nationen die Migrationsstatistiken von 45 Staaten für relativ verlässlich. Selbst in diesen Migrationsstatistiken wird jedoch ganz Unterschiedliches gemessen (UNDESA 2015). So unterscheidet sich zum Beispiel erheblich, welcher Mindestzeitraum des Aufenthalts in einem Staat als maßgeblich für die Kategorisierung als Migrant_in gilt. Von den 45 Staaten identifizieren 24 diejenigen Personen, die planen, sich länger als ein Jahr in dem Land aufzuhalten, als internationale Migrant_innen; zwölf Staaten zählen nur diejenigen, die eine permanente Aufenthaltsgenehmigung erhalten; neun Staaten nennen keine konkrete Mindestdauer, in acht Nationen muss die Dauer nur drei Monate betragen, in vier Staaten sechs Monate, in einem Staat vier Monate. Einige Staaten messen auch nicht die tatsächliche Aufenthaltsdauer, sondern die geplante. Festzuhalten ist, dass es keinen Konsens darüber gibt, ab welcher Aufenthaltsdauer jemand als Migrant oder Migrantin zählt.

Ein weiteres Problem von Migrationsstatistiken ist, dass sich die Definition von Migration in vielen nationalen Migrationsstatistiken im Verlauf der Jahre verändert hat. Dies stellt insbesondere diachrone Vergleiche vor Probleme. Eine andere Schwierigkeit der Identifikation von Migrant_innen bildet die jeweilige Quelle. Gemäß welchen behördlichen Angaben wird die Zählung vorgenommen? Zumeist sind es Zensusdaten, in vielen Staaten stammen die Daten aus den Ausländerbehörden und wird die Zahl der ausgestellten Aufenthaltsgenehmigungen als Grundlage verwendet, in anderen Staaten handelt es sich um Daten aus den kommunalen Meldebehörden, die erhoben werden, wenn etwa jemand den Wohnort wechselt (UNDESA 2015). Die Erfassung wird insbesondere erschwert, wenn die Person im Laufe der Zeit ihren Status und sich damit die behördliche Zuständigkeit verändert.

Aber nicht nur die neu hinzukommenden oder sich in einem Staat aufhaltenden Personen sind schwer zu erfassen, auch die Messung der *migration stocks* bereitet aufgrund der Ausreisen

Probleme. Regelmäßig werden die Zahlen beispielsweise der Ausreisepflichtigen überschätzt, weil Ausreisen entweder nicht erfasst werden oder nicht mit Statuswechseln, Regularisierungen und Todesfällen abgeglichen werden.

Ebenfalls kompliziert zu messen und zu vergleichen sind die *migration flows*. Hierfür sind in der Regel Grenzübergangsstatistiken, oft auch eine Kombination mehrerer Statistiken, die Quelle. Aus den Grenzübergangsstatistiken lassen sich nur schwer Motivationen für die Mobilität ableiten, weil die Erfassung darauf nicht ausgerichtet ist.

2.4 Zur Visualisierung von Migration

In diesem Kapitel ist viel von Statistiken und Migrationsbewegungen die Rede, aber die Zahlen werden nicht anhand von Karten mit dicken und dünnen, grünen und roten Pfeilen in die eine oder andere Richtung visualisiert. Dies ist allerdings nicht einer diskursiven Darstellungskonvention geschuldet. Angeregt durch die kritische Kartografie, wird diese Art der Darstellung von Migrationsbewegungen von reflexiv orientierten Migrationsforschenden mittlerweile recht breit kritisiert. Die Annahme dabei ist, dass Kartografie keine rein abbildende Praxis ist, sondern es maßgeblich auf den Zweck der Erstellung und auf das Verwendungsinteresse der Visualisierungen ankommt. Bei der Übertragung von Migrationsdaten in kartografische Darstellungsformen lassen sich drei diskursive und miteinander verschränkte Praktiken identifizieren, nämlich die Darstellung der Daten (also das, was gezeigt wird: große Wanderungsbewegung von A nach B), die Stabilisierung von bereits bestehenden Annahmen (Beweisführung: beispielsweise drohende Überlastung von Infrastruktur) und schließlich die Warnung vor den prognostizierten

Entwicklungen, bei der die politische Bedeutung besonders zutage tritt (Politikempfehlung: etwa Schließung der Grenze).

Visualisierung muss jedoch nicht immer im Dienst von Bestrebungen stehen, Migrationsbewegungen zu überwachen, sondern kritische Kartograf_innen entwickeln auch Interventionen, die von der Idee eines *ius migrandi*, eines »Rechts zu migrieren« (Chueca Sancho 2007) getragen sind, sei es in Form von Gegen-Kartografierungen der Seeüberwachung zur Rettung in Seenot geratener Migrant_innen im Mittelmeer (Casas-Cortes et al. 2014), des *mapping* von Abschiebeinfrastruktur und -verfahren (An Architektur 2003) oder seien es die Karten von Philippe Rekacewicz zu den Toten an den europäischen Außengrenzen, die durch ihre Veröffentlichung im *Le Monde Diplomatique* Verbreitung gefunden haben, und die prozessbegleitende Karte zu Lagern in und um Europa der Gruppe *Migreurope* (Migreurope 2016), die mit kartografischen Mitteln Gegenöffentlichkeit schaffen.

2.5 Globale Migrationsmuster

Migrationsprozesse sind so alt wie die Menschheit und wandeln sich beständig. Stephen Castles et al. benennen in ihrem Standardwerk *The Age of Migration* (Castles/Haas/Miller 2013, 16–17) sechs aktuelle Charakteristika: Eine erste Tendenz ist, dass immer mehr Staaten von Migration betroffen sind (Globalisierung von Migration); zweitens die Verkehrung historischer Migrationsbewegungen. Nachdem für Jahrhunderte Europa Ausgangspunkt von kolonialen Eroberungszügen und Auswanderung war, wurde Europa nach dem Zweiten Weltkrieg zu einer der Hauptzielregionen; drittens ist in den meisten Zielregionen eine große Bandbreite von Migrationstypen vorzufinden; viertens wurden aus vielen Emigrationsländern zunächst Transit- und später selber Einwanderungsländer (z.B. Marokko, Mexiko, Polen, Spanien, Südkorea, Türkei); fünftens die Feminisierung von Migration; und schließlich sechstens die zunehmende Politisierung von Migration, in deren Zuge sich immer mehr Politikbereiche mit Migrationsphänomenen befassen müssen. Im Folgenden werden – bei aller Vorsicht, die die zuvor formulierten Einwände nahelegen – einige Grunddaten und Entwicklungen skizziert, um zumindest eine Orientierung hinsichtlich des Umfangs und der Veränderungen im globalen Migrationsgeschehen zu vermitteln.

Die Entwicklung der wichtigsten Migrationskennziffern ließe sich recht schlicht zusammenfassen: Eigentlich ändert sich nicht viel. Seit den 1960er Jahren sind rund drei Prozent der Weltbevölkerung Migrant_innen. Aktuell liegt der Anteil bei etwa 3,2 Prozent der Weltbevölkerung (OECD, UNDESA 2013). Insofern ließe sich argumentieren, dass Migration als Phänomen überschätzt werde. Allerdings ist in absoluten Zahlen ein deutlicher Anstieg der Zahl der Migrierenden zu verzeichnen: Im Jahr 1990 lag sie global bei 154 Millionen, 2000 bereits bei 175 Millionen und 2015 bei 323 Millionen (im Globalen Norden betrug der Anstieg seit 1990 65 Prozent, im Süden 34 Prozent), was eine Verdopplung innerhalb von knapp dreißig Jahren bedeutet.

Blickt man auf die regionale Verteilung der Migrant_innen, so ist erkennbar, dass sich diese nicht gleichmäßig über den Globus verteilen. Etwa die Hälfte aller Migrant_innen lebt in zehn Ländern (USA: 45,8 Millionen, Russische Föderation 11 Millionen, Deutschland 9,8 Millionen, Saudi Arabien 9,1 Millionen, Vereinigte Arabische Emirate 7,8 Millionen, Großbritannien 7,8 Millionen, Frankreich 7,4 Millionen, Kanada 7,3 Millionen, Australien 6,5 Millionen und Spanien 6,5 Millionen). Aus dem Globalen Süden stammen knapp siebzig Prozent aller Migrierenden. Bezogen auf den Anteil von Frauen wurde lange – fälschlicherweise (siehe Kapitel 5.3) – angenommen, dass der Migrant vornehmlich männlich sei. Derzeit beläuft sich der Frauenanteil auf knapp die Hälfte aller Migrant_innen (51,9 Prozent in Europa, 51,6 Prozent in Lateinamerika und der Karibik, 51,2 Prozent in Nordamerika, 50,2 Prozent in Ozeanien, 45,9 Prozent in Afrika und 41,6 Prozent in Asien) (OECD, UNDESA 2013). Zur Zahl der LGBTQI gibt es keine verlässlichen Angaben, was in der Nichterfassung sowie gesellschaftlichen Stigmata von Personen begründet ist, die nicht-heteronormativen oder geschlechtsuneindeutigen Mustern und Lebensmodellen folgen.

Die akkumulierten Migrationsrichtungen verlaufen in Richtung Nord-Nord (22 Prozent), Nord-Süd (5 Prozent), Süd-Süd (33 Prozent) und Süd-Nord (40 Prozent) (IOM World Migration Report 2013). Sie vollziehen sich nicht ungerichtet, sondern zu einem erheblichen Teil entlang von sogenannten Migrationskorridoren, die sich im Laufe der Zeit herausgebildet haben. Wichtige solche Korridore liegen zwischen der Ukraine und der Russischen Föderation, zwischen Bangladesch und Indien, zwischen der Türkei und Deutschland, zwischen den USA und jeweils China, den Philippinen und Indien, zwischen den USA und Mexiko, zwischen Deutschland und den USA sowie zwischen Paraguay und Argentinien. Migrationen entlang dieser Linien sind eingebunden in »Migrationssysteme« (siehe Kap. 3.7), die von einem intensiven Austausch von Menschen, monetären Strömen und Waren geprägt sind. Entsprechend zu den Migrationskorridoren haben sich Rücküberweisungskorridore etabliert. An ihnen zeigt sich die unterschiedliche Wirtschaftskraft der Zielländer von Migration, aus der sich ergibt, wie viel Geld die Migrant_innen zurückschicken können. Dies ist u.a. abhängig von der Lohnhöhe, von den zu tätigenden Ausgaben für Migrationskosten und Lebenshaltungskosten, von der Länge des Aufenthalts sowie von den Rücküberweisungspraxen.

Die Wahrscheinlichkeit zu migrieren liegt bei im Globalen Norden ansässigen Personen höher, da diese eher über die notwendigen Ressourcen verfügen (ökonomisches Kapital, Sprachkenntnisse, Staatsangehörigkeiten), die Mobilität über das Visaregime erlauben (Mau 2012). Mehr als die Hälfte der Migrant_innen kommt aus Staaten mit mittlerem Einkommensniveau und migrierte in Richtung von Ländern mit einem höheren Einkommensniveau. Auch die Größe eines Staates ist für die Emigrationsraten von Bedeutung. Diese unterscheiden sich signifikant und sind am höchsten in kleinen Staaten und Inselstaaten wie Tonga (41 Prozent), Guyana (39 Prozent), Jamaika (32 Prozent), Albanien (29 Prozent), Barbados (29 Prozent), Trinidad und Tobago (23 Prozent), Belize (21 Prozent), Fidschi (20 Prozent), El Salvador (19 Prozent) und Malta (18 Prozent). Es gibt also Staaten, in denen ein bedeutsamer Teil der dort Geborenen das Land (zumindest temporär, oft aber dauerhaft) verlässt. Absolut hatte im Jahr 2015 Indien die weltweit größte »Diaspora« zu verzeichnen (16 Millionen Menschen; prozentual beträgt die Emigrationsrate an der Gesamtbevölkerung dagegen nur 0,4 Prozent), gefolgt von Mexiko (12 Millionen, mit einer Emigrationsrate von 12,1 Prozent), der Russischen Föderation (11 Millionen), China (10 Millionen), Bangladesch (7 Millionen), Pakistan und der Ukraine (mit jeweils 6 Millionen). Die stärksten Anstiege der Emigrationsraten wurden seit dem Jahr 2000 als Folge von ökonomischen, sozialen und politischen Krisen für einige Länder in Europa gemessen (Albanien + 9,1 Prozent, Rumänien + 8,3 Prozent, Moldawien + 6,3 Prozent). Bei den nicht-europäischen Staaten war der Zuwachs mit + 4,5 Prozent zwischen 2000/2001 und 2010/2011 in Ecuador am höchsten (OECD/UNDESA 2013).

Nicht nur Krisen führen jedoch zu temporären oder dauerhaften neuen Migrationsmustern. Aus Perspektive der Zielregionen handelt es sich um »new immigrant destinations« (Winders

2014), wenn es dort (a) eine merkenswerte und schnelle Zunahme der Einwanderung zu verzeichnen gibt, (b) die Regionen nicht über die Infrastruktur verfügen, um den Bedürfnissen der Neuzugezogenen gerecht zu werden, und oft auch keine etablierten »ethnic resources« vorhanden sind, (c) wenn in diesen Regionen die kulturelle und politische Praxis noch nicht auf (die neue Form der) Einwanderung eingestellt ist und (d) die Einwandernden wenig über ihr Ziel wissen. Beispiele für solche Migrationsbewegungen mit neuen Destinationen sind die chinesische Einwanderung nach Israel seit Mitte der 1990er Jahre und der Wandel von Ländern wie Irland, Spanien, Portugal, Griechenland oder der Türkei vom Emigrationsland zu (Auch-)Einwanderungsländern. Durch Grenzverschärfungen, etwa in Richtung Europa, ergeben sich ebenfalls neue Migrationsziele wie z.B. China für Nigerianer_innen. Einige der bedeutsamen Süd-Süd-Migrationen (Short/Hossain/Khan 2017) haben sich erst in jüngster Zeit ergeben.

In diesen Zahlen zu Emigrationsraten und zur Migration allgemein sind (zumeist) Flüchtlinge nicht enthalten. Über diese Zählweise lässt sich streiten, denn der Anstieg der Flüchtlingszahlen, gemessen anhand der Definitionen des Flüchtlingshilfswerks der Vereinten Nationen UNHCR (es wird nicht unterschieden zwischen anerkannten Asylsuchenden, Flüchtlingen und subsidiär Schutzberechtigten), in den letzten zwanzig Jahren ist groß. So waren 1997 rund 33,9 Millionen Personen auf der Flucht, Ende 2016 insgesamt 65,6 Millionen Personen, darunter 22,5 Millionen Flüchtlinge (inkl. 5,3 Mio. palästinensische), 40,3 Millionen Binnenvertriebene und 2,8 Millionen Asylsuchende im laufenden Verfahren (UNHCR 2017, 2). Der Anstieg ist vor allem zwischen 2012 und 2015 zu verzeichnen und geht auf den Krieg in Syrien zurück. Aber auch Entwicklungen im Irak, im Jemen, in Burundi, im Kongo, im Südsudan und Sudan sowie in

Afghanistan haben zu diesem Anstieg beigetragen. Im Jahr 2007 war etwa eine aus 160 Personen ein gemäß der Definition aus seinem Heimatland vertriebener Flüchtling, 2017 etwa eine aus 113 (UNHCR 2017, 5). Obgleich sie nur 31 Prozent der Weltbevölkerung ausmachen, liegt der Anteil der unter 18-Jährigen mit 51 Prozent unter den Flüchtlingen deutlich höher. Ähnlich wie bei Migrant_innen allgemein sind auch bei den Flüchtlingen die akkumulierten Fluchtrichtungen sehr ungleich und widerlegen den in den europäischen Medien oftmals vermittelten Blick, dass Flüchtlinge vor allem nach Europa kämen. So verliefen 2010 gut vier Fünftel der Fluchtbewegungen innerhalb des Globalen Südens und ein Fünftel von Süd nach Nord (Nord-Nord und Nord-Süd sind statistisch vernachlässigbare Bewegungen). Absolut lebten mit 2,9 Millionen Flüchtlingen in der Türkei im Jahr 2016 die meisten Flüchtlinge, gefolgt von Pakistan (1,4 Mio.) und dem Libanon, Iran und Uganda (mit jeweils etwa 1 Mio.). Pro Kopf hat der Libanon mit einem Flüchtling auf sechs Einwohner_innen in 2016 vor Jordanien (1:11) und der Türkei (1:28) die höchsten Aufnahmezahlen (UNHCR 2017, 3). Global liegen die Schutzquoten in 2015 und 2016 bei knapp sechzig Prozent und damit deutlich höher als Anfang der 2000er Jahre mit um die dreißig Prozent (UNHCR 2017, 44).

Was die Zahl der zur Kategorie der transnationalen Migrant_innen (siehe Kap. 3.10) gerechneten Personen anbetrifft, die sozial, ökonomisch und institutionell an mehreren Orten eingebunden sind, gibt es unterschiedliche Einschätzungen. Zweifelsohne stehen die meisten Migrant_innen in Kontakt zu ihrem Herkunftsland, aber nicht alle tun dies gleichermaßen intensiv und auf Dauer. Auf fünf bis zehn Prozent der in den USA ansässigen Immigrant_innen aus El Salvador, Kolumbien und der Dominikanischen Republik wird der Anteil derjenigen geschätzt, die in politische transnationale Bezüge involviert sind (Guarnizo/Portes/Haller 2003). Gerade an diesem Migrationstypus werden die allgemeine Problematik von Daten und die Veränderlichkeit sozialer Migrationspraxen deutlich. Wie lässt sich Transnationalismus messen? Indikatoren, die sich unter anderem an physischer Mobilität, Aufenthaltsdauern, der Summe von überwiesenen Geldern orientieren, werden aufgrund der Vielfältigkeit transnationaler Bezüge immer nur einen Teil der Phänomene erfassen können. Statistiken jedenfalls können diese Komplexität nicht angemessen abbilden. Identität oder Zugehörigkeit sind schwer messbar. Es ist daher wenig verwunderlich, dass die empirischen und theoretischen Innovationen in der Transnationalismusforschung aus der Kulturanthropologie und der Soziologie stammen. Es besteht allerdings die Gefahr, dass das Phänomen überschätzt wird, wenn es nicht in ein Verhältnis zu den Praktiken insgesamt gesetzt wird. Daher wäre eine Triangulation qualitativer und quantitativer Daten hilfreich.

Nicht alle Daten, die für die Identifikation einer transnationalen Lebensweise von Relevanz sind, werden indes regulär publiziert, sind aber teils auf Anfrage zugänglich wie etwa Heiratsdaten, die auf Heiratsmuster von Migrant_innen oder andere Migrationsstrategien angesichts restriktiver Einwanderungswege schließen lassen (Carling 2002, 4). Solche Daten können leicht zum Gegenstand politischer Kontroversen werden. So wurde auf Grundlage der publizierten Heiratsdaten der zweiten Generation von Migrant_innen in Norwegen deren ›Integrationswille‹ in Zweifel gezogen, da viele ihre Ehepartner_innen in den Herkunftsländern ihrer Eltern fanden. Die statistischen Behörden Norwegens griffen ein und kontextualisierten die Daten, indem sie darauf hinwiesen, dass die Kritiker_innen erstens außer Acht ließen, wer zum Zeitpunkt der Datenerfassung genau heiratete (eher die älteren, konservativen aus der Gruppe), und zweitens, dass das Bild in zehn Jahren anders aussehen könne, wenn auch die Jüngeren dieser Generation in das Heiratsalter kämen, und drittens Kinder aus eher liberalen Familien länger unverheiratet zusammenlebten (ebd., 5). Heiratsdaten, und seien sie noch so präzise erfasst, können wie andere Daten auch also nur dann seriös verwendet werden, wenn sie spezifiziert und kontextualisiert werden.

Daten zur Rückkehrmigration, darunter auch die unfreiwillige Form der Abschiebung, sind uneinheitlich und kaum ländervergleichend zugänglich. Exemplarisch soll hier die Erfassung von Abschiebungen beschrieben werden. Weder in der klassischen Migrationsforschung noch in den *Forced Migration Studies* zählt die Befassung mit Abschiebungen zum klassischen Repertoire. Abschiebungen gelten im Kontext des liberalen Nationalstaats, der entscheidet, welche Nicht-Staatsbürger_innen sich legal auf seinem Territorium aufhalten, als legitime Form der Rückkehrmigration (Gibney 2013, 118). Der Politikwissenschaftler Tom Wong hat sich mit Abschiebungen befasst, ihre Zahl für wichtige »deportation nations« (Wong 2015) erfasst und die Entwicklung von Abschiebepraxen im Zeitverlauf zu erklären versucht. Unter »deportation nations« versteht Wong Staaten, in denen Abschiebungen Teil des Repertoires von nachgelagerter Migrationskontrolle sind, die über etablierte Entscheidungsverfahren verfügen, in denen die Zahl der Abschiebungen statistisch relevant ist und wo Staaten eine, teils an externe Dienstleister ausgelagerte Infrastruktur für diese Praxis etabliert haben. Wongs Studie umfasst schwerpunktmäßig die USA und nimmt andere Staaten des Globalen Nordens sowie Australien zum Vergleich hinzu. Eine globale Studie zur Abschiebepraxis steht noch aus. Wongs Untersuchung erhebt die absoluten Daten sowie das Verhältnis von Einwanderungen zu Abschiebungen im Zeitraum von 2000 bis 2009. Statistiken zu Abschiebungen sind teils schwer vergleichbar, da nicht einheitlich zwischen Abschiebungen im engeren Sinne sowie Rückschiebungen und Zurückweisungen an der Grenze unterschieden wird. Für die im Folgenden genannten Staaten sind Statistiken im Umlauf, die von Wongs Zahlen erheblich abweichen. Da Wong mit einer einheitlichen Methode gearbeitet hat, stellen seine Daten jedoch den Bezugsrahmen dar. Unangefochten führen die USA die Liste der Staaten mit den meisten Abschiebungen mit im Schnitt 259 339 Abschiebungen pro Jahr (und einer beachtlichen Varianz zwischen 165 168 und 393 289 jährlich) an; es folgen Großbritannien (60 982), Griechenland (53 932), Spanien (27 306), Deutschland (26 942; Varianz zwischen 10 909 und 55 813 jährlich), Italien (21 424; Varianz 5315 bis 33 289 Fälle im Jahr), Frankreich (16 118), Niederlande (16 038), Kanada (11 102) und Australien (10 385) (Wong 2015, 184). Es fällt auf, dass diese Liste große wie kleine Staaten umfasst, klassische wie auch Einwanderungsländer wider Willen und Transitstaaten. Das Verhältnis der Zahl an Einwanderungen und Abschiebungen ergibt einige Verschiebungen in der Rangliste, die bei Zugrundelegung dieser Verhältniszahlen von Griechenland angeführt wird, wo auf zwei neue Migrant_innen eine Abschiebung kommt und das auch die höchste Zahl der Abgeschobenen pro Einwohner_in aufweist (486 Abschiebungen auf 100 000 Einwohner_innen im Schnitt der Jahre 2000 bis 2009). Im Vergleich dazu liegt das Verhältnis von Einwanderungen und Abschiebungen beim »Abschiebeweltmeister« USA bei 4:1, und auf 100 000 Einwohner_innen kommen 87 Abschiebungen.

2.6 Einmal Migrant_in – immer Migrant_in?

Wie lange wird jemand in der Statistik als Migrantin oder Migrant geführt? Für diese Frage ist zunächst entscheidend, nach welchem Aufenthaltszeitraum eine Person die Staatsbürgerschaft ihres Ziellandes beantragen kann. Aber damit ist es nicht getan, denn in den Statistiken werden auch Personen als Migrant_innen erfasst, die zum Teil über die jeweilige Staatsbürgerschaft verfügen. Die Varianz der Zählweisen ist hier ähnlich groß wie bei der Definition, welche Bewegungen überhaupt als Migration gerechnet werden.

In Deutschland wurde 2005 vom Statistischen Bundesamt die Kategorie »Migrationshintergrund« eingeführt. Nach dieser Definition haben einen Migrationshintergrund: 1. zugewanderte und nicht zugewanderte Ausländer_innen; 2. zugewanderte und nicht zugewanderte Eingebürgerte; 3. Spät-/Aussiedler_innen; 4. mit deutscher Staatsangehörigkeit geborene Nachkommen der drei zuvor genannten Gruppen. Das heißt, neben den in Deutschland lebenden Ausländer_innen gibt es eine nicht unbeträchtliche Zahl von Deutschen, die einen Migrationshintergrund haben. Die sogenannten Vertriebenen aus dem Zweiten Weltkrieg und ihre Nachkommen zählen dabei nicht zur Bevölkerung mit Migrationshintergrund, weil Einwanderung vor 1950 nicht berücksichtigt wird. Diese zeitliche Setzung ist eine politische Entscheidung, sonst wäre die Zahl der Personen mit Migrationshintergrund in Deutschland deutlich höher. Die Zuordnung »Migrationshintergrund« wird, im Unterschied zu Ländern wie Großbritannien oder Frankreich, also durch eine Zuschreibung getroffen und ist keine Selbstdefinition. Vor 2005 wurden in der Statistik aus Ausländer_innen durch Einbürgerung Deutsche. Da sie nun nicht mehr statistisch erfassbar waren, wurde nach einem Weg gesucht, sie zu identifizieren, ohne nach »Rasse« oder »Ethnizität« fragen zu müssen. Maßgabe bei der Einführung der Kategorie »Migrationshintergrund« war dann auch, »wo immer möglich, jene Personengruppen identifizierbar zu erhalten, die seit jeher in der öffentlichen Debatte und in der amtlichen Statistik mit Migration assoziiert werden« und »bei denen sich zumindest grundsätzlich ein Integrationsbedarf feststellen lässt« (Statistisches Bundesamt 2017, 4).

An dieser Formulierung wird eine prinzipielle Defizitorientierung der Politik im Verständnis von Zuwanderung deutlich. Kritisiert wurde das Konzept auch dafür, dass ein Teil der Wohnbevölkerung über die Zuordnung zur Gruppe der Migrationshintergründler_innen über einen langen Zeitraum potenziell stigmatisiert wird. Mittlerweile leben in Deutschland mehr Deutsche mit Migrationshintergrund (im Jahr 2016 waren dies 9,6 Millionen oder 11,7 Prozent der Bevölkerung) als Ausländer_innen (9 Millionen oder 10,9 Prozent), bei insgesamt 18,6 Millionen Personen (22,5 Prozent) mit Migrationshintergrund (Statistisches Bundesamt 2017, 7). Über die ›Vererbung‹ des Migrationshintergrunds bleibt in Deutschland – trotz Reform des Staatsangehörigkeitsgesetzes – ein ethnisches Verständnis von Deutschsein bestehen, denn nur wer von zwei ›Deutschen‹ abstammt, hat keinen Migrationshintergrund (mehr). Zur Erfassung von Personen, die potenziell von Diskriminierung betroffen sind, taugt die Kategorie nicht. Denn Personen, die aufgrund ihres Namens oder ihres Aussehens Diskriminierung erfahren, können, müssen aber nicht Personen mit Migrationshintergrund sein, wie z.B. schwarze Deutsche.

Da sich die Datenerhebung in verschiedenen Ländern stark unterscheidet, unterscheidet sich mit ihr auch die Erfassung von Migration. In keinen zwei europäischen Staaten ist die Datenerhebung über Migrierte und ihre Nachkommen identisch (Supik 2017). In Großbritannien werden im Zensus *migrants* erfasst, die selbst migriert sind, es wird jedoch nicht nach dem Geburtsland der Eltern gefragt; ferner können sich Migranten anhand einer offenen Liste einer *ethnic group* zuordnen. Ganz ähnlich in Polen: Erfasst werden *przybysze* (Eingewanderte), die aus einer Liste ihre Zugehörigkeit zu einer »nationalen oder ethnischen Minderheit« bestimmen können. Frankreich unterscheidet zwischen *étranger* (Ausländer_in), *immigré* (Einwander_in) und *descendants d'immigrés* (Kinder von Eingewanderten, das heißt, es muss mindestens ein im Ausland geborener Elternteil vorhanden sein). In den Niederlanden führte 1995 das *Centraal Bureau voor de Statistiek* die Begriffe *autochthon* (von hier) und *allochthon* (von anderswo und zusätzlich unterteilt in »westliche und nicht-westliche« Herkunft; bis zur dritten Generation ist jemand *allochthon*) ein. Seit einiger Zeit gibt es Diskussionen zur Umbenennung von *allochthon* in *migratieachtergrond* (Migrationshintergrund). In Schweden wird zwischen *utländsk bakgrund* und »schwedischem Hintergrund« unterschieden, zudem wird erhoben, wer im Ausland geboren wurde.

Unterschiede zwischen den Ländern gibt es vor allem bezüglich der Fragen, ob (a) der Migrationshintergrund erblich ist, also nicht nur die eigene Migrationserfahrung erhoben wird, ob (b) die Zuordnung automatisch erfolgt oder selbst gewählt wird und (c) wie Kinder gezählt werden, deren Eltern einen ausländischen Elternteil und einen mit der Staatsangehörigkeit des entsprechenden Landes haben. In den Niederlanden und Deutschland genügt ein Elternteil mit Migrationshintergrund für eine entsprechende Zuschreibung des Kindes, in Schweden wird das »Schwedischsein« zur dominanten Eigenschaft erklärt, und das Kind erscheint in der Statistik mit »schwedischem Hintergrund«.

Die von den amtlichen Statistiken angebotenen Klassifikationen sind also wie im Falle der bereits diskutierten Beispiele von Flüchtlingen und Überlebensmigrant_innen nicht objektiv oder neutral, sondern Ausdruck von gesellschaftlichen Debatten in den jeweiligen Staaten und letztendlich eine politische Entscheidung.

2.7 Fazit

Obgleich statistisch nur ein kleiner Teil der Weltbevölkerung selbst migriert, sprechen Stephen Castles et al. für unsere Zeit vom »Zeitalter der Migration« (Castles/Miller 2013 [1993]) und wollen damit verdeutlichen, dass auch diejenigen, die keine eigenen Migrationserfahrungen haben, trotzdem von Migration und ihren Effekten betroffen sind. Migration werde zunehmend eine »universale Erfahrung« (ebd., 5). Ein Blick auf die Migrationsmuster zeigt jedoch, dass Weltregionen in unterschiedliche Migrationsmuster (Binnen-/E-/Immigration, zirkuläre Migration etc.) und Migrationssysteme eingebunden sind. Die Datenlage im globalen Rahmen ist dabei von großen Diskrepanzen gekennzeichnet, was nicht zuletzt mit den unterschiedlichen Definitionen und Kategorien bei der Datenerhebung zusammenhängt. Diese Probleme sind *per definitionem* nicht zu lösen, denn die Problematik von Kategorisierungen ist der Migrationsforschung inhärent. Migrierende Menschen werden je nach Klassifikation unterschiedlichen Typen zugerechnet, Politiker_innn entscheiden aufgrund politischer Konjunkturen über die (Un-)Erwünschtheit bestimmter Migrant_innen etc. Eine reflexive Migrationsforschung nimmt diese Aspekte bei der Verwendung von Daten in die Analyse auf und kritisiert unzulässige Schlussfolgerungen in der akademischen und politischen Sphäre.

3. Migrationstheorien: Was sie erklären – und was nicht

Migrationstheorien können sich auf alle möglichen Formen und Ebenen von Migration beziehen: Warum migriert jemand? Wohin? Weshalb hat es einen Wechsel von einer männer- zu einer frauendominierten Migration gegeben? Oder steht die Erklärung von In- und Exklusionsprozessen in den Zielregionen im Fokus? Sollen Entwicklungseffekte von Migration erklärt werden? Diese exemplarische Auflistung verdeutlicht, dass es angesichts einer Vielzahl von Fragerichtungen nicht die eine Migrationstheorie geben kann.

Schon eine kursorische Durchsicht der unterschiedlichen Migrationstheorien zeigt, dass sie Migration nicht als eine Normalität betrachten, sondern als vorübergehende Phase, als Abweichendes und somit zu Erklärendes. Diese Perspektive hängt mit der im 18. Jahrhundert beginnenden Durchsetzung der Idee von durch Grenzen getrennten und souveränen Nationalstaaten zusammen. Dazu gehörte die Anstrengung, sich als in Sprache, Kultur, Identität etc. jeweils unterscheidende und möglichst homogene nationale Gesellschaften »zu erfinden« (Anderson 1996). Grenzüberschreitungen sind in dieser Logik zu regulieren, statistisch zu erfassen und bedrohen potenziell die nationale Souveränität. Zugleich ging mit der Industrialisierung in vielen Ländern des Globalen Nordens ein einschneidender Wandel von Arbeitsbeziehungen, Lebens- und Vergesellschaftungsformen einher. Diese Veränderungen wurden Gegenstand der Soziologie wie etwa bei Georg Simmel (1858–1918), der u.a. Überlegungen zur Grenze (Simmel 1968 [1908]) anstellte. »Grenze« ist für Simmel »nicht eine räumliche Tatsache mit soziologischen Wirkungen, sondern eine soziologische Tatsache, die sich räumlich formt« (ebd., 467). Mit dieser Auffassung kann Simmel als Ideengeber für die erst viel später vollzogene konstruktivistische Wende in der Grenz- und Migrationsforschung begriffen werden: »Der Natur gegenüber ist jede Grenzsetzung Willkür, selbst im Falle einer insularen Lage, da doch prinzipiell auch das Meer ›in Besitz genommen‹ werden kann.« (ebd., 465) Durch den Prozess der Verräumlichung erhalten Grenzen ihre »unvergleichliche Festigkeit und Anschaulichkeit« (ebd., 468) und üben »starke Rückwirkungen auf das Bewußtsein« (ebd., 467) aus. In diesem *mindset* sind die ersten soziologischen und geografischen Theorien der Migration entstanden.

Eine Darstellung von Migrationstheorien kann auf unterschiedliche Weise erfolgen:

Wenn der Fokus auf disziplinär bedingten Schwerpunkten und Unterschieden von Theorien liegt, dann bietet sich eine Darstellung wie die breit rezipierte von Caroline Brettell und James Hollifield an (2014), die den betreffenden Disziplinen Fragestellungen und Theorien zuordnen (siehe Tabelle). Dabei ist es zwar zutreffend, dass beispielsweise in der Politikwissenschaft die Frage nach der Rolle und Wirksamkeit von staatlichen Politiken gestellt wird, allerdings befassen sich mit der gleichen Frage auch Ökonomie, Soziologie oder Kulturanthropologie. Ein weiterer Nachteil dieser Vorgehensweise ist, dass die Disziplinen weit davon entfernt sind, in ihren Grundannahmen und ihren theoretischen Ausrichtungen homogen zu sein. So finden sich in der Migrationsökonomie neoklassische Ansätze neben historisch-materialistischen, wenn sie in der Disziplin auch nicht den gleichen Einfluss haben.

Disziplin	Exemplarische Forschungsfrage	Ebenen und Analyseeinheiten	Wichtige Theorien
Anthropologie	Welche Bedeutung hat Migration für kulturellen Wandel?	Mikroebene in Verbindung mit anderen Ebenen	relationale, strukturalistische, transnationale
Ökonomie	Was erklärt die Migrationswahrscheinlichkeit?	eher Mikroebene: Individuen (aggregiert)	Rational Choice, aber auch marxistische und neokeynesianische
Recht	Wie beeinflusst Recht Migration?	Makro und Mikro: das politische und rechtliche System	Institutionalismus, Rational Choice
Politikwissenschaft	Warum haben Staaten Probleme, Migration zu kontrollieren?	eher Makroebene: politische Systeme	Institutionalismus, Rational Choice, aber auch interpretativ
Soziologie	Was erklärt die Inkorporation von Migrant_innen?	eher Makroebene: ethnische Gruppen	Funktionalismus, System-, Handlungstheorien, Post-/Strukturalismus

Migrationsforschung aus disziplinärer Perspektive (Ausschnitte aus Brettell, Holllifield 2014, 3, eig. Darstellung und ergänzt)

Soll der Fokus auf Theorien zu den Voraussetzungen, Formen und zur Erklärung von Migration liegen, bietet sich die Unterscheidung von Ludger Pries (2001) in klassische und neuere Ansätze an. Für dieses Herangehen spricht, dass in diesem Rahmen zahlreiche Theorien Erwähnung finden, die in der Diskussion immer wieder auftauchen oder deren nicht explizierten Hintergrund bilden (etwa vermeintlich rationale Abwägungen, ein Land zu verlassen). Die Nachteile einer solchen Vorgehensweise sind, dass sie einen nahezu immer gleichen Kanon an Theorien präsentiert, sowie die konzeptionell nicht überzeugende Trennung in ältere und neuere Ansätze, die unterschlägt, dass die ihnen zugrunde liegenden theoretischen Schulen über die Phasen ihres unmittelbaren Einflusses hinaus wirksam bleiben.

Eine weitere Option besteht darin, zum einen Theorien der Migration und zum anderen Theorien jener Prozesse, die ›nach der Einwanderung‹ kommen (Integration, Inkorporation, Position von Minderheiten in Ankunftsgesellschaften), zu unterscheiden. Ähnlich wie die in dieser Einführung vor allem vorgestellten Theorien zur Erklärung von Migration(smustern) gibt es auch mit Blick auf die Integration ein breites Theoriearsenal mit jeweils klassischen und neueren Ansätzen. Aber auch hier bestehen zwischen neo-assimilationistischen Konzepten (Alba/Nee 2003; Koopmans 2016) und solchen, die unter den Labels »super diversity« (Vertovec 2007), »Migrationsgesellschaft« oder »postmigrantischen Gesellschaften« (Mecheril 2014; Yildiz/Hill 2014) firmieren, große Unterschiede. Anstelle der Trennung von Migration und Aufnahme ließen sich ihre Zusammenhänge deutlicher theoretisieren. Dies hätte den Vorteil, den gesamten Migrationsprozess einzubeziehen und die Gesellschaften in den Herkunfts-, Transit- wie auch Zielregionen in den Blick zu bekommen. Vorschläge, wie diese Ebenen und Dimensionen zusammenzudenken sind, gibt es durchaus, so etwa die von Russel

King benannte »doppelte Einbettung« von Migration (King 2002): in die internen Dynamiken von Migration (Netzwerke, Familienprojekte) und in makrostrukturelle Dynamiken (Migration als Teil globaler Transformationen). Motivationen zur und Modi der Migration vermischen sich auf diese Weise, werden uneindeutiger, so dass viele der Theorien, die wie selbstverständlich von einer reinen Arbeitsmigration ausgegangen waren, nicht mehr tragfähig sind. Auch sei, so King, die Trennung des »Aktes«, also der Migrationsvorgang von den »Produkten«, also den Prozessen von Integration und den Beziehungen zwischen Zugewanderten und Nichtzugewanderten, zu überwinden (ebd., 91). Ein Nachteil der gemeinsamen Darstellung von Migrations- und Integrationstheorien besteht schon in ihrem Umfang; integrierte Großtheorien, die beides leisten, haben sich bislang nicht durchsetzen können.

Wie ist nun dieses Kapitel aufgebaut? – Es befasst sich mit Theorien zur Erklärung von Migration und ihren Verläufen, also nicht oder nur ansatzweise mit den Wirkungen von Migration. Es beginnt mit einem Überblick über die migrationstheoretischen Klassiker im Kontext ihrer Entstehungszeit. Die darauf folgende ausführlichere Darstellung soll es Leser_innen ermöglichen, erkenntnistheoretische Grundannahmen und Erklärungsreichweiten der Theorien unterschiedlicher Schulen nachzuvollziehen und Studien, deren theoretischen Bezüge oft nicht expliziert werden, einzuordnen. Zudem werden ihre blinden Flecken herausgearbeitet und Ansätze in die Darstellung aufgenommen oder ausführlicher behandelt, die in Überblicksdarstellungen fehlen oder aus dem Kanon verschwunden sind.

3.1 Migrationstheorien im Überblick

Die folgende Übersicht benennt jeweils die Ebenen, auf denen die jeweiligen Theorien operieren. Die meisten Theorien setzen entweder auf der Mikro- oder auf der Makroebene an. Die Mikroebene umfasst die individuellen Werte und Ressourcen (finanzielle Möglichkeiten, Bildung, politischer Einfluss, kulturelles Kapital etc.) sowie die sich daraus ergebenden Handlungsspielräume (darunter: Migration). Auf der Makroebene sind alle Faktoren angesiedelt, in deren Rahmen Migrationsprozesse verlaufen, d.h., sie ermöglichen oder bremsen Migration. Darunter fallen politische Ordnungen, die ökonomische Sphäre sowie kulturelle Faktoren. Mit den Theorien, die seit etwa den 1990er Jahren entwickelt wurden, tritt die Mesoebene stärker in den Vordergrund (»the crucial meso link«, Faist 2000). Darunter werden alle Beziehungselemente verstanden, die Migration ermöglichen. Dazu zählen familiäre Bindungen (*strong ties*), Netzwerke zwischen den am Migrationsprozess Beteiligten, z.B. anderen Migrant_innen, Zurückgebliebenen, Migrationsdienstleistern (*weak ties*), aber auch nicht unmittelbar sichtbare Beziehungen, die durch Wissen und Symbole vermittelt sind.

Die Übersicht und anschließende Darstellung ist weder vollständig, noch kann sie die Feinheiten der Konzepte und die sie begleitenden Debatten einfangen. Auch lassen sich die Theorien nicht immer deutlich voneinander trennen, sondern sind teils Weiterentwicklungen vorangegangener Modelle oder überschneiden sich.

Theorie	Erklärt vor allem	In Kürze	Ebene	Einschätzung, Kritik
Ravenstein: Gesetze der Migration	Warum migrieren Menschen?	Migrationstypen, Beschreibung von Migrationsmustern und -motiven	Mikro (lokal)	hat viele Folgetheorien angeregt; Gesetze kontextspezifisch
Push/pull-Modell		Faktoren in Herkunfts- und Zielländern wirken migrationsfördernd bzw. -hemmend	Makro	einflussreich, vereinfachtes Modell, Rezeption simplifizierend
Neoklassische Migrationstheorien		Überangebot an Arbeitskraft im Süden und Nachfrage im Norden; Lohndifferentiale; Kosten-Nutzen-Abwägung	Mikro (Handlung) Makro (Wirkung)	einflussreich; vereinfachte Modellannahmen; andere als nutzenmaximierende Motive fehlen
New Economics of Migration		Haushalte entscheiden; Migration als Strategie, Einkommen zu diversifizieren	Mikro (Haushalt, Familie)	machtblind, da Haushalt als *blackbox*; ›angebotsorientiert‹
Weltsystemtheorie		historisch-materialistisch, Zentrum/Peripherie	Makro (global)	Langzeitperspektive, migrantische *agency* schwach
Migrationssystem-Theorie		etablierte Migrationskorridore	Makro, aber auch Meso und Mikro	*agency* der Migrierenden schwach

Labour market segmentation theory		Nachfrage nach Arbeitskraft, segmentierter Arbeitsmarkt	Makro (Nationalstaat)	Gegenmodell zur Neoklassik, *agency* der Migrant_innen unterbelichtet
Transnationale Migration	Richtung und Aufrechterhaltung von Migration	komplexe Migrationsverläufe, transnationale soziale Räume, Einbettung	Übergreifend: Mikro, Meso, Makro	ungeklärtes Ausmaß, Neuheit wird teils hinterfragt
Autonomie der Migration		Migration als soziale Bewegung; Migrationskontrolle ist Reaktion auf Migration	Meso, Mikro, Makro	Vernachlässigung restringierender Faktoren

3.2 Ravensteins Gesetze der Migration: Der Klassiker

Der Klassiker in der Migrationstheorie schlechthin sind Ernest G. Ravensteins (1834–1913) *Gesetze der Migration.* Insbesondere seine Vorträge bei der *Statistischen Gesellschaft* in London gelten als Beginn der Migrationsforschung (Ravenstein 1885). Ravensteins Untersuchungsinteresse bestand erstens darin, Migrationsbewegungen zu erfassen, und zweitens, Gesetzmäßigkeiten oder treffender: empirische Verallgemeinerungen, herauszuarbeiten. Ihn interessierten die Motive der Migrant_innen, er maß die Entfernungen der Wanderungen, erfasste regionale Umverteilungen der Bevölkerung und untersuchte Unterschiede im Wanderungsverhalten von Männern und Frauen.

Ravenstein entwarf eine Klassifikation von Migrationstypen (Ravenstein 1885, 181–183), die sich an der von den Migrierenden zurückgelegten Distanz und der Richtung ihrer Wanderungen festmacht: 1. lokale Migration, 2. Nahmigration, 3. Etappenwanderung, 4. Langstreckenmigration und 5. temporäre Migration (z.B. Saisonarbeitende). Einige Migrationstypen, die heutzutage von großer Bedeutung sind, sind in der Klassifikation bereits angelegt. Dazu zählt die Etappenwanderung, die später im Konzept der »Kettenmigration« (bspw. Massey/Durand/Malone 2003) ausgearbeitet wurde. Die Migration ermöglichenden Infrastrukturen migrantischer Netzwerke (Information, Transport, Unterkunft, Arbeitsvermittlung etc.) erstrecken sich über lange Distanzen, so dass viele Personen über größere Distanzen und über Generationen hinweg indirekt miteinander verbunden sind, was Migrationsprozesse ermöglicht. Beachtet werden muss dabei, dass die Distanzen, die heutzutage zurückgelegt werden, deutlich größer geworden sind und daher Ravensteins Lokal- und Nahmigration heute nicht mehr als Migration bezeichnet werden würde.

Viel beachtet waren Ravensteins elf »Gesetze der Migration«, für die er eine Gültigkeit über seinen Forschungsgegenstand, die Migration in England, hinaus beanspruchte (Ravenstein 1885, 181–199):

1. Die Mehrzahl der Wanderungsvorgänge erfolgt über kurze Distanzen.
2. Wanderungen verlaufen häufig in Etappen (Kettenwanderung).
3. Ziele von Migration über größere Distanzen sind insbesondere Industrie- und Hafenstädte.
4. Die Migrationsrichtung verläuft vom Land in die Stadt bzw. in industriell geprägte Regionen.
5. Jeder Wanderungsstrom ruft eine gegenläufige Bewegung hervor.
6. Stadtbevölkerungen wandern weniger als Landbevölkerungen.

7. Frauen migrieren mehr als Männer, allerdings eher über kürzere Distanzen; Frauen und Männer treiben die gleichen Motive (vor allem Arbeit) an.
8. Die Mehrzahl der Migrierenden sind alleinstehende Erwachsene; Familien migrieren nur in Ausnahmefällen (bzw. nationenspezifisch, z.B. »Irish«).
9. Die Bevölkerungszunahme in Städten ist mehr durch Wanderungsgewinne als durch natürliche Bevölkerungsbewegungen (Geburten, Tode) bedingt.
10. Das Wanderungsvolumen entwickelt sich synchron zur industriellen und verkehrstechnischen Entwicklung.
11. Die meisten Wanderungsvorgänge werden durch ökonomische Anlässe ausgelöst.

Auf diese Generalisierungen Ravensteins haben spätere, vor allem in der Geografie entwickelte Migrationstheorien aufgebaut. Die Gesetze eins bis drei informierten die »Gravitationstheorie«, nach der Migrationsbewegungen analog zu den physikalischen Newton'schen Gesetzen funktionieren. Demnach ziehen z.B. große Orte mehr Menschen, Ideen und Güter an als kleine. Mit der Identifikation geschlechtsspezifischer Migrationsmuster war Ravenstein ein Pionier, wobei entsprechende Anschlüsse in den Migrationstheorien der darauffolgenden knapp einhundert Jahre in auffälliger Weise fehlen.

Aus heutiger Sicht können Ravensteins »Gesetze« keine Allgemeingültigkeit beanspruchen. Entgegen seiner Intention sind sie sehr kontextspezifisch. Ravenstein erforschte Migration und die ökonomischen und gesellschaftlichen Umwälzungen im Zuge der Industrialisierung und Urbanisierung im 19. Jahrhundert in England. In den Städten entstanden damals mehr und mehr Arbeitsplätze, die die arme Landbevölkerung anzogen. Sowohl Männer als auch Frauen arbeiteten fortan in Fabriken, Frauen zudem als Hausangestellte in den bürgerlichen Haushalten (»Nahmigration«). Städte wie Manchester und London wurden während dieser Migrationen über Etappen erreicht. Ferner gab es die »Fernwanderung« in die USA. Der Fortschritt brachte auch neue Transportmittel, die ein Mehr an Migration logistisch möglich machten. Weiterhin ist kritisiert worden, dass die »Gesetze« ökonomisch-deterministisch und methodologisch individualistisch verfahren (Samers 2010, 55–56). Aber zweifelsohne waren und sind Ravensteins Migrationsgesetze einflussreich.

3.3 Push/pull-Theorie der Migration

Ein weiterer Klassiker der Migrationsforschung ist die *Push/pull*-Theorie. Aus ihr speisen sich auch heute noch, trotz massiver Kritik, die Grundannahmen in vielen Medien- und Alltagskonversationen zur Migration. Der US-amerikanische Demograf und Soziologie Everett S. Lee (1917–2007) beabsichtigte ähnlich wie Ravenstein, dessen Gesetze den Ausgangspunkt seiner Überlegungen darstellen (Lee 1966, 47–48), eine allgemeingültige Migrationstheorie zu entwickeln. Die Idee fasst er wie folgt zusammen: »The conceptualization of migration as involving a set of factors at origin and destination, a set of intervening obstacles, and a series of personal factors is a simple one which may perhaps be accepted as self-evident. It is now argued that [...] it provides a framework for much of what we know about migration [...]. It is used [...] to formulate a series of hypotheses about the volume of migration under varying conditions, the development of stream and counterstream, and the characteristics of migrants.« (ebd., 52) Ihren Namen bekam die *Push/pull*-Theorie erst kurz nach der Publikation durch den Demografen Donald J. Bogue (1969). Die Grundidee ist, dass es Faktoren gibt, die Menschen dazu bringen, ihren Wohnort zu verlassen (*push*), und andere, die anziehend auf sie wirken (*pull*). Zu den in den Herkunftsregionen wirkenden *push*-Faktoren gehören etwa eine schlechte ökonomische Situation, Kriege, Umweltzerstörung oder Verfolgung. Zu den in den Zielregionen wirkenden *pull*-Faktoren können das Vorhandensein von Erwerbsmöglichkeiten, politische Stabilität oder liberale Rechtsstaatlichkeit zählen. Für jeden Faktor lässt sich der Theorie zufolge bestimmen, wie er wirkt: + (positiv), - (negativ) oder 0 (indifferent) (ebd., 50). Weiterhin besteht die Annahme, dass potenzielle Emigrant_innen mittels verschiedener Kommunikationskanäle über »anziehende« Aufnahmebedingungen im Bilde sind. Weitere Faktoren können persönliche Merkmale sein (Bildung, Phase im Lebenszyklus) und zwischen dem Ausgangspunkt und dem Ziel der Migration liegende Hindernisse (Transportkosten, Distanz, Einwanderungspolitiken). Lee führt aus, dass der gleiche Faktor, z.B. ein gutes Schulbildungssystem, für den Vater eines kleinen Kindes eine größere Bedeutung hat als für andere. Im Unterschied zu einigen Theorien der Arbeitsmigration, die von der rationalen Wahl der Individuen ausgehen, ist im *Push/pull*-Modell der Übergang zwischen freiwilligen und erzwungenen Migrationsformen fließend, und die meisten Migrationsbewegungen sind nicht auf einen Faktor allein, sondern auf eine Mischung von Faktoren zurückzuführen. Auch versteht Lee die Migration nicht als vollständig rationale Handlung: »The decision to migrate, therefore, is never completely rational, and for some persons the rational component is much less than the irrational.« (ebd., 51) Ähnlich wie der Großteil der Migrationstheorien begreift auch Lees Konzept die Migration von Frauen (und Kindern) als nicht selbst gewählt, sondern als von Entscheidungen der Männer abhängig: »Indeed, not all persons who migrate reach that decision themselves. Children are carried along by their parents, willynilly, and wives accompany their husbands though it tears them away from environments they love.« (ebd.)

Ähnlich wie Ravenstein beschreibt Lee, dass es zu jedem Migrationsstrom einen Gegenstrom gebe (ebd., 54), und zeichnet folgendes Gesamtbild: »We should, therefore, expect to find heavy immigration to developed countries where this is permitted [...]. On the other hand, in the least developed countries we should find a largely immobile population which usually changes residence only under duress and then en masse rather than through individual action.« (ebd., 54) Migrationsbewegungen, die vor allem aufgrund positiv wirksamer *pull*-Faktoren zustande kämen, seien auf selektive Migration zurückzuführen (z.B. Anwerbung Hochqualifizierter) (ebd., 56).

Kritisiert worden ist das *Push/pull*-Modell von mehreren Seiten: In seiner Absicht, eine allgemeingültige Migrationstheorie zu entwickeln, sei es ahistorisch und aufgrund seines beim Individuum ansetzenden Konzepts zu individualistisch. Von seiner Begrifflichkeit werde nahegelegt, dass Menschen zwischen den verschiedenen Polen von *push* und *pull* hin- und hergerissen seien, also wenig Raum für eigensinnige Entscheidungsmacht bleibe. Nicht alle Personen, die in einer vergleichbaren (Entscheidungs-) Situation sind, haben die gleichen Möglichkeiten, Entscheidungen auch zu realisieren (Ressourcen). Das Modell erklärt also nicht ausreichend, warum trotz gleicher Bedingungen nur ein kleiner Teil der Bevölkerung emigriert und der andere bleibt. Es erklärt auch nur unzureichend die häufig anzutreffende Gleichzeitigkeit von Ein- und Auswanderung. Soziale Faktoren und emotionale Bindungen, die das erklären könnten, werden auf der individuellen Ebene zwar einbezogen (»there are personalities which welcome change for the sake of change. For some individuals, there must be compelling reasons for migration«, ebd., 51), bleiben jedoch größtenteils bzw. in ihrer Gesamtwirkung außen vor. Andere Theorien sehen beispielsweise in Migrationsnetzwerken eine wichtige Ursache zur Erklärung von Migration und deren Richtung. Migrationspolitiken werden in dem Modell lediglich als verzerrende Faktoren und zu überwindende Hindernisse gesehen. Außerdem legt es politische Reaktionen nahe, die – oft recht kurzfristig – versuchen, die für Migrationen ausschlaggebenden Faktoren zu beeinflussen, und so darauf zielen, sie wie einen Wasserhahn an- und auszustellen, was allerdings in den meisten Fällen nicht gelingt. Das Modell versteht Migration zudem als unilinearen Prozess, mit einer Herkunfts- und einer Zielregion. Viele Migrationen sind jedoch deutlich komplexer, vollziehen sich entlang mehrerer Stationen und beinhalten ungeplante Phasen und Verläufe. Eine weitere Kritik richtet sich gegen die dem Modell zugrunde liegende Transparenzannahme, denn nicht alle Informationen über die Zielregionen entsprechen den dort tatsächlich vorzufindenden Bedingungen.

Das *Push/pull*-Modell hat gleichermaßen starke Kritik und deutlichen Zuspruch erfahren. Während einige Ökonom_innen kritisierten, dass das Modell zu viele Variablen enthalte, beanstandeten vor allem Soziolog_innen und Ethnolog_innen seine Vereinfachungen. Schaut man in Lees Original, so ist die Theorie allerdings weitaus differenzierter, als ihre Rezeption vermuten lässt, was sowohl für die kritische Rezeption (z.B. Castles et al. 2013, 28–30) als auch für die zustimmende Beschäftigung mit ihr gilt. Dennoch herrscht die schulenübergreifende Einschätzung vor, dass der Ansatz zwar Pionierwirkung in der jüngeren Migrationsforschung gehabt habe, aber keineswegs (allein) zur Erklärung tauge.

3.4 Neoklassische Migrationstheorien: Migration als rationale Wahl

Neoklassische ökonomische Migrationstheorien, die an die Modelle von Ravenstein und Lee anknüpfen, sind weit über ihre Herkunftsdisziplin hinaus einflussreich. Sie haben das Bild von rational handelnden Migrant_innen geprägt, die sich im Rahmen einer Kosten-Nutzen-Abwägung aufgrund eines zu erwartenden Nutzens auf die Reise begeben. Wenn der erwartete Nutzen (*rate of return*) die Summe der für die Migration erforderlichen Investitionen übersteigt, dann entscheide sich eine Person zur Emigration, so die Annahme (Chiswick 2000, 62). Dabei geht die neoklassische Migrationsökonomie, ohne dies freilich zu explizieren, von einem geschlechtslosen oder männlichen Migranten aus (Pessar 1999, 54).

Im Verständnis der neoklassischen Ökonomie geht Migration auf geografische Differenzen beim Angebot und der Nachfrage nach Arbeitskraft zurück. In Staaten mit einem großen Angebot an Arbeitskraft im Verhältnis zum Kapital ergeben sich niedrigere Löhne und in kapitalstarken Ländern mit wenig Arbeitskraft höhere Löhne. Dies führt dazu, dass Arbeiter_innen aus den Niedriglohnländern in Richtung der Länder mit besseren Löhnen migrieren. Infolgedessen fällt das Arbeitskraftangebot, und die Löhne steigen – mit den umgekehrten Folgen in den Zielregionen. Idealiter sollte dies zu einem Gleichgewicht führen, in dem die Lohndifferentiale die Migrationskosten reflektieren (Transport, psychische Folgen etc.). Der an der Universität Chicago lehrende Ökonom Larry Sjaastad (1934–2012) hat den Mechanismus als »migration as an equilibrating mechanism in a changing economy« bzw. »migration as a means in promoting efficient resource allocation« (Sjaastad 1962, 80) beschrieben. Mit dieser Makrotheorie einher geht das mikroökonomische Modell der Entscheidungsfindung. Demzufolge treffen rationale Akteure nach einer Kosten-Nutzen-Abwägung und unter Hinzuziehung der jeweils notwendigen Informationen den Entschluss zu migrieren. Ihr Ziel ist die Erlangung eines positiven Saldos durch Migration, vor allem in monetärer Form. Entsprechend kann Migration analog zur Investition in Humankapital betrachtet werden. Eine Spielart neoklassischer Migrationstheorien ist deshalb auch das *Human Capital Migration Model.*

In der ökonomischen Migrationsforschung wird auch mit Modellen gearbeitet, die den Humankapitalansatz ergänzen: Zwei seiner Spezifizierungen sind dabei die Berücksichtigung temporärer und irregulärer Migration, wohingegen der Basisansatz von permanenter Migration ausgeht (Chiswick 2000, 66 f.), und das Roy-Modell (Borjas 1985, 1987), das relative Ausbildungs- und Fähigkeitsdifferentiale berücksichtigt. Jorge Borjas hat die »doppelte Selbstselektivität« bei der Rekrutierung von Migrant_innen hervorgehoben, worunter er versteht, dass erstens vor allem Personen mit bestimmten Merkmalen (z.B. solche, die über international transferierbares Bildungskapital verfügen) migrieren und zweitens diese Personen aus Gründen des erwarteten zukünftigen Nutzens in ein bestimmtes Land migrieren (Borjas 1987). Im Vergleich zu den »Zurückgebliebenen« mit den gleichen Eigenschaften seien Migrant_innen »more able, ambitious, aggressive, entrepreneurial, or otherwise more favorably selected« (Chiswick 2000, 61). Migrant_innen seien also von überdurchschnittlicher »Qualität«, was für Gruppen, für die andere Motive als die der Erwerbstätigkeit im Vordergrund stehen, d.h. für Flüchtlinge, »abhängige Familienangehörige« und »ideological migrants« (ebd.), nur eingeschränkt gelte. Aus dieser Selbstselektivität heraus werden dann wiederum auf Makroebene die Inkorporationsmuster in den Zielländern und die ökonomischen und sozialen Konsequenzen der Emigration in den Herkunftsländern erklärt, wobei gelte, dass je größer die Selbstselektivität der Migrant_innen ist, sich ihre Ausreise desto nachteiliger auswirke (ebd., 61). Bei hohen Migrationskosten profitieren Mehrverdienende in der Regel stärker von der Migration.

Gegen die neoklassischen Modellbildungen zur Migration wandten Kritiker_innen zunächst ein, dass diese zu simplifizierend seien (eine Kritik, die an der Verwendung von mathematischen Modellen in den Sozialwissenschaften generell geübt wird). Marxistische Ansätze wie jene aus der Weltsystemtheorie konnten keine Tendenz zum Gleichgewicht erkennen, sondern argumentierten stets ausgehend von strukturellen Konflikten. Die Ahistorizität der neoklassischen Theorien ist ebenfalls ein Gegenstand der Kritik, zumal sich in ihrer Hochphase, in den 1970er Jahren, angesichts der Ölkrise 1973 Migrationspolitiken und -prozesse massiv wandelten. Nicht erklärt werden konnte mit ihnen auch, warum trotz weitgehend gleicher ökonomischer und gesellschaftlicher Bedingungen aus der einen Region viele, aus der anderen hingegen kaum Menschen migrierten. Faktoren wie post-/koloniale Verbindungen zwischen bestimmten Ländern und Regionen sowie strukturelle Abhängigkeiten und Machtverhältnisse im Weltmaßstab scheinen mehr zur Erklärung beizutragen als die allgemeinen Annahmen eines neoklassischen Modells.

Eine weitere Kritik an neoklassischen Migrationstheorien lautet, dass sie die Eigenlogiken von Migrationsprozessen sowie politische Faktoren vernachlässigen, weil sie methodisch vom Individuum ausgehen. Die in den neoklassischen Migrationstheorien gängige Reduktion der Migrationsmotive auf ökonomische Kalküle wird u.a. von der Geschlechterforschung mit dem Hinweis infrage gestellt, dass auch nicht-ökonomische Gründe (z.B. Familienmigration, Flucht) zur Migration führen. Ökonom_innen halten diese Kritik für irrelevant, denn sie beschäftigen sich in der Regel mit der als freiwillig verstandenen Arbeitsmigration (etwa Straubhaar 2002, 14). Allerdings kann auch bei einem Teil der Arbeitsmigration nicht von einer reinen Freiwilligkeit der Migrationsentscheidung bzw. es muss wenigstens von gemischten Motiven ausgegangen werden (z.B. Van Hear 1998; King 2002). Die Geschlechterdimension findet auch bei anderen Fragestellungen der ökonomischen Migrationsforschung keine Berücksichtigung. Die Analysen zur Nützlichkeit von Migration etwa unterscheiden nicht zwischen Branchen mit hohem Männer- oder Frauenanteil, zum Beispiel im Haushalts- und Pflegesektor (z.B. Rivera-Batiz 1999; Borjas 1995; Gerking/Mutti 1980). Auch die Analyse von hochqualifizierter Migration fokussiert (fast) ausschließlich auf Männer (Kofman 1999, 288), während die qualifizierte Migration im Dienstleistungsbereich, etwa von Krankenschwestern, unberücksichtigt bleibt. Die Studien machen auch nicht klar, wie das Geschlechterverhältnis auf die Migrations- und Arbeitsverhältnisse wirkt und gleichzeitig durch diese mit beeinflusst wird. Eine Ursache für diese Geschlechterblindheit ist, neben der Dominanz neoklassischer ökonomischer Grundannahmen, der kaum vorhandene Dialog zwischen ökonomischer Migrationsforschung und Geschlechterforschung, aber umgekehrt auch die seltene Auseinandersetzung von Geschlechterforscherinnen mit Mainstream-Theorien (Kofman 1999, 288).

Infolge der vielfältigen Kritik an den für lange Zeit dominanten neoklassischen Migrationstheorien gewannen alternative Theorien zunehmend an Einfluss.

3.5 The New Economics of Labour Migration

In Auseinandersetzung mit der Modellannahme eines Entscheidungen treffenden Individuums hat der Ökonom Oded Stark einen Ansatz entwickelt, der das neoklassische Modell mittels zweier Innovationen kritisierte und zugleich ergänzte (Stark/Bloom 1985; Stark 1991). Zum einen rückte er die Ebene des Haushalts in den Mittelpunkt. So sind es Haushalte, die über Zeitpunkt, Ziel und Dauer der Migration entscheiden sowie darüber, welche Angehörigen des Haushalts migrieren. Zum anderen begriff er nicht nur die (zu erwartenden) Löhne als rationale Entscheidungsgründe, sondern auch solche der Risikovermeidung oder der Diversifizierung von Einkommensquellen (Stark 1991, 48). Das Portfolio eines Haushalts kann, muss aber keine Migrationsprojekte (bzw. verschiedene Migrationsformen) umfassen. Die Migration eines oder mehrerer Haushaltsmitglieder hat insofern eine Funktion, die sonst Versicherungen übernehmen. Insofern ist Arbeitsmigration nicht allein auf Lohnunterschiede zurückzuführen.

Auf den ersten Blick scheinen die *New Economics of Labour Migration* (NELM) und die neoklassischen Modelle nicht weit auseinanderzuliegen. Es sind nun nicht mehr die Individuen, die rationale Entscheidungen treffen, sondern die Haushalte. An einigen interessanten Punkten zeigen sich jedoch unterschiedliche Betrachtungsweisen, so etwa in der Frage, wie über Rückkehrmigration gedacht wird (Cassarino 2004). Im neoklassischen Modell kehrt eine Person zurück, deren Migrationsprojekt gescheitert und deren Kosten-Nutzen-Kalkulation nicht aufgegangen ist. Im Rahmen der NELM kann die Rückkehr hingegen auch als Erfolg gesehen werden, wenn etwa Migrant_innen ihr Ziel erreicht haben, zurückkehren und ihr angespartes Vermögen im Familien-Portfolio anders anlegen und beispielsweise eine Investition tätigen.

NELM galt in den 1990er Jahren als dritter Weg zwischen den beiden die Diskussion beherrschenden migrationstheoretischen Paradigmen der Neoklassik und marxistischer Ansätze. Für Alexandre Abreu ist sie jedoch nur ein »slightly more sophisticated avatar« (Abreu 2010) der neoklassischen Migrationstheorie. Kritik wurde dem Ansatz aus geschlechteranalytischer Sicht entgegengebracht, weil die Analyseeinheit des Haushalts als *blackbox* erscheine und Machtverhältnisse und Konflikte nicht berücksichtige, die zum Beispiel dazu führen können, dass eher Männer als Frauen für ein Migrationsprojekt ausgesucht werden oder die Interessen männlicher Haushaltsmitglieder über jenen der weiblichen stehen (Eberhardt/Schwenken 2010). Ebenfalls nicht erklären kann die Theorie, warum ganze Haushalte emigrieren und somit die Diversifizierungsstrategie aufgeben. Des Weiteren wurde kritisiert, dass der Ansatz nur die Angebotsseite betrachtet, also nicht die Nachfrage nach Migration oder, in der Begrifflichkeit der *Push/pull*-Theorie, andere Anziehungsfaktoren. Es liegt daher nahe, dass der Ansatz vor allem zur Erklärung eines spezifischen Migrationstypus, der Emigration einzelner Familienmitglieder aus armen Herkunftsregionen, plausibel erscheint.

3.6 Weltsystemtheorie: Migration zur Mobilisierung und Kontrolle von Arbeitskraft

Die Weltsystemtheorie ging Ende der 1960er Jahre aus der entwicklungstheoretischen Dependenztheorie hervor. Sie ist die direkte Gegenspielerin der neoklassischen Theorien. Aus weltsystemtheoretischer Sicht handelt es sich bei Migration um »die Schaffung von Arbeiterschaft am rechten Ort und auf dem geringstmöglichen Lohnniveau« (Immanuel Wallerstein, zit. nach Parnreiter 1994, 11). Die Weltsystemtheorie verbindet Soziologie, Ökonomie und Geschichtswissenschaft und blickt im globalen Maßstab sowie über lange Zeiträume hinweg auf Strukturen, konkret den im »langen 16. Jahrhundert« entstandenen weltumspannenden Kapitalismus. Arbeitskräftemobilität spielte bei der Ausbreitung des kapitalistischen Weltsystems eine wichtige Rolle, etwa durch die Verschleppung von Indigenen während der Kolonisierung Zentral- und Südamerikas oder die Sklaverei als Bestandteil des Handels. Das Weltsystem besteht aus konkurrierenden Machtzentren. Krisen und Rezessionen sind Teil seiner Entwicklung, ihre Bearbeitung führt zur Erneuerung des kapitalistischen Systems. Um für die kapitalistische Expansion Arbeitskräfte zu gewinnen, »stehen grundsätzlich zwei Möglichkeiten offen – die Unterwerfung der ansässigen Bevölkerung und/oder die Zufuhr von Arbeitskraft aus anderen Gebieten« (Parnreiter 1994, 12). Massenmigration gilt der Weltsystemtheorie daher als ein wichtiger Bestandteil der internationalen Arbeitsteilung und Ungleichheit. Sie dient der Mobilisierung, Allokation und Kontrolle von (möglichst günstigen) Arbeitskräften. Migration ist insofern eng mit dem Akkumulationsprozess verbunden. Christof Parnreiter formuliert in enger Anlehnung an Immanuel Wallerstein: »Migration [...] ist ein Mittel, ein Grundproblem des Kapitalismus zu lösen: den Kampf *um* und *gegen* die Arbeitskraft. Um, weil die menschliche Arbeitskraft Quell allen Reichtums ist. Gegen, weil der Mensch nicht von Haus aus bereit ist, diesen Reichtum anderen zu überlassen.« (Parnreiter 1994, 10–11) Eine weitere Funktion von Migration ist es, nicht nur die Versorgung mit Arbeitskräften ganz allgemein sicherzustellen, sondern mit Arbeitskräften, die über spezifische Eigenschaften verfügen (Bildung, Fähigkeiten, Familienstand, rechtlicher Status etc.). Aus dieser Logik heraus liegt es nahe, dass auch der Marx'sche Begriff der »industriellen Reservearmee« auf Arbeitsmigrant_innen übertragen worden ist.

Die Weltsystemtheorie betrachtet Funktion, Entstehung, Herausbildung und Wandel von Migrationsmustern. An der Erklärung individueller Migrationsentscheidungen hingegen ist sie nicht interessiert. Vielmehr treffen Menschen Entscheidungen über Migration stets im Rahmen der gegebenen Strukturen. Lydia Potts spricht entsprechend von einem »Weltmarkt für Arbeitskraft« (Potts 1988), der historisch konkret und geografisch spezifisch ist, aber einer einheitlichen Struktur und Funktion unterliegt.

Charakteristisch für die Weltsystemtheorie ist die Unterscheidung in Staaten des Zentrums (kapitalintensive Produktion, machtvolle Durchsetzung von Interessen, politische Stabilität), der Peripherie (ehemalige Kolonien, Primärgüterproduktion, starkes Angebot an Arbeitskraft, politische Instabilität, ökonomische und teils politische Abhängigkeit) und der Semiperipherie (ehemalige Kolonien bzw. Randzonen des Zentrums, autokratische Regierungen, geringe Arbeitsstandards, attraktiv z.B. für die Ansiedlung von Sonderwirtschaftszonen). Migration ist ihr zufolge Ausdruck der ungleichen globalen Arbeitsteilung: Wanderung wird, analog zur durch den Kolonialismus etablierten Rolle der abhängigen Staaten für die Primärgüterproduktion, als durch die Nachfrage nach günstiger Arbeitskraft im Norden bedingte Migration vom Süden in den Norden verstanden. Im Süden verringert sich so die Arbeitslosigkeit, und die Rücküberweisungen der Migrant_innen sorgen für das Auskommen ihrer Familien sowie für Investitionen, können dies aber immer nur in bestimmten Abhängigkeitsverhältnissen tun. Zugleich bedeuten diese Bewegungen für die Länder des Südens, dass qualifizierte Fachkräfte fehlen (*brain drain*) und die Rücküberweisungen neue Abhängigkeiten schaffen. Globale Ungleichheiten verstärken sich also durch Migration.

Rassismus wird im weltsystemtheoretischen Ansatz als Ausdruck von Ressentiment und Deprivation in Phasen der zyklisch auftretenden Rezessionen verstanden. Wie Krisen und Rezessionen sowie eine Veränderung von Akkumulationstypen (etwa vom Fordismus zum Postfordismus) Migration verändern, ist daher in der weltsystemtheoretischen Migrationsforschung eine wichtige Forschungsfrage (z.B. Parnreiter 1994 zum Wandel in Österreich zwischen 1960 und 1993).

Die Funktion von Grenzen sowie der Staaten in der Semiperipherie wird in der Weltsystemtheorie als diejenige eines Filters bzw. Puffers beschrieben, der Migrationsbewegungen im Sinne des Zentrums kontrolliert und kanalisiert. Die Externalisierung von Migrationskontrollen in die Staaten Osteuropas oder Nordafrikas kann hierfür exemplarisch stehen. Staaten der Semiperipherie werden für viele Migrant_innen zu einem Transitraum, in dem Unsicherheit und Warten prägende Erfahrungen sind. Im Verhältnis zum Zentrum befinden sie sich dabei teils in einer privilegierten Position, weil sie die Aufgabe übernehmen, Transitmigration zu filtern und zu verlangsamen.

Der Weltsystemansatz wird aktuell in der Migrationsforschung nicht breit vertreten. In einigen Arbeiten, vor allem zur Arbeitsmigration, findet er jedoch Verwendung (zum Überblick: Jones/Mielants 2010; Parnreiter 1994). So analysiert Salimah Valiani (2012) den ungleichen Tausch, der sich in der Rekrutierung von Pflegepersonal und medizinischen Fachkräften aus entsprechend spezialisierten Staaten des Globalen Südens (vor allem den Philippinen und Indien) in den Norden äußert. Ihre Forschungsfragen lauten: Wie lässt sich die Zunahme temporärer Arbeitsmigration von Pflegekräften im Globalen Norden seit etwa 1990 erklären? Wie können die Dynamiken der globalen Integration der *Care*-Arbeitsmärkte im Hinblick auf die Restrukturierung der kapitalistischen Weltökonomie erklärt werden? Anliegen der Arbeiten Valianis ist es, eine konzeptionelle Alternative zum herkömmlichen *Push/pull*-Ansatz aufzuzeigen (ebd., 146). Ihr Ausgangspunkt sind die von Giovanni Arrighi (1994) identifizierten vier systemischen Akkumulationszyklen, dem ersten von

1450 bis 1640 von dem Stadtstaat Genua dominierten, dem zweiten von etwa 1640 bis 1790 durch die Niederlande bestimmten, dem dritten, britischen Zyklus von etwa 1790 bis 1925 und dem aktuellen vierten, US-amerikanisch geprägten Zyklus seit 1925. Jeder dieser Zyklen, so die Annahme, beinhaltet eine Phase der materiellen Expansion, der eine finanzielle Expansion folgt. Ein jeder Zyklus kommt indes an seine Grenzen, und es werden radikale Restrukturierungen erforderlich. Den Schlüssel zur Erklärung der Zunahme temporärer Arbeitsmigration im Gesundheitssektor sieht Valiani in den Widersprüchen der materiellen Expansion des vierten, US-amerikanisch bestimmten systemischen Akkumulationszyklus mit der Kostenexplosion im Gesundheitswesen sowie strukturellen Abhängigkeiten von Staaten wie den Philippinen, Arbeitskraft zu exportieren, welche die intensivierte Ausbeutung der Fürsorgetätigkeiten von Frauen inklusive der Migration von Pflegekräften in den Globalen Norden mit sich brächten (Valiani 2012, 18). In ihrer Analyse führt sie die Themen der Organisation reproduktiver Tätigkeiten, der Restrukturierung der *Care*-Ökonomie in den USA und Kanada sowie der »Arbeitskräfte-Export-Strategie« der Philippinen zusammen. Charakteristisch für ihren weltsystemtheoretischen Ansatz ist es also, die sich überlappenden und miteinander verbundenen Prozesse im Globalen Norden mit den sich im Globalen Süden vollziehenden Entwicklungen zusammenzudenken.

Kritik wird der Weltsystemtheorie auf verschiedenen Ebenen entgegengebracht: Menschen erscheinen in ihrem Modell als passiv, und ihr Verhalten ist von ihrer geografischen und sozialen Positionierung im Gesamtsystem abhängig. Fokussiert wird von ihr die strukturelle Diskriminierung von Migrant_innen in den Zielstaaten, wohingegen ihr individueller sozialer Aufstieg konzeptionell nicht vorgesehen ist. Die Theorie befasst sich vor allem mit Arbeitsmigration und zieht etwa Familienmigration nicht in Betracht. Indem bestimmte Staaten zu einer Region zusammengefasst werden, bleiben nationalspezifische ökonomische, politische oder soziale Verhältnisse und Entwicklungspfade außer Acht. Nichtsdestotrotz können Phänomene wie die Externalisierung von Migrationskontrollen, Situationen des Transits und Rekrutierungspraktiken von Arbeitsmigrant_innen mit einem weltsystemtheoretischen Blick auf die Positionierung der beteiligten Staaten im globalen Kontext sinnvoll erklärt werden.

3.7 Migrationssystemtheorie: Migration wie ein geöltes Räderwerk

Eine Theorie, die ebenfalls die neoklassische Sicht kritisiert, ist die Migrationssystemtheorie. Ihr Ausgangspunkt ist, dass Migrationen nicht Ergebnis individueller Entscheidungen sind, sondern entlang von historisch etablierten Pfaden (Kolonisierung, Handelsbeziehungen, politischer oder kultureller Einfluss) verlaufen, deren Zusammenwirken dann als Migrationssystem verstanden wird. Meist entwickelt sich ein Migrationssystem zwischen einer ökonomisch stärkeren und einer ökonomisch schwächeren Region, die bereits aus historischen Gründen (oftmals Kolonialismus) oder durch geografische Nähe miteinander verbunden sind. Die Migration spielt sich unter der Beteiligung diverser Akteure und Institutionen ein. In diesem Punkt stimmen Migrationssystemtheorie und Weltsystemtheorie überein und werden von einigen Wissenschaftler_innen auch zusammengebracht (Márquez Covarrubias 2012, 289–303). Ein Unterschied zwischen den Ansätzen besteht darin, dass einige Vertreter_innen des Migrationssystemansatzes der Politik als regulativer Ebene einen höheren Stellenwert beimessen als den weltökonomischen Entwicklungen.

Entwickelt wurde der Ansatz 1970 von dem nigerianischen Geografen Akin L. Magobunje, der die Land-Stadt-Migration in Nigeria analysierte und argumentierte, dass die meisten Migrationstheorien in der ›entwickelten‹ Welt entworfen worden seien, für afrikanische Migrationen das *Push/pull*-Modell jedoch nicht ohne Weiteres anwendbar sei (Mabogunje 1970). Der Ansatz der Migrationssysteme versucht nicht, bestimmte Gesetzmäßigkeiten von Migration zu bestimmen, sondern erfasst die relevanten Akteure und Prozesse und zeigt deren Verbundenheit und Wechselwirkungen auf. Fünf Elemente umfasst das Modell: 1. Umwelt (ökonomische Verhältnisse, Politik, Werte, Transportinfrastruktur); 2. Migrant_innen; 3. ländliche und städtische Kontrollsubsysteme, die darüber entscheiden, wer migriert; 4. Anpassungsmechanismen, die auf Ankunft bzw. Ausreise von Migrant_innen reagieren; und 5. Rückkopplungen durch Besuche etc., die das System kalibrieren und entweder zu mehr (positives Feedback) oder weniger (negatives Feedback) Migration führen. Bei Magobunje (1970) wurde das Migrationssystem (potenzielle Migrant_innen, Migrationskanäle sowie die beiden Migrationssubsysteme der »ländlichen und städtischen Kontroll-Subsysteme«) noch von der Umwelt (ökonomische Bedingungen; Technologie, Transport; Wohlfahrtssystem, Bildungssystem etc.) getrennt gedacht (ebd., 3). Das Verständnis von Systemen in der Migrationssystemtheorie hat sich gewandelt und versteht diese nicht mehr als abgeschlossene Einheiten.

Migrationssysteme bestehen empirisch deutlich länger als zu der Zeit, in der der Ansatz entwickelt wurde. Christiane Harzig, Dirk Hoerder und Donna Gabaccia rekonstruieren vier zentrale Migrationssysteme im 19. Jahrhundert (Harzig/Hoerder/Gabaccia 2009, Kap. 2.7): die transatlantische Migration von Europa nach Nordamerika, das langsame Ende der Sklaverei, die südasiatische Vertragsmigration sowie die russisch-sibirische.

Ein empirisch genauestens untersuchtes Migrationssystem ist das zwischen Mexiko und den USA, dessen Entwicklung das Forschungsteam Douglas Massey et al. im »Mexico Migration Project« untersucht. Für die Zeit zwischen 1965 und 1986 vergleichen sie das Migrationssystem mit einer fein justierten Maschine: »It was composed of a set of delicately balanced social and economic processes that had emerged gradually over many years in response to specific changes in the political economies of Mexico and the United States. Cross-border population movements had a characteristic form, and over time they acquired a relatively stable structure and a well-defined geographic organization. Migration between Mexico and the United States followed predictable paths in accordance with well-established scientific principles.« (Massey/Durand/Malone 2003, 1) Zentrale Kriterien sind also die Dauerhaftigkeit, das Ineinandergreifen unterschiedlicher die Migration ermöglichender institutioneller Faktoren und die sich daraus ergebende Vorhersagbarkeit. Das von Massey at al. auf 1986 datierte Ende des Migrationssystems verweist auf eine politische Entscheidung, die es aus dem Takt brachte: Seit 1986 veränderten sich durch neue Gesetze die Bedingungen des Migrationssystems (ebd., 2). Insbesondere durch Entscheidungen, die symbolischer Politik geschuldet waren, begann mit dem *Immigration Reform and Control Act* (IRCA) 1986 eine Phase restriktiver Einwanderungs- und Grenzkontrollpolitiken. »[It] transformed what had been a well-functioning, predictable system into a noisy, clunking, dysfunctional machine that generated a host of unanticipated outcomes that were in neither country's interest.« (ebd., 2) Massey et al. stellen die Interventionen an der US-amerikanischen Südgrenze in einen Zusammenhang mit dem zur gleichen Zeit verhandelten nordamerikanischen Freihandelsabkommen NAFTA. Es sei hier zu einem offensichtlichen Widerspruch gekommen, »simultaneously promoting integration while insisting on separation« (ebd.). Die widersprüchlichen Politiken hätten entgegen der Intention nicht zu einem Weniger an legaler und undokumentierter Migration geführt, sondern zu einem Mehr; mit der Folge sich ausweitender informeller Arbeitsmärkte, einem sinkenden Lohnniveau in den USA, dem Ende zirkulärer Migrationsformen und dem Sesshaftwerden von immer mehr mexikanischen Migrant_innen in immer mehr Bundesstaaten. »The hapless intervention of U.S. authorities into the complicated machinery of North American migration offers a textbook example of how ill-conceived policies cannot only fail to achieve their manifest goals but unleash a host of unintended consequences and amplify them in the fullest.« (ebd., 3)

Die Migrationssystemtheorie ist bis heute wirksam, wenn auch in vielen Studien nur implizit. In ihrer Anwendung hat sich eine Auseinanderentwicklung entweder in Richtung der Makro- oder der Mikroebene vollzogen, wobei schließlich die Verbindungen vernachlässigt wurden, obgleich dies ursprünglich die Kernidee des Ansatzes war. In den 2010er Jahren hat sich ein internationales Forschungsteam an die Neuformulierung des Ansatzes und an die Analyse von zwölf Migrationskorridoren gemacht (Bakewell 2014). Referenz für diese Reformulierung sind neuere systemtheoretische Ansätze in den Sozialwissenschaften (im Rahmen des epistemologischen Paradigmas des *Critical Realism* [z.B. Walby 2007]), die bislang in der Migrationsforschung kaum rezipiert worden waren. Die theoretische Weiterentwicklung setzt bei den frühen Arbeiten von Magobunje an und definiert ein Migrationssystem wie folgt: Es ist erstens ein Set interagierender Elemente (*flows*, *institutions*, *strategies*) mit spezifischen Akteuren (Individuen, Haushalte, Unternehmen, Zivilgesellschaft, Regierungen), die die Migration zwischen Orten strukturieren; und es ist zweitens durch besondere Dynamiken gekennzeichnet, die die Elemente und die Migration selbst (*feedback*-Mechanismen) sowie den breiteren Kontext beeinflussen (Bakewell 2014, 310). Die *feedback*-Mechanismen sind ein wesentlicher Punkt (Bakewell et al. 2016), denn durch sie werden Migrationspolitiken selbst zu Ergebnissen von Migrationspraktiken und deren gesellschaftlicher Verhandlung.

Ansätze, die mit der Idee von Systemen arbeiten, müssen sich auch die Frage stellen, wo ein System endet. Oliver Bakewell schlägt vor, dass zum Migrationssystem all jenes gehört, was von den Dynamiken des Systems nachweislich beeinflusst wird. Für die empirische Arbeit bedeutet dies, dass die Frage nach der Feststellung von Migrationseffekten zentral ist, wobei insbesondere die Berücksichtigung der zeitlichen Dimension von *agency* (*past*, *present*, *future*, Emirbayer/Mische 1998) hilfreich sei. Theoretisch ist diese Perspektive als Reaktion auf den Vorwurf an die frühe Migrationssystemtheorie zu verstehen, dass sie die Handlungsfähigkeit der Migrant_innen ausblende. Mit dem neuen Fokus auf »emergence, causal mechanisms and the exercise of agency« (Bakewell 2014, 314) halten Bakewell und Kolleg_innen den Ansatz der Migrationssysteme auf dem Stand der aktuellen sozialwissenschaftlichen Diskussion um Systeme und öffnen ihn für eine gegenstandsangemessene Analyse von Migrationskorridoren (Carling/Jolivet 2015).

3.8 Labour Market Segmentation Theory: Nachfrage erklärt Migration

Einen weiteren kritischen Einspruch in die Dominanz neoklassischer Migrationstheorien stellte das Werk *Birds of Passage* des Ökonomen Michael J. Piore (1979) dar. Seine Intervention ist vor allem in zweierlei Hinsicht bemerkenswert: Erstens fokussierte die damalige neoklassische Theorie, wie etwa der Ansatz der Lohndifferentiale, vor allem auf sogenannte *push*-Faktoren, um zu erklären, warum Menschen gehen. Anders Piore, der, seine Forschung in den USA resümierend, argumentiert, dass es zwar Lohndifferentiale gebe, aber es die Nachfrage sei, die Arbeitsmigration befördere (ebd., 4 f.). Dabei verweist er auf die diversen Gastarbeitsprogramme in den USA und Europa und die Situation, dass einheimische Arbeitskräfte nicht mehr bereit seien, in bestimmten Sektoren zu schlechten Bedingungen zu arbeiten (ebd., 15–19). Gegen die Lohndifferentialthese argumentiert er, dass die Einwanderer_innen nicht aus den Ländern kämen, wo der Lohnunterschied am größten sei (ebd., 5). Zweitens blickt er nicht wie die Neoklassik auf das nutzenoptimierende und rational handelnde Individuum, sondern auf die es umgebenden Strukturen, konkret auf die Arbeitsmärkte und die Ökonomie. Obgleich Piore ein einflussreicher Ökonom ist, kann sein Ansatz als wirtschaftssoziologisch charakterisiert werden, wie gleich in der Einleitung von *Birds of Passage* deutlich wird: »The notion is that the migrants are coming from Mexico because of the higher wages in the States and that if Mexican per capita income could be raised, [...] the flow of workers would be halted.« (ebd., 8) In der neoklassischen Migrationsforschung gelten Einkommensdifferenzen als migrationserklärend. Piore argumentiert hingegen, dass Migrant_innen keine Ware wie jede andere sind: »Conventional theory treats the market for labor like the market for a shirt or any other commodity. [...] Income is not the critical analytical variable [...]. One can better understand migration by ignoring income differentials [between countries] and recognizing instead that people are rooted in a social context in ways that other commodities are not.« (ebd., 7–8) Der ›orthodoxen‹ neoklassischen Migrationstheorie wirft er vor, dass bei ihrem Versuch, Komplexität zu reduzieren, ausgerechnet diejenigen

Elemente heruntergefallen seien, die für das Verständnis der zu erklärenden Prozesse essenziell sind (ebd., 7, 30–33). Piore seinerseits ignoriert bewusst die Variable Einkommen, um einen alternativen Erklärungsansatz stark zu machen (ebd., 9).

Die fraglos als Klassiker geltende Theorie des dualen bzw. segmentierten Arbeitsmarktes befasst sich nur indirekt mit der sonst in ökonomischen Migrationstheorien im Vordergrund stehenden Frage, warum Menschen migrieren, sondern nimmt die Veränderung von Arbeitsmärkten durch Migration bzw. migrations- und ethnizitätsbezogene strukturelle Merkmale von Arbeitsmärkten in den Blick. Anders als neoklassische Ansätze nimmt sie also weniger die Perspektive der Herkunftsländer und der Migrant_innen ein (Kapitel 5 in *Birds of Passage* befasst sich mit den Folgen der Migration auf die Herkunftsregionen), sondern die der Nachfrage nach migrantischer Arbeitskraft und bringt sie mit Strukturen, politischen wie ökonomischen, in Verbindung. Unterschieden wird dabei zwischen sogenannten ersten und zweiten Arbeitsmärkten (ebd., 35). Charakteristisch für den ersten Arbeitsmarkt ist, dass dort kapitalintensive Unternehmen agieren, in denen die Beschäftigten nicht einfach ersetzbar sind. Für diese sind die Arbeitsbedingungen vergleichsweise gut, die Beschäftigung ist sicher, und es gibt Möglichkeiten des Aufstiegs sowie der professionellen und persönlichen Weiterentwicklung. Unternehmen des ersten Arbeitsmarktes sind eingebunden in korporatistische Strukturen, d.h., Arbeitgeber und Arbeitnehmer sind in entsprechenden Verbänden organisiert. Demgegenüber sind Bereiche des zweiten Arbeitsmarkts deutlich weniger kapital-, dafür jedoch arbeitsintensiver und die Beschäftigten sind leichter austauschbar. Insgesamt sind die Arbeitsbedingungen auf dem zweiten Arbeitsmarkt deutlich schlechter und häufig prekär. Gewerkschaften sind in diesen Bereichen weniger präsent, sowohl was den Organisationsgrad als auch was die Mitbestimmung betrifft. Außerdem kommt hier die Zugehörigkeit der Beschäftigten zu rassifizierten Minderheiten ins Spiel. Die Beschäftigung verläuft hierarchisiert zwischen den verschiedenen Segmenten und innerhalb der Segmente entlang von *race* bzw. Migrationsstatus und – so wäre zu ergänzen – *gender*. Auf diesem zweiten Arbeitsmarkt sind die Migrant_innen zu finden und dort wiederum in hierarchischer Anordnung am unteren Ende diejenigen, die von rassifizierten und sexistischen Zuschreibungen am meisten betroffen sind. Ursache für diese Segmentierung sind tief sitzende Vorurteile und die damit verbundene Institutionalisierung von Diskriminierung. Auch sei ein Teil der Migrant_innen bereit, zu geringeren Löhnen und ohne soziale Absicherung zu arbeiten, weil sie als »Zugvögel« nach einer Weile zurückzukehren planten (ebd., 50–52, 60). Das Buch endet mit einem starken Plädoyer, Migrationsprozesse umfassend zu analysieren und nicht auf einen Fokus zu reduzieren: »It is [...] the importance of an analysis that roots human behavior in general and migration in particular in the social context out of which it springs.« (ebd., 192)

Piores Werk hat der Migrations- und Arbeitsforschung viele Impulse gegeben (vgl. die Beiträge in *Industrial and Labor Relations Review*, 2016, 69, 3) und die Hegemonie neoklassischer Theorien infrage gestellt. Kritisiert wurde daran jedoch ebenfalls ein eigener Reduktionismus, nämlich dass auch er einzelne Faktoren zu stark gewichte, in diesem Fall die Bedeutung der Nachfrage. Denn die Nachfrageorientierung kann nicht alle Migrationsbewegungen erklären. Auch die Unterscheidung von erstem und zweitem Arbeitsmarkt ist, zumindest heutzutage, nicht mehr so leicht zu treffen und teils fließend. Die Kategorie Geschlecht spielt bei Piore keine Rolle, seine »Zugvögel« hatten keines und damit implizit ein männliches. So betitelte die Migrationssoziologin Mirjana Morokvašic ihre viel diskutierten Einwände treffend mit dem Satz »Birds of Passage are also Women« (Morokvašic 1984) und konnte zeigen, dass die spezifische ökonomische Funktion und Vulnerabilität von jungen, angeworbenen Arbeitsmigrantinnen in Westeuropa in den 1970/80er Jahren im Schnittfeld von Prozessen vergeschlechtlichter Diskriminierung, rassistischer Ausbeutung als Migrierte sowie ökonomischer Ausbeutung als Teil der Arbeiter_innenklasse lag (ebd., 891).

3.9 Neuere Ansätze: Von der Reduzierung der Komplexität zur notwendigen Komplexität

Neuere migrationstheoretische Ansätze in den Sozial- und Kulturwissenschaften, die seit den 1990er Jahren entstanden sind, verfolgen teils andere Fragstellungen als die bis hierhin dargestellten klassischen Theorien. Sie stellen nicht mehr im gleichen Maße die Frage, *warum* migriert wird oder nach welchem Muster die Inklusion erfolgt, sondern versuchen, neue Qualitäten von Migration zu erfassen und die zunehmend interdisziplinären Ansätze zu verknüpfen. Die von den klassischen Ansätzen selten bearbeitete Mesoebene (Netzwerke etc.) wird nun nicht nur empirisch, sondern auch analytisch stärker fokussiert, während die Mikroebene (Individuen, Haushalte) und die Makroebene (Strukturen, Gesellschaften) in den Hintergrund treten. Der Fokus liegt nicht mehr auf Herkunfts- *oder* Ankunftsregionen allein und einem genauer festzuschreibenden Zeitpunkt der Migration, sondern auf Transitzonen, Zwischenräumen, transnationalen Beziehungen und der zeitlichen Komplexität von Migrationsprozessen (z.B. *protracted refugee situations*, Lebenslaufperspektive, *third space*, *borderlands*). Den meisten klassischen Theorien wird aus dieser Perspektive vorgeworfen, dass sie die Aufteilung der Welt in Nationalstaaten ohne weitere Reflexion dieses Schemas in die Migrationsforschung übernommen hätten (»methodologischer Nationalismus«, Wimmer/Glick Schiller 2002), das aktuelle Wanderungsgeschehen jedoch nicht von der linearen Migration aus Land A in Land B (und vielleicht zurück) geprägt sei, sondern Migrationen und Zugehörigkeiten komplexer geworden seien.

Zu erklären sind diese Fokusverschiebungen sicherlich nicht zuletzt damit, dass ökonomische Ansätze in vielen der an der Migrationsforschung beteiligten Disziplinen nicht mehr denselben Einfluss haben. Neuere ökonomische Ansätze und Arbeiten mit ökonometrischen Modellen (z.B. migrationsbezogene Arbeiten der *search and matching theory*) bewegen sich auf einem hohen Spezialisierungsniveau und sind ohne fortgeschrittene mathematische Kenntnisse kaum mehr nachvollziehbar, so dass sie für die interdisziplinäre Migrationsforschung weniger anschlussfähig sind.

Bei den neueren Ansätzen handelt es sich teils um eine Weiterentwicklung klassischer Ansätze (z.B. stärkere Berücksichtigung zeitlicher Sequenzierung von Wanderungen im Generationenverhältnis; stärkere Berücksichtigung nicht direkt ökonomischer Migrationsgründe), teils um eine Abgrenzung von klassischen Ansätzen (z.B. die Kritik am nationalstaatlichen Containerdenken; stärkere Betonung der *agency* von Migrierenden; Praxen der Migration als Ausgangspunkt), oder sie wurden entwickelt, um neuere Migrationsphänomene bzw. die Zunahme von deren Bedeutung (z.B. transnationale Migration) zu erklären. Exemplarisch werden im Folgenden zwei Ansätze vorgestellt, die in der gegenwärtigen Migrationsforschung viele Studien anregen: der Transnationalismus-Ansatz und der Ansatz der Autonomie der Migration.

3.10 Transnationalismus: Leben in und zwischen transnationalen sozialen Räumen

Anfang der 1990er Jahre reüssierte ein theoretischer Ansatz, der einen neuen Migrationstypus ausgemacht hatte, die transnationale Migration: »[...] the creation of a transnational community linking immigrant groups in the advanced countries with their respective sending nations and hometowns. While back-and-forth-movements by immigrants have always existed, they have not acquired until recently the critical mass and complexity necessary to speak of an emergent social field. This field is composed of a growing number of persons who live dual lives: speaking two languages, having homes in two countries, and making a living through continuous regular contact across national borders. Activities within the transnational field comprise a whole gamut of economic, political and social initiatives – ranging from informal import-export businesses, to the rise of a class of binational professionals, to the campaigns of home country politicians among their expatriates.« (Portes/Guarnizo/Landolt 1999, 217–218)

Pionierinnen des Ansatzes waren Nina Glick Schiller, Linda Basch und Cristina Szanton-Blanc (Basch/Glick Schiller/Blanc-Szanton 1994; Glick Schiller/Basch/Blanc-Szanton 1992, 1997). Die von ihnen beobachtete Entwicklung »From immigrant to transmigrant« (Glick Schiller/Basch/Szanton-Blanc 1997) definieren sie wie folgt: »Transmigrants are immigrants whose daily lives depend on multiple and constant interconnections across international borders and whose public identities are configured in relationship to more than one nation-state.« (ebd., 121) Die Transmigrant_innen sind somit keine beständig wandernden Migrant_innen, sondern haben sich niedergelassen, leben ihr Leben aber im transnationalen Modus. Sie sind sozial, ökonomisch und institutionell an mehreren Orten eingebunden und wirksam (haben z.B. einen Einfluss auf lokale Wahlen), aber nicht immer an allen Orten gleichzeitig physisch präsent. Die Autorinnen identifizieren das Zusammenwirken von drei Faktoren, die dazu führen, dass immer mehr Migrant_innen sich niederlassen und eine transnationale Lebensführung wählen (ebd., 123): Erstens erzeugten durch ökonomische Restrukturierungen die sozialen und ökonomischen Bedingungen sowohl in den Herkunfts- als auch den Zielregionen einen Druck aus verschiedenen Richtungen, so dass keine der beiden Regionen mehr ein sicherer Ort sei; zweitens beeinflusse der Rassismus sowohl in Europa als auch in den USA die Perspektive der Neuankommenden, so dass diese sich sowohl ökonomisch als auch politisch unsicher fühlten; drittens sorgten Politiken der Integration und von Diasporabeziehungen (z.B. durch doppelte Staatsbürger_innenschaft oder Rechte für Emigrant_innen) dafür, dass politische Loyalitäten zu beiden Nationalstaaten des temporären Aufenthalts entstünden bzw. aufrechterhalten werden könnten, in denen Transmigrant_innen über soziale Beziehungen verfügten. Glick Schiller et al. besingen also nicht das Ende des Nationalstaats, wie dies einige *globalists* getan haben, sondern betonen erstens die Entstehung von Mehrfachloyalitäten und richten zweitens das Augenmerk auf die Tatsache, dass die kapitalistische Restrukturierung und Transnationalisierung eng an die Existenz von Nationalstaaten mit ihren fiskalischen, rechtlichen und sicherheitspolitischen Garantien gekoppelt ist (ebd., 124).

Da der Transnationalismusansatz (noch) keine ausgearbeitete Theorie ist, stellen sich ihm einige Herausforderungen (Portes/Guarnizo/Landolt 1999, 218–224): Erhärten sich die Indizien der Existenz des Phänomens (Relevanz, Dauerhaftigkeit) und der Notwendigkeit einer eigenen Theorie (die dann gegeben ist, wenn es nicht von anderen Migrationstheorien erklärt werden kann)? Lässt sich transnationale Migration ausreichend von anderen Phänomenen abgrenzen (es sollte z.B. nicht einfach die Bezeichnung Migrant_in durch Transmigrant_in ersetzt werden)? Über die Beantwortung dieser Fragen gibt es innerhalb der Migrationsforschung unterschiedliche Einschätzungen, die den Ansatz, inspiriert von seinen neuen Impulsen, entweder als Ausgangspunkt für seine weitere Ausarbeitung nehmen (Faist 2000; Faist/Fauser/Reisenauer 2013), ihn relativieren (es sei »allenfalls ein Ansatz mittlerer Reichweite«, Kivisto 2001, 557) oder sowohl das Ausmaß wie die behauptete Neuheit ganz infrage stellen. Denn die historische Migrationsforschung zeige, dass viele der als neu etikettierten Phänomene – intensive Verbindungen zum Herkunftsland, Aktivitäten von migrantischen Vereinigungen, Rücküberweisungen, zirkuläre Migrationsformen – bereits in früheren Migrationsphasen bestanden haben (Kivisto 2001, 554 ff.). Glick Schiller et al. (1997, 124 f.) sind sich der historisch ähnlichen Phänomene bewusst (»dispersed populations [...] maintained networks of interconection« [ebd., 125 f.]), argumentieren aber, dass diese Verbindungen eine andere Qualität besessen hätten als die heutigen und stellen wiederum den für ihre Theorie des Transnationalismus kennzeichnenden Bezug zur kapitalistischen Entwicklung her: »The new circuits of capital provide the context in which migrants and the descendants of migrants, often fully incorporated in the countries of settlement [...], maintain or construct anew transnational interconnections that differ in their intensity and significance from the home ties maintained by past migrations.« (ebd.) Die neue Qualität setze sich aus »density, multiplicity, and importance« (ebd., 126) der transnationalen Verwobenheiten zusammen, die oft erst durch neue Kommunikationstechnologien und Verkehrsmittel ermöglicht werden – hier wird das in der Globalisierungsforschung verbreitete Mantra der Kompression von Zeit und Raum greifbar.

Glick Schiller et al. forderten schon 1989 Kolleg_innen dazu auf, gemeinsam mit ihnen eine vergleichende transnationale theoretische Perspektive zu entwickeln (Glick Schiller/Basch/Blanc-Szanton 1992). Die daraus folgenden Studien zur Migration aus Asien, der Karibik, Mexiko, Portugal, Haiti und den Philippinen identifizierten ausgeprägte Gemeinsamkeiten der transnationalen Prozesse: dass sich die Migrierenden dauerhaft am Zielstandort niederlassen und gleichzeitig weiter in die Herkunftsgesellschaft eingebunden sind sowie die Verflechtung der entsprechenden Netzwerke; dass sie kollektive transnationale Familienstrategien verfolgen (wobei die einzelnen Interessen innerhalb der Familie durchaus unterschiedlich gelagert sein können, etwa zwischen den Familienteilen in beiden Ländern, zwischen Männern und Frauen etc.); dass ökonomische Verbindungen durch (kleine, aber auch umsatzstarke) migrantische Unternehmen zwischen beiden Regionen entstehen; dass organisationale Strukturen (religiöse, kulturelle, soziale und politische migrantische Vereinigungen) beide Regionen verbinden. Diese Zusammenschau der transnationalen Elemente sollte verdeutlichen, dass es bei der Untersuchung des Phänomens nicht allein um die transnationale Lebensführung von Individuen und Haushalten geht, sondern die transnationalen Verflechtungen und Praktiken »transnationale soziale Räume« aufspannen und eine transnationale Infrastruktur erzeugen.

Eine Unterscheidung, die sich in diesem Zusammenhang etabliert hat, ist die Rede von »transnationalism from below«, die Praktiken der Migrant_innen beschreibt, und von »transnationalism from above«, die beispielsweise durch Investitionen multinationaler Unternehmen bewirkt wird. Alejandro Portes et al. (1999) machen diese Zuordnung am Grad der Institutionalisierung fest. In kulturanthropologischen und soziologischen Studien haben vor allem grenzüberschreitende Aktivitäten von Migrant_innen Berücksichtigung gefunden (Smith/Guarnizo 1998), wohingegen die nicht weniger wirkungsvollen Interventionen machtvoller Akteure »from above« deutlich weniger untersucht wurden. Als Spielarten oder Dimensionen transnationaler Migration bzw. von Transnationalismus lassen sich »economic, political and socio-cultural transnationalism« unterscheiden (siehe Abbildung).

	Ökonomischer Bereich	Politischer Bereich	Soziokultureller Bereich
Institutionalisierung: niedrig	informeller Handel; durch rückkehrende Migrant_innen gegründete Kleinunternehmen; zirkuläre Arbeitsmigration	*Hometown associations*; Spendensammlungen für Wahlen	Amateursport; Kleinkunst; Priester aus den Herkunftsgemeinden auf Besuch im Ausland
Institutionalisierung: hoch	multinationale Investitionen im globalen Süden; Massentourismus; Filialen von Banken aus Herkunftsländern in Einwanderungszentren	Konsulate und Repräsentant_innen von politischen Parteien im Ausland; doppelte Staatsangehörigkeit; gewählte Auslandsabgeordnete	internationaler Kunstmarkt; transnationale Stars; Kulturveranstaltungen durch Botschaften

Dimensionen des Transnationalismus (nach Portes, Guarnizo, Landolt 1999, 222)

Überweisungen von Geld durch Migrant_innen in ihre Herkunftsländer sind Gegenstand unterschiedlicher Richtungen der Migrationsforschung. Aus dem Transnationalismusansatz konnte dabei ein neuer Typ von Rücküberweisungen herausgearbeitet werden: die »social remittances« (Levitt 2001). In der Studie *Transnational Villagers* zeigt Peggy Levitt auf, wie ›ganz normale‹ Migrant_innen ein gelebtes soziales Feld zwischen mehreren Orten aufspannen. Dabei sind sie in vielfältige Mobilitätspraktiken eingebunden, die die Autorin als »social remittances« bezeichnet, auf Deutsch etwas schwerfällig »soziale Rücküberweisungen«. Damit ist der Transfer von Ideen, Praktiken, Werten, Kenntnissen etc. gemeint. Levitt unterscheidet drei Typen von *social remittances* (ebd., 59–63): erstens normative Strukturen, also Ideen, Werte und Überzeugungen, zu denen etwa Prinzipien von Nachbarschaftlichkeit, Familienverantwortung, Aspirationen sozialer Mobilität oder angemessener lokaler Verantwortung und Politik zählen; zweitens Praxissysteme, also die Handlungen, die durch die normativen Strukturen geprägt sind (z.B. Verteilung reproduktiver Tätigkeiten, Partizipation in Organisationen); und drittens soziales Kapital, welches über die Landesgrenzen hinweg wirkt. Lange wurden vor allem die ökonomischen Rücküberweisungen gezählt, die als Indikator für entwicklungspolitisch bedeutsames Engagement von Migrant_innen in ihren Herkunftskontexten galten. Durch die *social remittances* entstehe, so Levitt (ebd., 54–69), auf lokaler Ebene eine globale Kultur und die Werte »zweier Welten« würden miteinander vermittelt. Solche Diffusionsprozesse, also die Transformation von Ideen und Praktiken an und zwischen den Orten, seien bislang in der Forschung vernachlässigt worden. In Levitts Studie zu Miraflores, einem Dorf in der Dominikanischen Republik, beschreibt eine Bewohnerin positive Effekte (weniger Korruption, effektivere Bürokratie) wie auch negative Auswirkungen (Individualismus, Drogenhandel) der aus den USA zurückfließenden *social remittances*. Wie genau die *social remittances* wirken, hängt von den sozialen, ökonomischen und kulturellen Ressourcen der Transmigrant_innen und dem Vertrauen zwischen den Beteiligten ab (ebd., 55). Je geschätzter die transmittierende Person in der lokalen Herkunftsgemeinschaft, umso wahrscheinlicher ist es, dass die neuen Ideen und Praktiken dort auf Resonanz stoßen. Je intensiver die Interaktion der Migrant_innen mit der aufnehmenden Gesellschaft, als desto wirksamer erweisen sich die *social remittances* und später ihre kombinatorische Wirkung. Levitt unterscheidet drei Interaktionsmuster (ebd., 56 f.): erstens »recipient observers« mit einem geringen Interaktionsniveau, zweitens »instrumental adapters« als diejenigen, die die neuen Ideen und Praktiken aus pragmatischen Gründen adaptieren, und drittens »purposeful innovators, [who] are sponges who aggressively seek out, select, and absorb new things«. Von je weiter her die neuen Ideen stammen, umso mehr verändern sie sich in diesem Prozess.

Einige der aus dieser transnationalen Perspektive gewonnenen Befunde ähneln denen der Weltkulturtheorie aus der Globalisierungsforschung (Meyer 2005). Allerdings operiert diese eher mit einer Top-down-Perspektive und analysiert, inwiefern die Ideen internationaler Organisationen oder internationaler Regime sich verbreiten und Normen »von oben« in alle Welt diffundieren. Levitts Ansatz nimmt die umgekehrte Blickrichtung ein und geht von den lokalen Mikropraktiken aus. Träger von Innovationen (»iterative rounds of local-level global culture creation«, Levitt 2001, 55) sind in dieser Perspektive die einzelnen Migrant_innen und ihre transnationalen Netzwerke. Auch die Transmissionsmechanismen unterscheiden sich von diesem Beobachtungsstandpunkt aus von anderen Typen globaler kultureller Diffusion, insofern erstens die Flüsse dokumentierbar seien (ebd.,

63), zweitens die Transmission systematisch und intentional verstanden werden könne, sich die Beteiligten drittens in der Regel kennen und es sich nicht um elitenbasierten Einfluss auf nationaler Ebene handele und sich viertens die zeitliche Ebene unterscheide. Da die *social remittances* sich graduell verbreiteten, sei die Forderung nach einer stärkeren Beteiligung von Frauen in der Politik bereits in den bekannten globalen Diskurs um Frauenrechte eingebettet gewesen (ebd., 64).

Das Konzept der *social remittances* hat in der Migrationsforschung zahlreiche Arbeiten inspiriert, die Levitt und Lamba-Nieves (2011) veranlassten, das Konzept der *social remittances* zehn Jahre nach Erscheinen des Buches erneut zu reflektieren. Sie betten das Konzept nun stärker in den gesamten Migrationsverlauf ein und zeigen, dass die Tätigkeit einer Person vor der Migration einen großen Einfluss auf die Art und Weise hat, wie *social remittances* eingesetzt werden. Analog zur Unterscheidung von individuellen und kollektiven ökonomischen Rücküberweisungen treffen sie diese nunmehr auch für die sozialen Rückflüsse. Die Wirkung der *social remittances* kann dabei über die lokale Ebene hinausgehen und auch mehr Dynamik und Einfluss auf höheren politischen Ebenen entwickeln. Knapp ein Dutzend Beiträge des Heftschwerpunkts »Mapping Social Remittances« der Zeitschrift *Migration Letters* benennt in der Bestandsaufnahme vier bislang zu wenig berücksichtigte Aspekte des Phänomens: erstens die Spannungen zwischen Individualisierung und den Anforderungen aus den Herkunftskontexten, die auch einen Einfluss auf die Entwicklung und Zirkulation der *social remittances* haben; zweitens Überlegungen, wie ökonomische Rücküberweisungen in das Spektrum der soziokulturellen Rücküberweisungen eingebunden sind (und nicht andersherum); drittens Verbindungen zwischen den Kategorien *social remittances* und *social capital*; viertens die komplexen Wirkungsweisen physischer und sozialer Distanzen zwischen den Beteiligten (Boccagni/Decimo 2013).

Eine Kritik am Paradigma der transnationalen Migration wurde bereits in Kapitel 2.5 angesprochen. So ist eine Bestimmung des Ausmaßes an transnationaler Migration am Gesamtmigrationsgeschehen nicht leicht zu treffen und umfasst definitorische Fragen ebenso wie das Problem fehlender quantifizierender Daten. An der Existenz transnationaler Migration als Migrationstyp besteht jedoch kein Zweifel. Eine zweite Kritik formulieren Sarah Mahler und Patricia Pessar (2003), die die unzureichende konzeptionelle Berücksichtigung der Kategorie Geschlecht in vielen Studien bemängeln. Das Paradigma sei eigentlich gut geeignet, genderanalytische und intersektionale Perspektiven zu integrieren, wenn konsequent nach den sozialen Positionierungen und Machtverhältnissen gefragt werde, die beispielsweise den Zugang zu Mobilität regulieren. Eine dritte Kritik richtet sich gegen die Behauptung der Neuheit transnationaler Orientierungen bei Migrant_innen. Peter Kivisto ist der Auffassung, dass erstens empirisch betrachtet auch frühere Selbsthilfeorganisationen von Migrant_innen durchaus nicht nur auf das Zurechtkommen im Einwanderungsland orientiert waren, sondern es stets einen regen Austausch von Informationen, Geld, Wissen etc. gegeben habe (»Today's transmigrants do not look as different from yesterday's immigrants«, Kivisto 2001, 556); zweitens argumentiert er, dass neue Zeiten nicht zwangsläufig neue Theorien benötigten (Kivisto 2001, 554–555).

Die Fülle an Studien zu transnationaler Migration dokumentiert, dass das vergleichsweise neue migrationswissenschaftliche Paradigma für viele Forschende äußerst anregend zu sein scheint. Insbesondere die Kritik am methodologischen Nationalismus sollte einen selbstverständlichen Hintergrund für Migrationstheorien wie -forschung bilden, da es eine offene Frage ist, welche

Kategorien hinsichtlich der Verortung Migrierender relevant sind und sich Migration nicht immer zwischen nationalstaatlichen Containern vollzieht (Amelina et al. 2012). Die Mehrdeutigkeit und die vielfältigen Verwendungsweisen des Attributs »transnational« (Kivisto 2001; Vertovec 2003) lassen sich daher nicht nur als konzeptionelle Schwäche, sondern auch als Stärke begreifen.

3.11 Autonomie der Migration: Die transformative Kraft subjektiver Migrationsprojekte

Das Konzept der »Autonomie der Migration« stellt im Vergleich zu den meisten der bisher vorgestellten Theorien eine Perspektivverschiebung dar: Es lenkt den Blick von einer makro- oder staatszentrierten Perspektive hin zu den Subjekten, also den Migrant_innen. Diese werden allerdings nicht als Summe von Individuen, sondern als Kollektivsubjekt verstanden. Migration als soziales Verhältnis schafft neue Realitäten, und Migrationspolitiken sind eine Reaktion auf Migrationsbewegungen. Migrant_innen sind daher nicht Objekte, sondern Teil von sozialen Aushandlungen.

Das Konzept wurde in den 1990er Jahren in der kritischen Migrationsforschung Frankreichs, Italiens und Deutschlands, teils auch Australiens entwickelt. Für seine deutschsprachige Rezeption und Weiterentwicklung spielt der französische Ökonom Yann Moulier Boutang eine bedeutsame Rolle (Moulier Boutang/Garson/Silberman 1986; Moulier Boutang 1993; Grelet 2001). Sein Werk *De l'esclavage au salariat* (Moulier Boutang 1998) benennt gleich zu Beginn das Paradox, dass im Kapitalismus Waren, aber nicht Arbeitskraft frei strömen dürfen. Seine Analyse von Migrationsbewegungen ist integraler Teil einer Kapitalismustheorie, die über weite Strecken dem Weltsystemansatz entspricht (Moulier Boutang 1993). Zentral sind für ihn das Konzept der Reservearmee sowie die beständige Tendenz der Arbeiter_innen, sich den Regimen der Arbeitsmärkte zu entziehen (hierfür verwendet er den Begriff Flucht), und zugleich der Versuch seitens der Kapitalist_innen, Kontrolle über die Arbeitskraft auszuüben (Moulier Boutang 1998). Für die Migrationsformen, die er im Rahmen der Geschichte der Lohnarbeit abhandelt (Sklaverei, das System der *coolies*, Land-Stadt-Migration), untersucht er die Zusammenhänge zwischen freier und nicht-freier, zwischen entlohnter und nicht-entlohnter Arbeit. Die in einigen der bereits vorgestellten Migrationstheorien wirksame Hintergrundannahme, dass es sich bei der Arbeitsmigration stets um eine freiwillige Form der Migration handelt, teilt Moulier Boutang so nicht. Für ihn stehen die Arbeitskraft und deren Kontrolle im Mittelpunkt. Das Sich-Entziehen und die Flucht sind für Moulier Boutang eine von zwei Varianten migrantischer Handlungsfähigkeit. Die andere ist der Widerstand, der Kampf. Im Konzept der Autonomie der Migration resultieren diese Überlegungen darin, Migration und Flucht allgemein als soziale Bewegung, als Widerstand, als Flucht vor Ausbeutung und Unterdrückung zu begreifen (Bojadžijev/Liebelt 2014, 341 ff.) – unabhängig davon, ob die Migrierenden ihre Widerstandsperspektive explizit artikulieren. Moulier Boutang selbst verweist auf Fälle, in denen die organisierten Kräfte der politischen Opposition das Land verließen: »[...] dass die Emigration die Massenavantgarden aus dem Geschehen des Ursprungslands herauszieht, das Land also auch in politischer Hinsicht ärmer macht und den subalternen Klassen Kraft und Bezugspunkte raubt. Die Länder, die diese Migrationsbewegungen aufgenommen haben, erhielten einen starken politischen Impuls und mussten ihr staatliches Gefüge umbauen, um die Konfliktualität im voraus zu kontrollieren.« (Moulier Boutang 1993) Hier wird deutlich, dass es die

Migrant_innen sind, die agieren, und der Staat reagiert. Ähnlich argumentiert Moulier Boutang auch in Bezug auf staatliche Migrationskontrollen (siehe dazu Kap. 4): »[E]s gibt eine Autonomie der Auswanderung gegenüber der Politik der Staaten und das gilt sowohl für die Emigration wie für die Immigration.« (ebd.) Für Moulier Boutang gewinnt die Exitstrategie Migration immer mehr an Bedeutung: »Die Emigration beginnt immer mit ein oder zwei Promille [...]. Anschließend wird die Bewegung breiter und zu einem Massenphänomen« (ebd.), zudem weite sie sich auf immer mehr Weltregionen aus und werde zu einem globalen Phänomen.

Das Konzept argumentiert also gegen die Annahmen einiger wichtiger Migrationstheorien: gegen demografische Modelle, denen zufolge starkes Bevölkerungswachstum zu Emigration führt (»so wie man das in einem Laboratorium mit Mäusen untersucht«, »weil andernfalls die HolländerInnen in jeden Teil der Welt ausgewandert sein müssten«, Moulier Boutang 1993) und gegen das *Push/pull*-Modell, das vor allem Armut als Emigrationsgrund voraussetzt. Genauso wie die Theorie der Segmentation des Arbeitsmarkts von Michael Piore betont Moulier Boutang die anziehende Wirkung der Nachfrage nach Arbeitskraft. Migration lasse sich erklären durch den »individuelle[n] Entschluss, die subjektive Verhaltensweise [...], aber ebenfalls [...] [die Anziehungskraft] des ›Zentrums‹« (ebd.).

Die Rezeption der Überlegungen Moulier Boutangs zur Autonomie der Migration (im deutschsprachigen Raum vor allem durch die Übersetzung eines Interviews von 1992: Moulier Boutang 1993) hat sich stark auf die Migrationsdimension fokussiert. Die bei ihm eigentlich zentral angelegte Kapitalismusanalyse kommt dabei nur noch am Rande vor.

Das Konzept der Autonomie der Migration beabsichtigte eine theoriepolitische Intervention in die kritischen Diskussionen um Migration in Deutschland und Westeuropa in den 1990er Jahren: Dort herrschte die Vorstellung einer ›Festung Europa‹, die die Grenzen dichtmache, und damit verbunden die Idee, dass staatliche Steuerung das Ausmaß von Migration bestimme (»Wasserhahnprinzip«) (Bojadžijev/Karakayalı 2007, 204). Dagegen wurde argumentiert, dass der Staat gar nicht so allmächtig sei, was methodologisch zur »Perspektive der Migration« führte. So entstand, oft im Rahmen kollektiver Wissensproduktion und als Gemeinschaftsprodukte von Wissenschaftler_innen und Künstler_innen, eine Reihe von Studien, Ausstellungen und Interventionen (z.B. Kölnischer Kunstverein 2005; Forschungsgruppe Transit Migration 2007; Bayer et al. 2009).

Stephan Scheel zufolge ist das Konzept der Autonomie der Migration, wie es in Teilen der kritischen Migrationsforschung vertreten wird, aktuell von sechs Merkmalen gekennzeichnet (Scheel 2013, 579–585): 1. Der Fokus auf die subjektiven und sozialen Dimensionen der Migration dient der Kritik klassischer Migrationstheorien, die Migration als abhängige Folge von ›objektiven‹ Faktoren wie Armut oder Lohndifferentialen (z.B. Neoklassik) bzw. der Zerstörung von Subsistenzproduktion und der Expansion des Kapitalismus im Globalen Süden betrachten (z.B. Weltsystemtheorie). Derartige strukturorientierte Herangehensweisen negierten die Wünsche und Projekte der migrierenden Subjekte; durch die Summe der individuellen Migrationsprojekte entstehe eine politisch-soziale Bewegung und es ergebe sich ein Surplus an Soziabilität, das die Grenz- und Migrationsregime an ihre Grenzen bringe. 2. Migration wird als dynamische Kraft mit dem Potenzial zu gesellschaftlicher Transformation gesehen. Aus diesem Verständnis heraus lässt sich Migration als solche auch als Artikulation von politischen und sozialen Kämpfen verstehen. 3. Vor dem Hintergrund der Betonung von Handlungsfähigkeit wird die Viktimisierung der Migrierenden abgelehnt. Der Wille einer Migrierenden besteht unabhängig von den Intentionen derjenigen, die ihr helfen oder sie kontrollieren wollen. Die Vertreter_innen dieses Ansatzes haben sich daher teils sehr kritisch mit den Tätigkeiten von humanitären Organisationen und teils auch von antirassistischen Bewegungen befasst (vgl. Fassin 2011a). 4. Migration ist (zumindest temporär) in der Lage, Kontroll- und Regulierungsversuche zu unterlaufen. 5. Der Ansatz geht zurück auf die italienische Autonomia-Bewegung bzw. den Operaismus (Wright 2005) und dreht der Logik dieser Bewegungen entsprechend im Vergleich mit Ansätzen zur Migrationskontrolle das Verhältnis von Staat und Kontrolle um, d.h., die Bewegung, die Migration ist Motor der Geschichte und fungiert daher als zentraler Referenzpunkt für Analysen und Interventionen. 6. Die Darstellung von Grenzen als unüberwindbar entspricht nicht der Realität. Dabei wird nicht davon ausgegangen, dass es offene Grenzen gebe oder Migrant_innen diese beliebig überschreiten könnten. Vielmehr wird von einigen Autor_innen auf das soziologische Konzept der »differenziellen Inklusion« zurückgegriffen (Mezzadra/Neilson 2013, 159), um partielle Einschlüsse (vor allem auf den segregierten Arbeitsmärkten) und Ausschlüsse (z.B. rechtliche) zu fassen. Manuela Bojadžijev hat systematisch Rassismus und antirassistische migrantische Kämpfe als eigenständige Elemente in den Ansatz integriert (Bojadžijev 2002). Grenzen und Grenzräume werden als Orte der Begegnung (»encounters«) und Aushandlung bzw. von Auseinandersetzungen (»Kämpfe«) gefasst.

Gerade innerhalb der deutschsprachigen kritischen Migrationsforschung hat der Ansatz der Autonomie der Migration eine große Wirkung entfaltet und seit Mitte der 2000er Jahre viele Analysen angeregt (z.B. Beiträge in Hess/Kasparek 2010; Heimeshoff et al. 2014; Hess et al. 2016). Vielfältige Debatten haben dabei der Begriff der Autonomie und das in diesem Kontext mit ihm verbundene Verständnis ausgelöst. Zu erklären ist die Begriffswahl mit dem operaistischen Hintergrund der Theorie. Kritisiert worden ist das Konzept unter anderem aus feministischer Perspektive: »[A]ufgrund der Theorietradition und Begrifflichkeit [besteht] vor allem die Gefahr, das komplexe Verhältnis von Staat, Migration und Gesellschaft als eine schlichte Gegenüberstellung Staat versus MigrantIn als autonomem (Kollektiv-)Subjekt zu konzeptionalisieren und gesellschaftliche Konflikte auf einen Hauptwiderspruch zwischen Kapital und Arbeit zu reduzieren, ohne dass die viel weitreichenderen Rahmenbedingungen und Reproduktionskontexte problematisiert würden.« (Benz/Schwenken 2005, 370) Vorgeschlagen worden ist daher in Anlehnung an Alexander Kluge und Oskar Negt eine Rekonzeptionalisierung als »Eigensinnigkeit der Migration« (ebd., 374): »Die Subjekte handeln und bewegen sich nicht unabhängig von der Geschichte, den Strukturen und den damit verbundenen ›eingeübten‹ Wegen, dennoch entsteht etwas Neues, etwas Eigen-Sinniges. Dieses Eigensinnige ist weder von einer Autonomie noch von Determinismen bestimmt, vielmehr nicht-linear, aber auch nicht beliebig.« (ebd.) Das heißt, Aspekte des Ansatzes, die ihn von anderen Migrationstheorien unterscheiden, die Bedeutung von Migration im Kontext postfordistischer Produktionsverhältnisse sowie die selbstverständliche Betrachtung von Migrant_innen als Akteur_innen in Migrationsregimen werden nicht infrage gestellt. Ein anderer Akzent wird jedoch beim Grad der Handlungsfähigkeit gesetzt, um eine Überbewertung des Verhältnisses bzw. eine bloße Gegenüberstellung von Staat versus Migrant_in zu vermeiden. In geschlechterpolitischer Hinsicht soll mit dem Konzept der Eigensinnigkeit der Blick sowohl auf beschränkende als auch auf ermöglichende Aspekte gelegt werden können. Fabian Georgi wählt dagegen eine andere Begrifflichkeit, um die migrantische »Autonomie« zu bestimmen. In seiner Auseinandersetzung mit den »Widersprüche[n] im langen Sommer der Migration« 2015 argumentiert er, dass die »Handlungsautonomie von Akteuren eine bloß relative« ist (Georgi 2016, 187), und bezieht sich dabei auf den Staatstheoretiker Louis Althusser, der den Begriff der »relativen Autonomie« der politischen, ideologischen und ökonomischen Instanzen eingeführt hat. Gemeint ist damit »nicht ›ein bisschen‹ Autonomie, sondern die epistemologische Figur, dass innerhalb einer Produktionsweise keine der Strukturebenen ohne die andere bestimmbar ist« (Hirsch/Kannankulam 2006, 69). Serhat Karakayalı und Vassilis Tsianos betonen jedoch: »Wenn wir von Autonomie der Migration reden, dann plädieren wir damit nicht für eine von sozialen und ökonomischen Strukturen losgelöste Betrachtung von Migrationen.« Vielmehr gehe es zunächst darum, »eine andere Perspektive einzunehmen« (Karakayalı/Tsianos 2005, 51). Zudem sei »die Vorstellung von Migration als eine ökonomische Robinsonade nicht haltbar« (ebd., 56). Sandro Mezzadra glaubt hingegen, »dass wir nicht wirklich erfolgreich waren in der Entwicklung eines zufrieden stellenden theoretischen Rahmens, der uns erlaubt, ›Autonomie der Migration‹ als einen Ansatz vorzustellen, der nicht zu einer Romantisierung von Migration führt« (Mezzadra 2010). Wie auch Stephan Scheel (2015) nimmt er die Kritik als Ausgangspunkt für die konzeptionelle Weiterarbeit an der Beziehung zwischen subjektivem Handeln der Migrant_innen und sozialen, kulturellen und ökonomischen Strukturen. »Ich glaube, es ist wirklich nicht möglich, zeitgenössische Produktionsweisen von Subjektivität zu analysieren, ohne den gegenwärtigen Kapitalismus als Kern- und Angelpunkt in seinen Verhältnissen zur ›Differenzmaschine‹ der BürgerInnenschaft zu verstehen.« (ebd.)

Die hier angerissenen Debatten geben einen Einblick in zeitgenössische Fragen der Theoretisierung von Migration, die eine der großen theoretischen Fragen, nämlich das Verhältnis von Struktur und Handlung, berühren.

3.12 Fazit

Die Befassung mit ausgewählten älteren und neueren Klassikern der Migrationsforschung hat gezeigt, dass diese in verschiedenen Disziplinen Verwendung finden. Mit Blick auf Fragen der Migrationsursachen haben Theorien aus der Ökonomie und der Geografie den größten Einfluss, für die Phasen nach der Einwanderung gilt dies für Soziologie und Pädagogik. Nur selten wird gefragt, warum Menschen nicht migrieren, das heißt, es gibt keine explizite Theorie des Bleibens.

Douglas Massey et al. (1994, 700 f.) heben die unterschiedlichen theoretischen Verortungen von Migrationsforschenden verschiedener Disziplinen und Herkünfte hervor. Wie aber soll ein derart interdisziplinäres Feld wie die Migrationsforschung damit umgehen? Massey et al. argumentieren für Komplementarität: »Only when researchers accept common theories, concepts, tools, and standards will knowledge begin to accumulate.« (ebd.) Bis zu einem gewissen Grad ist diese Position sinnvoll. So lassen sich bestimmte Migrationsphänomene besser mit dem einen oder anderen Ansatz erklären: Zur Erklärung der Dominanz einer bestimmten nationalen Herkunftsgruppe in einem Einwanderungsland (z.B. Migrant_innen aus der Türkei in Deutschland, in Spanien aus Lateinamerika) erklären Theorien auf der Makroebene (z.B. Rolle von Kolonialgeschichte, Anwerbeabkommen) viele der Unterschiede. Wenn aber Marokkaner_innen aus zwei derselben Region angehörigen Dörfern einmal nach Frankreich und aus dem Nachbardorf in die Niederlande gehen, so sind Ansätze auf der Mesoebene erklärend, die Migrationsnetzwerke (Pioniermigration, Kettenmigration etc.) beschreiben. Und wenn aus einer Familie einige emigrieren, andere hingegen bleiben, dann können Sozial- oder Humankapitalansätze zur Erklärung dieses Phänomens beitragen. Die Kenntnis eines breiten Spektrums an Migrationstheorien ist also hilfreich, zumindest wenn es darum geht, ihre jeweilige Erklärungskraft zu durchdenken. Fraglos wird es aber weiterhin verschiedene Schulen geben, deren Theorien und Methoden sich nicht vereinheitlichen oder frei kombinieren lassen, weil die epistemologischen und ontologischen Ausgangslagen zu unterschiedlich sind.

4. Politiken der Migrationskontrolle

Hinsichtlich der Steuerung und Kontrolle von Migration kommt die Migrationsforschung zu unterschiedlichen Befunden, wobei sich insbesondere in der Politikwissenschaft kontrovers geführte Debatten entwickelt haben. Diese stehen im Zusammenhang mit einer allgemeineren Diskussion zur Steuerungsfähigkeit des Nationalstaats in Zeiten von Globalisierung und *Global Governance*. Zum Verständnis der Debatten ist es wichtig, die verschiedenen Ansprüche an die Wissenschaft und hinsichtlich der verwendeten Begriffe zu differenzieren: Wenn von Migrationssteuerung, -governance, -politik oder -management die Rede ist, kann damit sowohl eine normative Vorstellung gemeint sein oder aber die Verwendung der Begrifflichkeit in deskriptiv-analytischer Sicht. Teils sind diese Positionen auch nicht trennscharf. Ebenso wenig kann immer klar zwischen den Begriffen Kontrolle, Steuerung und Management unterschieden werden, deren Bedeutungen sich teils überlappen. Im dritten Kapitel wurde der Erklärung des Phänomens Migration entlang von theoretischen Schulen und Ansätzen nachgegangen. Dieses Vorgehen ist bei der Frage der Migrationskontrolle nicht so einfach, denn es gibt nicht *die* Antwort *der* Theorie auf die Frage der Kontrollkapazität *der* Staaten. Dennoch fokussieren einige Theorien spezifische Aspekte, so dass Antworten auf die gleiche Frage und mit Blick auf den gleichen Gegenstand durchaus unterschiedlich ausfallen können. Die in diesem Kapitel vorgestellten Positionen unterscheiden sich beispielsweise darin, wer als handlungsmächtige_r Akteur_in gesehen wird, oder auch darin, wie Erfolg oder Wirkung verstanden werden. Auch die grundlegende Fragestellung selbst – »Können Staaten Migration kontrollieren?« – gilt nicht in jedem Fall als selbstverständliche Vorannahme. So kritisieren Beiträge aus ehemals kolonisierten Regionen des Globalen Südens, die die Auswirkungen kolonialer Grenzziehungen erfahren haben, die unhinterfragten Ausgangskonzepte von Staatlichkeit und Mobilität in Ansätzen, die überwiegend im Globalen Norden veröffentlicht wurden. Diese seien häufig auf eine Perspektive verengt, die Mobilität problematisiere, indem nationalstaatliche Grenzen als quasi gegeben betrachtet und insofern lang etablierte Mobilitätsmuster mit einem Mal als zu regulierende und kontrollierende gesehen werden (z.B. Vigneswaran/Quirk 2015).

Das Kapitel beginnt mit einer Erläuterung des Begriffs Migrationssteuerung und ist entlang der Kontroverse um Migrationskontrolle strukturiert. In der Auseinandersetzung mit einigen wegweisenden Beiträgen werden drei Positionen genauer betrachtet: Erstens eine steuerungsoptimistische Position, zweitens die in der Migrationsforschung ebenfalls stark vertretene Gegenposition, die empirisch aufzeigt, dass Migrationssteuerung nicht die gewünschten Effekte hat, und drittens – mit ähnlichem Befund, aber anderer Akzentuierung – die der »Autonomie der Migration« sowie an Michel Foucault anschließende Arbeiten zur »Produktivität des Scheiterns«.

4.1 Was wird unter Migrationssteuerung verstanden?

Migrationssteuerung umfasst alle Politiken und Praktiken, die beabsichtigen zu regulieren, wer wann auf welche Weise und für wie lange ein Staatsterritorium verlässt bzw. betritt. Entsprechende Maßnahmen betreffen alle Stadien und Formen von Migration: vor- und nachgelagerte Kontrollen an Grenzen und in Grenzräumen, das Volumen von Einwanderung (beispielsweise durch die Festlegung von Ziel- oder Maximalzahlen für bestimmte Visakategorien), die Merkmale und Zusammensetzung der Einwandernden (Qualifikationsniveau, Herkunftsländer/-regionen und sozialstrukturelle oder ›kulturelle‹ Faktoren wie Alter, Religionszugehörigkeit oder Familienstand) sowie die Bedingungen des Aufenthalts (Dauer, mit dem Aufenthaltsstatus verbundene Rechte wie z.B. Familiennachzug oder Arbeitserlaubnis, Zugang zu öffentlichen Dienstleistungen und Sozialleistungen).

Die politischen Instrumente umfassen Grenzkontrollen und -sicherung (physische Passkontrollen, Bauten wie Zäune und Schlagbäume, technische Infrastruktur etc.), Visapolitiken, Gesetze, die sich häufig direkt oder indirekt gegen bestimmte Gruppen von Migrant_innen oder Nationalitäten richten, Regelungen zum Zugang oder dessen Beschränkung zu öffentlichen Dienstleistungen und sozialer Absicherung, arbeitsmigrationspolitische Programme wie Saisonarbeitsprogramme oder bilaterale temporäre Arbeitsmigrationsabkommen, Maßnahmen der Entwicklungszusammenarbeit, die sich der Migrations- oder Fluchtursachenbekämpfung widmen, ordnungspolitische Maßnahmen der Sanktion von Arbeitgeber_innen bei illegaler Beschäftigung und nicht zuletzt PR- und Kulturaktivitäten, die von der klassischen Politikwissenschaft eher selten als migrationspolitische Instrumente genannt werden. Die Aufzählung ist nicht vollständig, und die Instrumente der Migrationssteuerung und -kontrolle verändern sich beständig.

Motoren dieser Veränderung sind sowohl technologische Entwicklungen (z.B. zur biometrischen Gesichtserkennung, große Datenspeichervolumen, Datenverknüpfungsmöglichkeiten) als auch politische und gesellschaftliche Veränderungen wie etwa

Kooperationsabkommen im Bereich Sicherheit oder der Datenaustausch sowie neue Einwanderungspolitiken oder deren Verschärfungen, die auf Diskurse über ›Ausländerkriminalität‹ oder eine ›Flüchtlingskrise‹ reagieren.

Staaten führen Migrationskontrollen oftmals nicht nur innerhalb ihrer Territorien und an ihren Außengrenzen durch, sondern verlagern ihre Kontrollen über diese hinaus, was als »Externalisierung« bezeichnet wird. Teils geht es auch nicht nur um die Kontrolle der Einreise, sondern ebenso um die ›Rücknahme‹ von Personen, etwa von Staatsangehörigen, die als undokumentierte Einwanderer_innen in den jeweiligen Ländern gelebt haben. Nicht selten wird die aktive Beteiligung der Herkunfts- und Transitländer an Maßnahmen der Emigrationskontrolle bzw. -verhinderung von den Zielstaaten an die Vergabe von Geldern der Entwicklungszusammenarbeit, die sogenannte »Konditionalität«, geknüpft. Diese Kooperationen stehen häufig in der Kritik sowohl von Exil-*communities* als auch durch andere kritische Öffentlichkeiten, insbesondere wenn in den Herkunfts- oder Transitstaaten autokratische Herrscher an der Macht sind.

Es sind auch nicht allein staatliche Akteur_innen, die in die Migrationssteuerung und -kontrolle involviert sind. Vielmehr werden nahezu alle staatlichen Instrumente unter Beteiligung nicht-staatlicher Akteure implementiert – ein Zusammenhang, dem im weiten Akteursverständnis der Migrationsregimeforschung Rechnung getragen wird (Forschungsgruppe Transit Migration 2007; Pott/Rass/Wolff 2018). Dazu gehören gewinnorientierte Unternehmen wie auch zivilgesellschaftliche Organisationen. Ein Beispiel sind teils empfindliche finanzielle Sanktionen für Transportunternehmen, welche Passagiere befördern, die nicht über die notwendigen Einreisepapiere für das Ziel ihrer Reise verfügen oder deren sogenannte Rückkehrbereitschaft nicht zweifelsfrei feststeht. Mitarbeiter_innen von Fluglinien werden zur vorgelagerten Grenzkontrolle verpflichtet, ohne eine entsprechende Ausbildung über die neuesten Visavorschriften oder den Ablauf von Asylverfahren zu haben. Daher wird im Zweifelsfall häufig gegen die Reisenden entschieden, weil das Unternehmen das finanzielle Risiko trägt. Die Beteiligung an der Migrationskontrolle betrifft auch Sozialpädagog_innen, die in der Rückkehrberatung tätig sind und ausreisepflichtige Personen zur ›freiwilligen Rückkehr‹ beraten, wenn diese wenig andere Optionen haben. Es ist also nicht möglich, klar zu definieren, wo Migrationskontrolle und -steuerung anfängt.

4.2 Die Kontroverse um Migrationssteuerung

Die Frage von Steuerung und Kontrolle von Migration ist vor allem Gegenstand der Politikwissenschaft. Aber auch soziologische und kulturanthropologische Arbeiten befassen sich mit der Beobachtung von Migrationskontrolle und haben deren Nicht- oder Anders-Funktionieren herausgearbeitet (z.B. Forschungsgruppe Transit Migration 2007; Guild/Mantu 2011; Heimeshoff u.a. 2014). Im Folgenden werden drei Grundpositionen zum Verhältnis von Staat und Migration skizziert: erstens eine steuerungsoptimistische Position, gefolgt von zwei Positionen, die empirisch bzw. theoretisch das Funktionieren von Migrationskontrolle in Zweifel ziehen.

Steuerungsoptimistische Position: Migration kann gesteuert werden

Große Teile der politikwissenschaftlichen Migrationsforschung argumentieren, dass Staaten Migration zwar nicht vollständig kontrollieren können, entsprechende Politiken jedoch Wirkung zeigten und es darauf ankomme, die zentralen Akteur_innen über ein Migrationsmanagement einzubinden. In seinem zum Klassiker avancierten Text fragt Gary P. Freeman »Can liberal states control unwanted migration?« (Freeman 1994). Die Betonung legt Freeman auf »liberal states«, weil in der wissenschaftlichen Debatte auch die Position vertreten wird, dass grundrechtsorientierte Gesetze und Rechtsprechungen die staatlichen Möglichkeiten der Migrationssteuerung eingeschränkt hätten, was James Hollifield als »liberal paradox« (Hollifield 1992, 7) bezeichnet. Freeman unterscheidet vier Typen von Migrationspolitiken: das Management legaler Migration, die Kontrolle illegaler Migration, die Administration temporärer Arbeitsmigrationsprogramme sowie von Asyl und Flucht. Er sieht eine zunehmende Fähigkeit seitens der Staaten, Migration zu steuern, allerdings variiere diese substanziell zwischen den verschiedenen Typen von Migrationspolitik.

Ein Auslöser zur Entwicklung neuer Formen von Migrationspolitiken war der Mitte der 1990er Jahre vorherrschende Krisendiskurs um Migration, Flucht und Asyl. Einen starken Einfluss hatte hierbei die Veröffentlichung des US-amerikanischen Politikwissenschaftlers Myron Weiner *The Global Migration Crisis. Challenge to States and to Human Rights* (Weiner 1995). Das Buchcover zeigt ein überfülltes Flüchtlingsboot und soll den Handlungsdruck in den Ländern des Globalen Nordens ebenso wie des Südens aufzeigen. »Staaten sind in der Lage, sich gegen Raketen, Panzer und Infanterieattacken zur Wehr zu setzen, sind aber oft unfähig, sich gegen das Eindringen von illegalen Migranten zu verteidigen« (ebd., 134), konstatiert Weiner und skizziert drei Szenarien, mit der ›globalen Migrationskrise‹ umzugehen: *laissez-faire*, Kontrolle und Intervention. Die erste Option baue auf neoklassischen Argumenten zur wünschenswerten Freizügigkeit von Kapital und Arbeit auf, sei aber anachronistisch aufgrund der damit verbundenen Risiken. Die zweite Option umfasse das gesamte staatliche sowie nicht-staatliche Arsenal an internen und externen Migrationskontrollen. Die dritte Option erfordere Eingriffe in die ökonomischen, politischen und sozialen Kontexte vor allem in den Herkunftsländern (Sanktionen, Entwicklungshilfe, Diplomatie und Militär). Weiner identifiziert einige Staaten, die die Interventionsperspektive bevorzugten, andere, die die Schließung gegenüber neuer Migration und Abschottung favorisierten – keine der beiden Optionen sei unmoralisch. Kontrovers diskutiert wurde Weiners Buch u.a. mit Blick auf die Fragen, ob es sich tatsächlich um eine globale Migrationskrise handelt oder nicht, Regionen unterschiedlich betroffen sind, ob Flucht und Migration Sicherheitsrisiken darstellen, wie sich Kriterien für Interventionen festlegen lassen und welche Verantwortung Regierungen gegenüber Migrant_innen und Flüchtlingen haben.

Auch wenn es einigen Widerspruch zu Weiners Thesen gab, so waren sich die meisten Politikwissenschaftler_innen und internationalen Organisationen doch einig, dass ein Steuerungsdefizit vorliege und ein effektiveres Migrationsmanagement möglich sei. Unter dem Schlagwort des Migrationsmanagements entwarfen sie eine weniger alarmistisch-abwehrende denn pragmatisch-neoliberale Antwort. Eleonore Kofman bezeichnet *migration management* als »dritten Weg« zwischen Nullzuwanderung und offenen Grenzen (Kofman 2008, 17). Ein früher und einflussreicher Beitrag war das 1993 von Bimal Ghosh für die *Commission on Global Governance* verfasste Papier »Movements of People: The Search for a New International Regime«. Ghosh, einer der wichtigsten Vordenker des Migrationsmanagements, bezeichnet Migrationsmanagement als »ambitious, yet attainable goal« (Ghosh 2000, 3). Sein Ausgangspunkt ist, dass klassische Formen der Migrationskontrolle ihre Wirkung verloren haben, aber Staaten zu neuen, kooperativeren Formen gelangt seien, die es ihnen erlaubten, einen Teil ihrer regulativen Fähigkeit zu bewahren, sei es auch teils unter Verlust von eher liberalen bzw. grundrechteorientierten Elementen der Migrationsregime.

Migrationsmanagement und *migration governance* bestimmen seit Ende der 1990er Jahre die internationale migrationspolitische Debatte. In dieser Zeit wurden zahlreiche neue Think Tanks, *Governance*-Netzwerke, Expert_innenkommissionen und zu Migration arbeitende Abteilungen in internationalen Organisationen gegründet oder bestehende haben ihre Arbeit intensiviert, oftmals unter dem Leitbgriff des Migrationsmanagements. Dieser recht unbestimmte und in alle Richtungen hin interpretierbare Begriff (vgl. bspw. Geiger/Pécoud 2010) konnte von vielen Akteur_innen mitgetragen werden. Für staatliche Akteur_innen bedeutete er die Einnahme einer neuen, aber nicht machtlosen Rolle unter den Bedingungen von Globalisierung, für nichtstaatliche Akteur_innen einen Bedeutungszuwachs und die Beteiligung an der sonst rein staatlich organisierten Migrationspolitik.

Bevor 2003 die zwar nicht entscheidungsbefugte, aber für die Diskussion wichtige und von der UN eingerichtete *Global Commission on International Migration* (GCIM) ihre Arbeit aufnahm, erschien das ebenfalls von Ghosh herausgegebene und den Diskurs prägende Buch *Managing Migration* (Ghosh 2000). Für die *International Organization for Migration* (IOM) leitete Ghosh seit 1997 das Projekt »New International Regime for Orderly Movements of People (NIROMP)«, an dem neben Regierungsvertreter_innen aus Herkunfts-, Transit- und Zielstaaten auch Wissenschaftler_innen teilgenommen haben. Der Untertitel des Buches, »Time for a New International Regime?«, fragt nach der Notwendigkeit eines neuen Migrationsregimes, und Ghosh kommt zu der Schlussfolgerung, dass es bis dato noch kein umfassendes internationales Regime gebe, das die Mobilität von Personen reguliere. Die Ursachen hierfür sind darin zu suchen, dass Migrations- und Grenzkontrollen im Kernbereich nationalstaatlicher Souveränität liegen, Mobilität sich schwer regulieren lässt und wohl auch in der Tatsache, dass Staaten der industrialisierten Teile der Welt aufgrund hoher Erwerbslosigkeitsraten über Jahrzehnte nicht um Arbeitskräfte werben mussten. In den 1990er Jahren, insbesondere auch durch das Ende der Ost-West-Konfrontation, veränderten sich viele dieser Faktoren und ähnlich lautende Vorschläge zur Besetzung des *missing regimes* wurden gemacht. Ghosh spricht sich in diesem Zusammenhang für einen dritten Weg zwischen »fortress« und »open gates« aus: »regulated openness« (ebd., 25). So könnten liberale Doktrin und restriktive Prinzipien als gemeinsame Ausgangsbasis genommen werden, um ein machbares, weithin akzeptiertes und kostengünstiges Migrationsregime zu modellieren (ebd.): Es soll transparent und vorhersehbar sein, bestehende Abkommen nicht ersetzen, alle Migrationsformen abdecken, rechtebasiert sein, und Herkunfts-, Transit- und Zielstaaten sollen miteinander kooperieren. Migration solle zur Option werden, was mit der Bekämpfung von Flucht- und Migrationsursachen einhergehe (ebd., 222–233). Im Jahr 2005 legte die GCIM ihren Bericht vor, in dem die Maxime der kommenden Jahre formuliert wurde: »maximizing the positive outcomes«. Erreicht werden sollte dies durch die drei Prinzipien »capacity, coherence and cooperation« (Global Commission on International Migration 2005). Die IOM bestritt ihre Öffentlichkeitsarbeit jahrelang mit dem Motto »Migration management for the benefit of all« oder als »triple win situation« – dass also Migration gesteuert und kontrolliert werden müsse und dies Herkunftsländern, Zielländern und Migrant_innen gleichermaßen nutze.

Die Position, die Ghosh, GCIM oder die IOM entwerfen, geht davon aus, dass eine Interessenkonvergenz der verschiedenen Akteur_innen nicht ausgeschlossen ist und dass, wenn ein Regime ihr entspräche, Migration sich durchaus erfolgreich steuern ließe. Wir haben es also mit einer höchst normativen Verwendung der Begriffe und Konzepte von *migration governance* zu tun, an der sich auch der Großteil der öffentlich sichtbaren politikwissenschaftlichen Migrationsforschenden beteiligte. Über den Zeitraum etwa einer Dekade bildete sich eine »epistemic community« (Haas 1992) heraus, also eine lose Gemeinschaft von Expert_innnen – Wissenschaftler_innen, Akteur_innen in Internationalen Organisationen und Berater_innen –, die durch Autorität und Expertise einen Einfluss auf politische Entscheidungsprozesse im Bereich der Migration hatten und haben. Nur selten wurden dabei von den Akteur_innen Zweifel angemeldet oder die Prämissen kritisiert. Vorsichtig wendet Henk Overbeek, dessen theoretische Position der Neo-Gramscianismus (eine Spielart historisch-materialistischer Gesellschaftstheorie) ist, in der NIROMP-Runde ein: »[The] unspoken thesis has been that there is a possibly irreconcilable tension between unchecked *commodification* on the one hand and humankind's *emancipation* from bondage and deprivation on the other. To guard against the risk that orderly regulation of migration privileges further commodification over emancipation, it is essential to stress the need for transparence and accountability in the institutional setup and for consensual multilateralism instead of de facto bilateralism.« (Overbeek in Ghosh 2000, 71) Als Ausweg aus bestehenden Interessengegensätzen wird hier zwar Transparenz eingefordert, aber grundsätzliche Fragen der Folgen von Migrationskontrolle und der Bedeutung von Migration in einer ungleichen Welt bleiben unartikuliert.

Ein im Vergleich zur vorsichtig formulierten Kritik Overbeeks weiter ausbuchstabiertes historisch-materialistisches Verständnis von Migrationsmanagement begreift dieses als eine strategische Kompromissoption zur Ausgestaltung und Durchsetzung des hegemonialen Projekts Neoliberalismus in Bezug auf Migration (vgl. Georgi/Schatral 2012; Forschungsgruppe Staatsprojekt Europa 2013; Kannankulam 2014). Mit ihm ist eine Abkehr vom Abschottungsgedanken verbunden, der Politik und Rhetorik in den 1980/90er Jahren bestimmte. Migrationsmanagement ist also die aktuelle Form der Migrationskontrolle. Der Managementgedanke beschränkt sich dabei nicht nur auf Migration, sondern ist auch in anderen Feldern (etwa dem Gesundheitswesen) anzutreffen. Laut Fabian Georgi präsentiert sich Migrationsmanagement »als apolitische Politik [...], als rationales Management technischer Probleme« (Georgi 2009, 81). Nach diesem Verständnis zielt Migrationsmanagement darauf ab, das Politikfeld Migration umzugestalten und einer Logik der Wettbewerbsfähigkeit zu unterwerfen, dabei aber möglichst viele Akteur_innen miteinzubeziehen (d.h. Schaffung von Hegemonie). Diese inkludierende Strategie solle dazu dienen, auch Teile der gegen Migration eingestellten Bevölkerung für das Projekt zu gewinnen. Betont werden daher die Kontrollaspekte und die Selektivität in Form einer regulierten Offenheit gegenüber nutzenbringender Zuwanderung (Stichwort: ›Fachkräftemangel‹). Eine historisch-materialistische Perspektive arbeitet also den Doppelcharakter von Migrationsmanagement heraus: Förderung der erwünschten sowie gleichzeitige Kontrolle und Zurückweisung der unerwünschten Zuwanderung unter den Bedingungen des aktuellen kapitalistischen Akkumulationsregimes. Auf die Ausgangsfrage dieses Kapitels bezogen gehen historisch-materialistische Ansätze davon aus, dass das kapitalistische System durch Innovationen Krisen erfolgreich bearbeiten kann. Migrationskontrollpolitiken scheitern also nicht, sondern erfinden sich immer neu.

Die hier referierten Perspektiven unterschiedlicher theoretischer Herkunft und Verortung beobachten, analysieren und befördern teilweise auch die Kontrolle und etwaige Steuerung von Migration. Ihr gemeinsamer Nenner ist die Annahme der Wirkmächtigkeit der entsprechenden Politiken. In den folgenden Abschnitten werden unterschiedliche Varianten der Kritik an dieser Einschätzung vorgestellt.

Empirisch-skeptische Position: Kontrolle und Steuerung funktionieren nicht

Autor_innen, die vor allem der transnational orientierten Migrationsforschung zuzurechnen sind, stehen der Steuerungsfähigkeit von Migrationen durch Politiken deutlich skeptischer gegenüber. Die Position kann etwa so zusammengefasst werden: Egal wie ausgefeilt Maßnahmen der Migrationskontrolle sind, sie funktionieren nicht (so wie gedacht).

Breit rezipiert wurde die 1994 erstmalig erschienene ländervergleichende Schrift *Controlling Immigration. A Global Perspective* von Wayne A. Cornelius, James F. Hollifield und Philipp L. Martin (2004). Cornelius et al. stellten fest, dass es in den unterschiedlichen Typen von Immigrationsstaaten, von den klassischen Einwanderungsländern wie Kanada, Australien oder den USA bis hin zu jenen, die diesen Status nur wider Willen hatten wie Deutschland und den Nachzüglern Italien oder Spanien, eine Gemeinsamkeit gibt, nämlich eine »Lücke« zwischen der erklärten Politik zur Kontrolle von Einwanderung und deren Umsetzung. Für diese Lücke stellten sie eine »*gap*-Hypothese« auf und für die Gemeinsamkeit über die unterschiedlichen Typen hinweg eine »Konvergenz-Hypothese«. Sowohl Lücke als auch Konvergenz gelte es zu erklären. Dazu arbeiteten sie mit zahlreichen

Fallstudien, in denen jeweils (a) Kontrollmaßnahmen an den Grenzen sowie die Offenheit des Staates für Flüchtlinge, (b) interne Migrationskontrollen (Arbeitsmarkt, Wohnungsmarkt, Meldewesen, Sozialleistungen, Beschulung von Kindern undokumentierter Migrant_innen etc.), (c) die Integrationspolitik und Aufenthaltsperspektive von legal einreisenden Migrant_innen und (d) die öffentliche Meinung sowie die öffentliche Vermittlung der Migrationspolitik erhoben wurden. Für alle untersuchten Länder, mit Ausnahme Kanadas und zum Teil Australiens, wurde eine deutliche Diskrepanz zwischen der offiziellen Politik und der Realität festgestellt. Die Gründe für die Diskrepanz sehen die Autor_innen in mehreren Faktoren: So behalten einige Regierungen erwiesenermaßen erfolglose Maßnahmen bei, weil sie in den Medien als erfolgreich gelten und die Regierungen nicht den Eindruck erwecken möchten, ihre Maßnahmen seien gescheitert. Andere Regierungen tolerieren die Diskrepanz, weil innergesellschaftlich oder selbst in den Regierungen und Staatsapparaten divergierende Interessen bestehen, etwa das Interesse an billigen und rechtlosen Arbeitskräften, z.B. in der Landwirtschaft. Solche Regierungen führen vor allem symbolische und ineffektive Kontrollmaßnahmen ein, die zum Beispiel nicht während der Erntezeit in der Landwirtschaft gelten oder bei anstehenden Kontrollen viel Spielraum für informelle Warnmechanismen lassen. Wie für Freeman sind es die Klientelinteressen, die Cornelius et al. als in der Migrationspolitik besonders bestimmend sehen (»small and well organized groups ... [with]... close working relationships with those officials responsible for it«, Freeman 1995, 886). Daraus schließen sie, dass alle Bemühungen um eine Kontrolle von Migration begrenzt sind: »Marktkräfte und Demographie – nicht die Interventionen von Regierungen – werden im 21. Jahrhundert die stärksten Determinanten der internationalen Migrationsdynamiken sein.« (Cornelius et al. 2004, 43)

Stephen Castles abstrahiert noch stärker als Cornelius et al. von spezifischen Ländern, wenn er drei Faktorenbündel unterscheidet, »warum Migrationskontrollen scheitern« (Castles 2005): (1) Soziale Dynamiken der Migrationsprozesse: Kettenmigration, Migrationsnetzwerke, translokale Familien oder Diasporagemeinschaften lassen Migration zu einer Normalität werden. Damit verbunden ist, dass die Organisation von Mobilität auch für Geschäftsleute und Firmen eine Existenzgrundlage bedeutet. (2) Globalisierung, Transnationalismus und Nord-Süd-Beziehungen: Migration ist Ausdruck von Ungleichheiten und der strukturellen Abhängigkeit einiger Gesellschaften und Ökonomien von Migration. Zudem verändern sich Raumlogiken: Räume, die nach dem Modell des Containerraums mit Zugangskontrollen konzipiert werden, werden durch neue Raumformen (transnationale Räume, *global cities*, virtuelle Räume) abgelöst. Klassische Grenzkontrollen funktionieren deshalb nicht mehr bzw. anders. (3) Faktoren innerhalb der politischen Systeme: Politische Konflikte in Herkunftsländern, Interessenkonflikte in Einwanderungsländern, Widersprüche bei der Politikformulierung, »heimliche Agenden« der Migrationspolitiken, die politische Fähigkeit, Migration zu kontrollieren, die Existenz internationaler Menschenrechtsregime, Aktivitäten von Seiten der Zivilgesellschaft oder die Leistungsansprüche in Wohlfahrtsstaaten können dazu führen, dass die aus ihnen resultierenden Dynamiken mit denen der Grenz- und Migrationskontrolle konkurrieren.

Auf einen häufig wenig berücksichtigten Faktor macht eine sozialkonstruktivistische Perspektive aufmerksam: die Rolle der Bedeutung, die unterschiedliche Akteur_innen der Kontrolle beimessen. Empirisch ist für die Kontrollwirkung die Akteursvielfalt an Grenzen zentral, aber die Bewertung in Politik und Öffentlichkeit hängt eher mit der Imagination von Kontrollfähigkeit und weniger mit deren realer Umsetzung zusammen (Guild/Mantu 2011). Das Argument lässt seinen sozialkonstruktivistischen Ansatz, nach dem Wahrnehmung konstitutiv für ›Realität‹ ist, deutlich erkennen. Elspeth Guild und Sandra Mantu unterscheiden die Grenzregime gemäß der proklamierten Kontrollintensität: (a) schwach ausgeprägte Kontrolle (Südafrika/Lesotho, Brasilien/Bolivien, Malaysia, Taiwan und Zimbabwe/Südafrika), (b) stark ausgeprägter Kontrollanspruch (Kanada, Europäische Union, Australien und Japan), (c) Grenzen, an denen die Kontrollintensität Konjunkturen unterworfen ist (»ambivalente Kontrollansprüche«). Interessant ist der Befund, dass sich in Staaten mit schwacher Kontrollintensität die Effektivität der Kontrollen gar nicht so sehr von den Staaten und Regimen mit einem höheren Kontrollanspruch unterscheiden. Der Glaube, in einem starken oder schwachen Staat zu leben, beeinflusst jedoch die Wahrnehmung der Grenz- und Migrationskontrollpolitiken.

Die zuvor referierten Positionen von Cornelius et al. sowie Castles präsentieren eine Vielzahl an Faktoren, warum Migrationskontrollen scheitern. Sie sind unterschiedlichen politikwissenschaftlichen Theorien entlehnt wie der Pluralismustheorie zur Rolle von Verbänden, dem historischen Institutionalismus mit seiner Betonung von Pfadabhängigkeiten oder dem liberalen Paradigma in den Internationalen Beziehungen zur Rolle von Normen und Internationalem Recht etc. Guild und Mantu ergänzen die sozialkonstruktivistische Frage der Wahrnehmung von Grenz- und Migrationskontrollpolitiken als relevanten Faktor ihrer Analyse.

Gilt schon ›freiwillige‹ Migration als schwer steuerbar, so trifft dies auf Fluchtbewegungen in noch stärkerem Maße zu, so die Annahme. Die Überblicksstudien von Eiko Thielemann sowie von Roger Zetter und Kolleg_innen haben sich mit dieser Annahme insbesondere vor dem Hintergrund befasst, dass gerade in Hochphasen der Fluchtzuwanderung über Maßnahmen zur Begrenzung diskutiert wird bzw. diese eingeführt werden. Wie wirksam sind diese Maßnahmen? Und welches analytische Instrumentarium ist für ihre Analyse geeignet?

Thielemann hat die Flucht- und Asylpolitiken von zwanzig OECD-Staaten im Zeitraum von 1986 bis 1999 auf ihre Abschreckungswirkung hin analysiert (Thielemann 2009). Er überprüft mögliche *pull*-Faktoren in der Ziellandwahl (Migrationsrouten, ethnische Netzwerke, Ruf der Aufnahmebereitschaft etc.): Die Daten weisen erstens eine große Korrelation zwischen Arbeitslosenraten und Asylanträgen auf, zweitens ist die Asylmigration aus jenen Ländern besonders stark, aus denen bereits vorher viele Migrant_innen und Flüchtlinge kamen (Pfadabhängigkeit, Netzwerke), drittens scheinen nicht kurzfristige Abschreckungspolitiken, sondern allgemeine Vorstellungen darüber, wie ›liberal‹ ein Land ist, wichtig zu sein. Diese eher strukturellen Faktoren sind nur schwer durch Politiken beeinflussbar. Eine Steuerung, egal ob sie auf Abschreckung oder die gleichmäßigere Verteilung von Asylsuchenden abzielt, ist schwer möglich. Das zeigt auch die Analyse des Einflusses von Abschreckungsmaßnahmen. Am einflussreichsten scheinen Maßnahmen zu sein, die es Flüchtlingen verbieten, erwerbstätig zu sein, gefolgt von niedrigen Anerkennungsraten. Kaum einen Einfluss hingegen scheinen Politiken wie die der sicheren Drittstaatenregelungen, eine Beschränkung der Freizügigkeit oder die Gewährung von Sach- statt Geldleistungen zu haben. Gründe dafür seien, dass erstens oft nur geringes Wissen über konkrete Politiken bei den Flüchtenden existiert und dass ein paar Monate Verzicht auf Sozialleistungen in Form von Bargeld oder andere Einschränkungen in Anbetracht der Gesamtfluchtkosten und -risiken vernachlässigbar sind. Daher seien die Abschreckungsmaßnahmen, die von den meisten Staaten gewählt werden, nicht oder allenfalls kurzfristig wirksam.

Roger Zetter et al. haben für den Zeitraum 1990 bis 2000 ebenfalls versucht, den Zusammenhang von spezifischen Politiken sowie Flucht und Asyl für die europäischen Hauptfluchtzielländer auf Grundlage einer Vielzahl qualitativer und quantitativer Daten einzuschätzen (Zetter et al. 2003). Auch sie sind vorsichtig, einen direkten oder gar kausalen Zusammenhang von Politik und Einfluss zu konstatieren. In methodischer Hinsicht problematisieren sie, dass die Politikziele nicht immer klar zu identifizieren seien, weil es innerhalb einer Regierung häufig mehrere Agenden gebe. Zudem werden mitunter mehrere politische Instrumente gleichzeitig eingeführt, und es bestehen Zeitverzögerungen sowohl bei der Einführung von Maßnahmen und den Fluchtbewegungen wie bei deren Wirkung. Zetter et al. sehen ähnlich wie Thielemann einen *first mover advantage*. Die Staaten, die eine Politik als erste einführen, sehen zumindest vorübergehend eine Veränderung der Asylfallzahlen. Für Deutschland gelten als wirkungsvollste Politiken die Asylrechtsänderung und die Einführung der »sicheren Drittstaaten« (1991–1993) (439 000 Anträge in 1992 und 127 000 in 1994). Daraus ergibt sich im europäischen Zusammenhang eine Vorverlagerung der Migrationskontrollen, indem viele zuvor Antragsberechtigte angesichts dieser Regelungen ihre Asylanträge nicht mehr mit Erfolgsaussicht stellen konnten. Diese Politik lässt sich unter Berücksichtigung der von Castles sowie Cornelius et al. genannten Dynamiken jedoch nicht als ›erfolgreich‹ kennzeichnen. Denn die Problematik hat sich durch die Reduktion der Asylanträge nicht erledigt, sondern es haben sich lediglich Fluchtrouten verlagert, die Zahl der in Deutschland Geduldeten ist deutlich gestiegen, und Kosten für die und Gefahren auf der Flucht haben sich erheblich erhöht. Sind dies unintendierte Folgen oder sogar Elemente einer doppelten Agenda? Flucht- und Migrationsdynamiken sind komplex, und eine *policy*-Analyse sollte neben intendierten Wirkungen auch die unintendierten bzw. die Konsequenzen mit berücksichtigen. Wie diese ethisch-politisch einzuschätzen sind, ist eine andere, aber damit trotzdem eng verbundene Frage (vgl. dazu u.a. Carens 1987; Cassee 2016; Celikates 2016).

Die (auch methodologische) Schwierigkeit, vom Erfolg oder Misserfolg der Migrationskontrolle zu sprechen, verdeutlicht das folgende Beispiel: Südkorea ist das wohl einzige Industrieland, in dem die irreguläre Migration die legale deutlich übersteigt (zum Zeitpunkt der Forschung im Verhältnis von 5:1), eigentlich ein klarer Beleg der *gap*-Hypothese. Überraschenderweise widersprechen Dong-Hoon Seol und John Skrentny dieser Bewertung, denn Südkorea habe gar nicht zum Ziel, illegale Migration zu verhindern (Dong-Hoon/Skrentny 2004). Einige Kräfte (Justizministerium, die Lobby kleiner und mittelgroßer Unternehmen) befürworten nämlich die Einreise billiger Arbeitskräfte, wollen aber dauerhafte Einwanderung und eine Migrantisierung der Gesellschaft verhindern. »Nach diesen Zielen bewertet ist die koreanische Politik ein Erfolg, es gibt keine ›Lücke‹ und die Einwanderung wird bis zum gewünschten Grad kontrolliert.« (ebd., 482) Bei der Anwendung der Kriterien zum Nachweis der Lücke besteht die Tendenz, bereits von vornherein davon auszugehen, dass Regierungen irreguläre Migration tatsächlich verhindern wollen. Das Beispiel führt also die Perspektive erstens weg von vermeintlich evidenten Erfolgskriterien und zweitens vom Staat und hin zu den Migrant_innen. Zudem verweist es auf die entrechtende Wirkung für die Migrant_innen: dass etwa keinerlei Möglichkeiten des Familiennachzugs bestehen, Hunderttausende ungesicherte Visa für Praktika anstelle von Arbeitsverträgen vergeben werden und quasi keine dauerhafte, legale Einwanderung möglich ist. Hier wird der instrumentelle Gehalt dieser ›erfolgreichen‹ Politiken über Menschen deutlich.

Theoretisch-skeptische Positionen: Migration fordert staatliche Kontrollfähigkeit heraus

Das südkoreanische Beispiel führt hin zu zwei Ansätzen, die bereits von ihrem Ausgangspunkt her die staatliche Rationalität infrage stellen. Sie gehen davon aus, dass Migrationskontrollpolitiken zwar nicht zu den intendierten Ergebnissen führen, wohl aber Wirkungen zeigen; und vor allem, dass gerade das Scheitern Teil der Logik und Funktionalität dieser Politiken ist. Hier lässt sich unter Einbeziehung des Ansatzes der »Autonomie der Migration« sowie einer an Michel Foucault anschließenden Analyse der Frage der Migrationskontrolle von einer »Produktivität des Scheiterns« sprechen. Im Folgenden werden beide Ansätze vorgestellt, die in Arbeiten der ethnografischen oder kritischen Migrations- und Grenzregimeanalyse teils auch miteinander verbunden werden (Hess/Kasparek/Schwertl 2018, 267).

Die an anderer Stelle (Kap. 3.11) bereits eingeführte Perspektive der »Autonomie der Migration« hinterfragt grundsätzlich die Möglichkeit, Migration in ›geordnete Bahnen‹ zu lenken. Diese Perspektive ist insofern ein Gegenentwurf zu zahlreichen der weiter oben vorgestellten politikwissenschaftlichen Ansätze, als sie den staatsfixierten und objektivierenden Blick auf Migration ablehnt und stattdessen auf deren Konflikthaftigkeit schaut. Die Praxen der Migration sind so machtvoll, dass der Staat sie erfolglos zu regulieren versucht, wie Yann Moulier Boutang in einem Beitrag, der für die deutschsprachige Diskussion die zentrale frühe Referenz ist, veranschaulicht: »Auch wenn sich Myriaden von Experten und Beamten in den Behörden und staatlichen und internationalen Einrichtungen mit der Emigration beschäftigen, haben sie keine Ahnung von dieser Selbständigkeit, dieser Autonomie der Migrationsflüsse. [...] Man kann zwar der Emigration mit repressiven Mitteln begegnen, die Rückkehr der Immigranten ›fördern‹, aber man kann nicht die Flüsse nach Programmierung und Dafürhalten öffnen und sperren.« (Moulier Boutang 1993, 38 f.) Die Perspektive der Autonomie der Migration betrachtet die sich hieraus ergebenden Konflikte und Dynamiken. Aber: »Migration bezeichnet [...] weder die Summe aller migrantischen Individuen noch deren räumliche Bewegung oder gar das subjektive ›Motiv‹ der Migration. Es geht vielmehr um eine subkutane und kaum lokalisierbare Umgestaltung des Lebens und seiner Existenzbedingungen. Migration verstehen wir daher als eine aktive Transformation des sozialen Raumes und eine Welt-schaffende Praxis.« (Hess/Karakayalı 2016, 32) Insofern geht das vom italienischen Operaismus geprägte Konzept davon aus, dass Migration durch ihre sichtbaren wie ihre unsichtbaren Praktiken eine eigene Kraft (»soziale Bewegung«) entfalte. In migrantischen Netzwerken wird über Migrationskontrollen und -politiken Wissen ausgetauscht – mit der Folge, dass Mittel und Wege der Umgehung, der Subversion und des taktischen Umgangs gefunden werden. »Jener ›Überschuss‹ der Autonomie ist es, der sich im Visier der Kontrolle, Regulierung und Verwertung durch staatliche Grenzagenturen und Politiken befindet, um die Grenze als stabiles, kontrollierbares und handhabbares Werkzeug der selektiven und differenzierten Inklusion zu konstruieren. Was das Grenzregime bewirkt, ist eine Transformation des rechtlichen Status von Migrant_innen [...]. In diesem Sinne stellt die Grenze ein gigantisches Transformationsregime dar, welches durch die kategoriale Erfassung und Rasterung der Bewegung unter den bestehenden migrationspolitischen Kategorien neue Hierarchien herstellt.« (Hess/Karakayalı 2016, 34)

Die Bewegung darf nicht losgelöst von den Migrationskontrollen sowie den Transformationen und Dynamiken des Kapitalismus gesehen werden, denn unter diesen Bedingungen finden die Kämpfe um Migration statt. Für diese analytische Sicht auf Migration bietet sich die Verbindung mit der Foucault'schen Methode der Genealogie an (Hess/Kasparek/Schwertl 2018, 270), die das Gewordensein von Kategorien, Auseinandersetzungen und Materialitäten betrachtet.

Etwas anders akzentuieren Arbeiten aus einer an Foucaults Gouvernementalitätstheorie orientierten Migrationsregimeforschung ihre Befunde. Auch sie sprechen von der Produktivität des Scheiterns, aber fokussieren vor allem das *Wie* und verweisen darauf, dass immer stärker verfeinerte Technologien entwickelt sowie alte und neue Technologien kombiniert werden, um Migration »zu regieren«. Ähnlich wie in den historisch-materialistischen Ansätzen wird hier also die Innovationskraft von Politiken herausgearbeitet. Der Begriff der Regierung entstammt dem theoretischen Werkzeugkoffer Foucaults, insbesondere seinen gouvernementalitätstheoretischen Arbeiten (vgl. Foucault 2004, 2006). »Regierung« ist nicht nur eine Sache des Staates, sondern auch anderer Akteur_innen. Bei der Migrationskontrolle umfasst sie beispielsweise Transportunternehmen, NGOs, private Arbeitsvermittlungen, Schleuser, privatwirtschaftliche Milizen und Abschiebegefängnisse sowie Migrant_innen, ihre Familien und *communities.* Migrationskontrollen sind Teil der »Biomacht«, also von machtvollen Operationen, die Bevölkerungen kategorisieren, vermessen und erfassen und dadurch überhaupt erst Gruppen herstellen (etwa ›Flüchtlinge‹, ›Opfer von Frauenhandel‹). Die Biomacht wird durch spezifische Regierungstechnologien ausgeübt, die über Repression und Disziplin hinausgehen. Wer beispielsweise »mit Foucault an der Grenze« (Schwiertz 2011) steht und sich die Mobilitätspartnerschaften oder die Externalisierung der Migrationskontrolle der Europäischen Union in Richtung Afrika anschaut, kann diese Regierungstechnologien beobachten: So wird die Grenzüberwachung der Europäischen Union nicht mehr direkt den Staaten aufgezwungen, sondern sie wird über mehrjährige aufwändige Prozesse der Kommunikation (durch Dialogforen und »Prozesse« wie den *Euro-African Dialogue on Migration and Development*, genannt *Rabat Process*) gemeinsam mit ihnen entwickelt; es werden weniger Strafen verhängt, sondern Anreize gegeben; es werden Migrant_innen auf dem Transit nicht nur zurückgehalten, sondern potenzielle Migrant_innen sollen bereits vorher durch Filme über das Elend Illegalisierter in Europa selbst auf die Idee kommen, dass sie lieber nicht migrieren; und es werden Bilder »idealer Emigrant_innen« (Rodriguez/Schwenken 2013) produziert. Migrationskontrollen werden weiterhin mithilfe eines repressiven Instrumentariums implementiert, aber es ist ein breites Spektrum weiterer ›sanfter‹ Techniken hinzugekommen, und diese werden immer wieder herausgefordert, denn »wo Macht ist, ist Widerstand« (Foucault) (weitere von Foucault inspirierte Arbeiten zur Migrationskontrolle sind z.B. Geiger/Pécoud 2010; Fassin 2011b; Kunz/Lavenex/Panizzon 2011; Geiger/Pécoud 2013; Bartels 2017).

Die theoretischen Perspektiven, die das Scheitern von Migrationskontrolle konstatieren, argumentieren, dass dieses Scheitern produktiv ist und die Politiken einen Einfluss darauf haben, wie und über welche Wege Migrant_innen migrieren, Migration sich jedoch nicht nach Plan steuern lässt und immer mit einem nicht kontrollierbaren Überschuss einhergeht. In dieser Hinsicht sind sich Foucault und der Operaismus einig.

4.3 Fazit

Als Resultat der Auseinandersetzung mit den verschiedenen Erklärungsansätzen zur Steuerungs- und Kontrollfähigkeit sowie der Gestaltung von Migrationspolitiken lässt sich festhalten, dass (a) die Migrationskontrollkapazität von Staaten ganz unabhängig von ihrer Kontrollphilosophie und -stärke begrenzt ist, obgleich die Politiken und Maßnahmen Effekte zeigen, (b) die meisten Staaten, sei es im Globalen Norden oder Süden, mit widersprüchlichen und widerstreitenden Anforderungen sowie Interessen konfrontiert sind, so dass das Ergebnis ihrer Regelungsversuche immer Kompromisselemente enthält und Resultat von Auseinandersetzungen innerhalb des Staatsapparates und mit zivilgesellschaftlichen Akteur_innen ist, (c) eine methodologisch-nationalistische Sicht auf Migrationskontrolle, die den Nationalstaat isoliert betrachtet, aufgrund der Multiskalarität und Verwobenheit der Ebenen und historischen Prozesse im Zusammenhang mit Migration (z.B. postkoloniale Beziehungen) zu kurz greift, (d) dass in den meisten Studien und Publikationen, ob sie im Dienste der Politikberatung stehen oder analytisch verfahren, die Frage unterbelichtet ist, wie die Rechte der Migrierenden durch Maßnahmen der Migrationskontrolle beeinflusst werden, weshalb eine Perspektive der politischen Soziologie stratifizierter sozialer Rechte berücksichtigt werden sollte, und vor allem anderen, dass (e) Migration kein einfach zu verstehendes und zu regulierendes Phänomen ist und Theorien deshalb eine gewisse Komplexität und Multiperspektivität aufweisen müssen, um das Wechselspiel von Migration und ihrer Kontrolle zu verstehen sowie die historischen, politischen und ökonomischen Kontexte angemessen einbeziehen zu können.

5. Migration und Geschlecht

Gibt es Geschlechterunterschiede in Migrationsprozessen? Migrieren Frauen genauso (häufig) wie Männer? Wählen Männer und Frauen unterschiedliche Migrationswege? Worauf sind etwaige Unterschiede zurückzuführen? Inwiefern wirken Gender und andere sozialstrukturelle Kategorien zusammen? Wie wird ›Geschlecht‹ gedacht? Welche Konzeptualisierungen wirken dabei? Und wie wirken sich Migrationen auf Geschlechterverhältnisse aus – der Migrierten, der Zurückgebliebenen, der Gesellschaften?

Die Migrationsforschung bewegt sich als interdisziplinäres Unterfangen auf unterschiedlichen wissenschaftlichen Terrains. Beim Thema Gender und Migration ist dies die ihrerseits interdisziplinär arbeitende Geschlechterforschung. Das Verhältnis von Gender und Migration ist allerdings nicht ganz einfach, vielleicht sogar »kompliziert« (Lutz/Amelina 2017, 29; siehe auch Gümen 1998) – durch die »Dominanz eines bipolaren differenztheoretischen Paradigmas in beiden Bereichen, die vor allem die weibliche Migrantin als die jeweils *Andere*, Abweichende, in der Hierarchie Untergeordnete betrachtet. Dies hat dazu geführt, dass die Einwanderung von Frauen in der Migrationsforschung als *Genderspezifik* thematisiert wird, während sie in der Genderforschung als *Ethnizitätsspezifik* erscheint.« (Lutz und Amelina 2017, 29) In beiden Feldern wird Gender zudem tendenziell mit ›Frau‹ gleichgesetzt. Erst in jüngerer Zeit sind vermehrt Arbeiten zu Migration und Männlichkeiten (z.B. Donaldson u.a. 2009; Thielen 2009), zu Migration und Sexualität oder queere Ansätze (z.B. Manalansan IV 2006; Haritaworn 2012; Chavez 2013; Lewis/Naples 2014) hinzugekommen oder wurden Ansätze aus der Geschlechterforschung wieder stärker rezipiert, die Geschlecht als Strukturkategorie begreifen und daher an Geschlechter*verhältnissen* und der dreifachen widersprüchlichen Vergesellschaftung im nationalstaatlichen Rahmen (Lenz 1995) interessiert sind. Auch die Intersektionalitätsforschung (Crenshaw 1989; Winker/Degele 2009; Meyer 2017) ist mittlerweile ein eigener Forschungszweig, mit Anschlussstellen und Überschneidungen zur Migrations-/Genderforschung.

Gender und Repräsentationen von Geschlecht, Geschlechterverhältnisse und vergeschlechtlichte Politiken, Institutionen und Praktiken spielen in allen Migrationsphasen – wenn wir von einem vereinfachten Phasenmodell ausgehen – eine Rolle: vor der Migration (Entscheidung, ggf. Rekrutierung im Rahmen von Arbeitsmigration, Vorbereitungen etc.), während der Reise und des Transits, beim Arbeiten und Leben in der Migration, bei Rückkehr, Reintegration und gegebenenfalls bei einer erneuten Migration.

Dieses Kapitel wird ausgewählte theoretische, empirische und konzeptionelle Fragen und Kontroversen ansprechen und mit exemplarischen Befunden aus empirischen Studien unterfüttern: Zunächst wendet sich die Darstellung der Problematik der Geschlechterblindheit in der Migrationsforschung zu. Anschließend wird ein historischer Überblick über die Phasen der Thematisierung von Geschlecht in der Migrationsforschung gegeben. Es folgt eine Auseinandersetzung mit der konzeptionellen wie statistischen Frage, ob die These von einer »Feminisierung der Migration« zu Recht zu einem Allgemeingut geworden ist. Anschließend soll die kontrovers diskutierte Frage erörtert werden, inwiefern sich Geschlechterverhältnisse durch Migrationsprozesse in Richtung vergrößerter Spielräume für Frauen oder umgekehrt einer Verfestigung patriarchalischer Muster verändern. Zum Abschluss des Kapitels werden einige genderanalytische Konzepte zur Untersuchung von Migrationsphänomenen vorgestellt.

5.1 Wie Frauen aus der Migrationsforschung herausgeschrieben wurden

Die schnelle Feminisierung der transatlantischen Migration an der Wende vom 19. zum 20. Jahrhundert (Blaschke/Harzig 1991) widersprach Ernest Ravensteins (1995 [1889]) Annahme, dass die Migration von Frauen sich über eher kurze Distanzen vollziehe. Frauen- und Genderthemen wurden zu Beginn des 20. Jahrhunderts durch eine bedeutende Anzahl von Migrationsforscher*innen* bearbeitet, von denen viele mit den Frauenrechts- und Frauenwahlrechtsbewegungen sympathisierten. Sie arbeiteten qualitativ wie auch quantitativ. Am *Pittsburgh Survey* (1907–1908) nahmen auch Forscherinnen wie Elizabeth Beardsley Butler teil, die dafür sorgten, dass auch Migrantinnen und Arbeiterinnen sowie die *communities* von Eingewanderten aus Osteuropa und Südeuropa in die Umfrage aufgenommen wurden – nicht zuletzt weil Frauen deutlich stärker als Männer in den *sweatshops* vertreten waren (im Verhältnis 3:1) (Donato et al. 2006, 8 f.). Während männliche Forscher in der Lage waren, sich an universitären Fakultäten zu etablieren, fanden sich die meisten Forscherinnen in kommunalen Beschäftigungsverhältnissen, in der Wohlfahrtspflege, im öffentlichen Gesundheitswesen oder an Schulen der Sozialen Arbeit wieder (ebd., 9). Bereits in dieser Zeit wurden ihre Forschungsarbeiten unterschiedlich bewertet: An der University of Chicago, an der einige der wegweisenden und frühen Migrationsstudien durchgeführt wurden (etwa *The*

Polish Peasant in Europe and America, Thomas and Znaniecki 1958 [1918]), wurde die Wissensproduktion der männlichen Forscher im soziologischen Institut als eine theoretische wahrgenommen, nicht jedoch die der Forscherinnen an der eher fallstudienorientierten *School of Social Service Administration* (SSA) – trotz der ebenfalls wegweisenden Pionierarbeiten etwa durch Edith Abbott zu Einwanderung, weiblicher Beschäftigung und Kriminalität (z.B. Abbott 1924). Diese Tendenz wurde weiter festgeschrieben durch die Forschungsförderung, die fast ausschließlich an männliche Forscher mit festen Universitätsstellen ging. Nach dem Ersten Weltkrieg lehnten die *Russell Sage Foundation* und das *Social Science Research Council* die Förderung von Projekten ab, die sie als zu eng mit den Reformbewegungen der Zeit verbunden ansahen. Katharine Donato et al. beschreiben die Folgen für die Entwicklung der US-amerikanischen Migrationsforschung wie folgt: «[T]he main theory shaping U.S. immigration research for the next half-century (e.g. assimilation theory) emerged from the brains and pens of a sociology department that had separated itself from women researchers in the settlement houses [the SSA] and in the new applied field of social work.« (ebd., 8)

Die Unterrepräsentation von Migrantinnen nicht nur in den US-amerikanischen, sondern auch in den Studien der europäischen Migrationsforschung beschreibt Sylvia Hahn (2000): Frauen seien erstens aktiv aus der Geschichtsschreibung herausgeschrieben worden. So sei etwa rund die Hälfte der in der zweiten Hälfte des 19. Jahrhunderts in die Habsburger Monarchie Migrierenden weiblich gewesen, aber es sei davon ausgegangen worden, dass Männer ihre Heimat »natürlich« eher verließen, so dass Frauen aus der Migrationsforschung verschwanden (ebd., 81). Zweitens gebe es immer wieder Schwierigkeiten, in den amtlichen Statistiken, die für die historische Migrationsforschung eine der zentralen Quellen sind, Migrantinnen auszumachen. Häufig wurde dort nämlich mit Daten zur Militärdiensterfassung gearbeitet, die keine Frauen erfassen. Das statistische Verschwinden lässt sich auch mit der Erfassungslogik von Bereichen erklären, in denen überdurchschnittlich viele Migrantinnen tätig sind: So waren im Paris des 19. Jahrhunderts viele Migrantinnen in der Prostitution tätig. Diese ›amoralische‹ Kategorie taucht aber nicht in den Statistiken auf (ebd., 79). Das Problem stellt sich bis heute, weil Sexarbeit nicht als Arbeit anerkannt ist und schon deshalb ein Sektor mit hohem Migrantinnenanteil in den Statistiken zur Arbeitsmigration unerfasst bleibt. Für den Sektor der Haushaltsarbeit gilt, wie sich etwa am Beispiel der nach Amerika emigrierten deutschen Haushaltsarbeiterinnen im ausgehenden 19. Jahrhundert zeigen lässt (Wehner-Franco 1994), Ähnliches.

Teils schien die Migration von Frauen aber auch als ein nicht in die allgemeine Darstellung zu integrierendes Thema, wie John Berger und Jean Mohr in ihrem Buch zur Gastarbeitsmigration einleitend schreiben: »Among the migrant workers in Europe there are probably two million women. Some work in factories, much work in domestic service. To write of their experiences adequately would require a book itself. We hope this will be done. Ours is limited to the experiences of the male migrant worker.« (Berger/Mohr 1975) Ähnlich verfuhr Alejandro Portes, der 1985 eine Studie zu Mexikaner_innen und Kubaner_innen in den USA veröffentlichte, in die er nur männliche Haushaltsvorstände einbezog, welche er über ihre Ehefrauen befragte, ohne diese selbst zu interviewen. Die Begründung: Es werde sonst »excessively complex« (zitiert nach Pessar 1999, 54).

Dieser kurze Exkurs zu frühen Weichenstellungen in der Migrationsforschung thematisiert den Ausschluss von Wissenschaftlerinnen und Genderthemen aus der Wissenschaft. Zusammengefasst liegen die Erklärungen für den lange vorhandenen Gender Bias in der Migrationsforschung darin, dass (a) Wissen stets situiert ist und der Ausschluss von Wissenschaftlerinnen dazu führte, Perspektiven auf Geschlecht und Frauen zu marginalisieren, (b) aufgrund der Theorieannahmen klassischer Migrationstheorien und des impliziten Wissens über Geschlecht gar nicht die Notwendigkeit gesehen wurde, Frauen als (Arbeits-) Migrantinnen näher zu betrachten, sondern allenfalls als einen Teil der nachziehenden oder zurückbleibenden ›Familie‹ und damit verbunden (c) die Migration von Frauen keiner weiteren Beachtung bedurfte, solange Frauen etwas, hier Migration, genauso wie Männer taten oder aber ihre Migration als etwas ›Anderes‹ galt, das mit den ›normalen‹ Migrationstheorien nicht bearbeitet werden konnte. Diese Kombination von Ausschluss und Nichtbeachtung veränderte sich seit den 1980er Jahren. Ein wichtiges politisches Forum der Anerkennung der Rolle von Frauen in Migrationsprozessen war die 1990 eingerichtete Expert_innengruppe *International Migration Policies and the Status of Female Migrations* (UNDESA 1995) der Vereinten Nationen, die die erste Statistik zur globalen Schätzung der Anzahl von Migrantinnen erstellte, welche bis heute eine wichtige Vergleichsgrundlage darstellt. Zugleich war die Wissensproduktion durch feministische Wissenschaftlerinnen so umfangreich, dass sie nicht mehr ignoriert werden konnte.

5.2 Thematisierungsphasen von Geschlecht in der Migrationsforschung

Der vorherige Abschnitt befasste sich mit der dezidierten Nichtberücksichtigung von Geschlecht in der Migrationsforschung. In diesem Abschnitt geht es darum, wie die Themen Frauen, Sexualität, Geschlecht und Geschlechterverhältnisse in jenem Bereich der Migrationsforschung bearbeitet wurden, der diese Themen in den Mittelpunkt rückte – also in der migrationsbezogenen Frauen- und Geschlechterforschung oder der genderanalytischen Migrationsforschung. Analog zur Entwicklung der Geschlechterforschung insgesamt lassen sich auch hier verschiedene Phasen identifizieren (z.B. Lutz 2010), in denen sich die migrationsspezifische Thematisierung knapp zusammengefasst in Richtung »von Frauen zu Gender und Intersektionalität« veränderte. Die angegebenen Jahreszahlen sind dabei nur als grobe Orientierung zu verstehen, denn die verschiedenen Perspektiven auf Geschlecht verbreiterten sich teils parallel und sind auch unterschiedlichen theoretischen und methodischen Herangehensweisen geschuldet.

Die frühe Forschung in den 1970er und 1980er Jahren arbeitete dem beschriebenen Ausschluss entgegen. Es entstanden nun zahlreiche Arbeiten (viele davon zitiert Morokvašic 1984), in denen gezeigt wurde, dass für nahezu jede Migrationsform und unabhängig von geografischen Kontexten *auch* Frauen relevant waren. Es galt also, Frauen als Migrantinnen und in Migrationsprozessen sichtbar zu machen. An dieser kompensatorischen Phase wird heute unter anderem kritisiert, dass Machtverhältnisse in ihr untertheoretisiert gewesen seien und es sich um einen *women-only*-Ansatz gehandelt habe, der Frauen bei der Analyse von Migrationsprozessen zwar berücksichtigt, sie aber weiter marginalisiert habe, nicht zuletzt weil die Forschung von Frauenforscherinnen betrieben wurde, ohne dass ausreichend eingefordert worden wäre, Geschlecht in die Mainstreamforschung zu integrieren (Hondagneu-Sotelo 2006).

Nach dieser ersten Phase differenzierte sich die Forschung aus und unterschied sich regional nicht unerheblich. So gab es in den 1980er und 1990er Jahren weiterhin viele Arbeiten zu Facetten der Migration von Frauen, Studien zu Haushalten als analytischer Einheit (also nicht nur zu als Individuen gedachten Migrant_innen, die allein über die Migration entscheiden, siehe Kap. 3.5) oder zu Emanzipationsprozessen von Migrantinnen. Die wichtigste Ebene war somit die Mesoebene, was häufig mit der Vernachlässigung der die Migrationen strukturierenden Makroeinflüsse einherging. Des Weiteren vermittelte die starke Repräsentanz von Studien zur Arbeitsmigration den Eindruck, dass eine Emanzipation von Migrantinnen nur durch die Beteiligung an der Erwerbsarbeit möglich sei. Als weiterer wichtiger Strang entwickelte sich, vor allem von Forschungen in den USA ausgehend, ab Mitte der 1980er Jahre die Beschäftigung mit Machtverhältnissen zwischen Frauen, die sich durch Migrationsprozesse und Zwangsmigrationsprozesse wie die Sklaverei in den Einwanderungsgesellschaften entwickelten. Schwarze Feministinnen hinterfragten das einheitliche Verständnis von ›Frau‹ und thematisierten Unterschiede zwischen Frauen in ihrer sozialen Positionierung entlang der Kategorien *race – class – gender* (prominent: Davis 1981; hooks 1982).

Auch in Ländern wie Deutschland wurde das Verhältnis zwischen Migrantinnen und Frauenforschung und -bewegung gleichermaßen konstruktiv wie konfliktreich diskutiert. Schon früh und selbstverständlich waren Migrantinnen in der Frauenbewegung in Gruppen wie der *Koreanischen Frauengruppe in Deutschland* (gegründet 1978) oder in »internationalen Frauengruppen« von Deutschen und Migrantinnen organisiert (Schwenken 2000). Foren der Begegnung und Diskussion bildeten etwa Kongresse wie »Arbeitsemigrantinnen und Deutsche Frauenbewegung« (1980), »Frauenkämpfe in Lateinamerika und in der Bundesrepublik« (1982) oder der bundesweit »Erste gemeinsame Frauenkongreß ausländischer und deutscher Frauen« (1984) in Frankfurt, die Frauen-Sommeruniversitäten in Berlin oder Zeitschriften wie *Courage* und *iza – Informationen zur Ausländerarbeit*. Auch veröffentlichten intellektuelle und feministisch aktive Migrantinnen ihre theoretischen und politischen Perspektiven auf die Situation im (wiedervereinigten) Deutschland (z.B. Ayim/Prasad 1992; Autonome Iranische Frauenbewegung 1993; jüngst International Women Space 2017). Der Kongress 1984 kann als Ausgangspunkt der deutschen Diskussion um Rassismus in der Frauenbewegung betrachtet werden, die sich u.a. in der Publikation *Sind wir uns denn so fremd? Ausländische und deutsche Frauen im Gespräch* niederschlug (Frauenkongreß 1985). Selbstkritisch wurde in Teilen der Frauenforschung das Migrantinnen-Bild reflektiert (z.B. Hebenstreit 1984; Huth-Hildebrand 1992). Helma Lutz erklärt die Vehemenz dieser Debatte mit der in der Einleitung zu diesem Kapitel bereits erwähnten Subjektpositionierung von Migrantinnen als ›den Anderen‹ sowohl in der Migrationsforschung als auch der Geschlechterforschung (Lutz 2010, 1650). Bereits seit den 1980er Jahren wurde eine differenzierte Verhältnisbestimmung der unterschiedlichen sozialstrukturellen Kategorien und Positionierungen (Geschlecht, Migrationsstatus, Klasse, Alter, Familienstand, Religion etc.) vorgenommen (u.a. Lenz 1994), die dann etwa ab den 2000er Jahren unter dem Label Intersektionalität wieder intensiv aufgegriffen wurde.

Mit der Aufnahme von Geschlecht als Kategorie in Migrationsstatistiken vor allem seit den 1990er Jahren wurde Geschlecht zudem in viele Studien der ›allgemeinen‹ Migrationsforschung integriert, allerdings nicht im umfassenden Verständnis der Geschlechterforschung, sondern als eine differenzierende Kategorie.

Mitte der 1990er Jahre fand der Paradigmenwechsel in der Geschlechterforschung von ›Frau‹ zu ›Geschlecht‹ auch mit Blick auf Migrationsprozesse statt. Gender gilt nun als konstitutives Element aller sozialen Prozesse. Rhacel Salazar Parreñas kritisiert, dass mit dem Konzept ›Gender‹ tendenziell die kritische, feministische Note verloren gegangen sei, und fordert anstelle des

Fokus auf Differenz eine stärkere Rückkopplung an Ungleichheitstheorien, denn »gendered inequalities control the experiences of women in the process of migration« (Parreñas 2009). In eine ähnliche Richtung geht die Intervention von Rutvica Andrijasevic (Andrijasevic 2009, 391). Sie moniert, dass die Forschung zu Gender und Migration häufig auf den Ausschluss von Frauen, auf ihre Abhängigkeit, auf die Unterdrückung ihrer Sexualität und auf diskriminierende und einschränkende Gesetze und Politiken konzentriert gewesen sei. Dagegen schlägt sie vor, mit dem Konzept der »differenziellen Inklusion« zu arbeiten, das es ermöglicht, den Ausschluss im Einschluss sowie die »multiple and contradictory positions that migrant subjects occupy« (ebd., 403) zu analysieren. Das heißt, Migrantinnen können beispielsweise erwerbstätig sein, aber in ganz unterschiedlicher Weise: von der vollen Teilhabe und guten Bedingungen bis zu ausbeuterischen und unwürdigen Bedingungen (vgl. dazu auch Gutiérrez Rodríguez 1996).

Eine weitere Kritik, die der migrationsbezogenen Geschlechterforschung seit etwa Mitte der 1990er Jahre entgegengebracht wurde, geht dahin, dass es sich bei ihr de facto um Frauenforschung gehandelt habe. Die Themen Männer, Männlichkeiten und Migration wurden nur wenig bearbeitet, obgleich sie für eine angemessene Theoretisierung von Migrationsprozessen zentral sind, jedenfalls wenn die Basisannahme der Geschlechterforschung dieser Phase gelten soll, dass Geschlecht ein organisierendes Prinzip sozialer Prozesse ist. Es entstanden Arbeiten, die etwa die Veränderungen in Geschlechterverhältnissen analysieren und den Fokus auf Männer legen, die zurückgeblieben sind, auf Migration als *rite de passage* für junge Männer in einigen Weltregionen oder auf die Analyse von ›typischen Männerberufen‹ unter einer kritischen Maskulinitätsperspektive (z.B. McKay 2007; Donaldson u.a. 2009; Hoang/Yeoh 2011). Die in der Männlichkeitsforschung fest etablierte Theorie von Raewyn Connell zu hegemonialen und anderen Formen von Männlichkeit (Connell 1999) ist für einen Großteil der migrationsbezogenen Studien ebenfalls ein Referenzpunkt. Eine produktive Verknüpfung von Intersektionalitäts- und Männlichkeitsforschung, wie sie eine Studie von Jennifer Allsopp (2017) zu männlichen Geflüchteten in Europa leistet, arbeitet beispielsweise heraus, dass männliche Jugendliche und Männer spezifische Erfahrungen machen, in denen sie zugleich Opfer (von Folter, durch Rekrutierung als Kindersoldat, als Überlebender von Gewalt auf den Transitfluchtrouten und an Grenzen) und Täter (als Soldaten, als Ausübende häuslicher Gewalt) – in jedem Falle Handelnde – sein können. Mit den verschiedenen Subjektpositionen ist ein breites Spektrum von Männlichkeiten verbunden: »home sick and deeply vulnerable in the fashion of a stereotypical feminized refugee, he can also be cast as a potential soldier« (ebd., 156). Hier kann die Flucht- und Migrationsforschung anschließen an die feministische Kriegs- und Sicherheitsforschung, die etwa herausgearbeitet hat, dass das Narrativ, alle Männer seien im Militär und alle Frauen Opfer, teils von Eliten strategisch eingesetzt wird, um Gewalt in Kriegen durchzusetzen (Enloe 1998). Ein Verständnis dafür, dass es eine Gleichzeitigkeit verschiedener Männlichkeiten geben kann und dass in den betreffenden Diskursen häufig Aspekte unter- bzw. überbelichtet werden, sollte einseitigen Diskursen zu Flucht und Männlichkeit entgegenwirken (Neuhauser/Hess/Schwenken 2016).

Ebenfalls seit etwa den 1990er Jahren hat sich ein Forschungsbereich der migrationsbezogenen *Sexuality Studies* herausgebildet, der sich nur partiell mit dem der Geschlechterforschung überschneidet und von dieser auch nur in Teilen wahrgenommen wird. Der 2006 in der *International Migration Review* publizierte Forschungsüberblick zu Geschlecht und Migration beinhaltet den Beitrag »Queer Intersections« von Martin F. Manalansan IV (2006), der auf die blinden Flecken einer Forschung hinweist, die implizit von einer heteronormativen Strukturierung von Migrationsprozessen ausgeht. Es gehe nicht darum, nun auch – wie in den oben skizzierten früheren Phasen Frauen – queere Personen zu Theorien oder in Forschungsdesigns ›hinzuzufügen‹, sondern Sexualität als Kategorie zu begreifen, die Annahmen von Theorie und Forschung ›verkompliziert‹. Ein *queer reading* mit Blick auf Sexualität und nicht-konformes Genderverhalten eröffnet neue Erkenntnisse. Ein gutes Beispiel dafür sind Forschungen zu philippinischen Haushaltsarbeiterinnen – eine Gruppe, die üblicherweise als paradigmatisch für die Feminisierung von Migration und die sich durch verlässliche Rücküberweisungen ausdrückende mütterliche Fürsorge gilt. Ausgeblendet wird in der klassischen Lesart erstens, dass im feminisierten Sektor der Haushaltsarbeit auch Männer tätig sind, und zweitens, dass von einigen Frauen* auch fluide geschlechtliche Subjektivitäten wie *tomboyism* gelebt werden. Viele (nicht nur philippinische) Haushaltsarbeiterinnen erfahren durch Arbeitgeber_innen und Agenturen Disziplinierungsmaßnahmen (zu tragende Kleidung, Haarlänge etc.), die sie davon abhalten sollen, lesbisch oder aber zu attraktiv für die männlichen Haushaltsmitglieder zu wirken. Diese auf Sexualität und geschlechtliche Identität abzielenden Regelungen sind nur durch ein *queer reading* zu verstehen. Auch für die mexikanische Migration in Richtung der USA führt Héctor Carrillo (2018) aus, dass die in der Forschung beschriebenen Migrationsmuster durch einen heteronormativen Bias bestimmt seien. Zwei Figuren der Migration sind dabei in der Forschung vorherrschend: Die eine Figur sind heterosexuelle junge Männer, die aus ökonomischen Gründen in die USA migrieren, um wenig später zurückzukehren und in Mexiko eine Familie zu gründen. Die Migration stelle hier den *rite de passage* dar, durch den diese Männer zeigten, dass sie mutig die Grenze überqueren und hart arbeiten können, aber die unabhängige Zeit auch nutzen, um unverbindliche sexuelle Erfahrungen zu sammeln. Die zweite Figur sind Frauen mit Kindern, die in die USA migrieren, um dort mit den zuvor migrierten Ehemännern oder Familien zu leben. Zusätzlich zu einer Analyse, die für heteronormative Annahmen in der Forschung sensibilisiert, fördert eine queere Forschungsperspektive auch Formen der »sexuellen Migration« zutage. Darunter versteht Carrillo Migration, die ganz oder teilweise motiviert ist durch »the sexuality of those who migrate, including motivations connected to sexual desires and pleasures, the pursuit of romantic relations with foreign partners, the exploration of new self-definitions of sexual identity, the need to distance oneself from experiences of discrimination or oppression caused by sexual difference, or the search for greater sexual equality and rights« (Carrillo 2004, 59). Es gibt also, wie bei anderen Migrationsformen, auch hier ein breites Spektrum an Erfahrungen und Motivationen, die zur Migrationsentscheidung führen können.

Der Blick auf Begehren, Geschlecht und Sexualität soll nun nicht die Erfahrungen migrierender Mütter oder Frauen negieren, sondern den Blick analytisch öffnen: Erstens, Migrationsregime basieren auf normativen Annahmen über Moral, Sexualität und Geschlecht; zweitens, die Motivation zur Migration kann auch die Realisierung von anderen Lebenskonzepten und die Erlangung von Vergnügen umfassen; damit verbunden können drittens die Verfolgung oder Sanktionierung von nicht-konformen Gender- und Sexualitätsformen Flucht- und Migrationsgründe sein; und viertens ist Sexualität als eine Kategorie in die intersektionale Analyse einzubeziehen, die nicht deckungsgleich mit Geschlecht ist.

Zusammenfassend ist festzuhalten, dass sich die Thematisierungsweisen von Geschlecht in der Migrationsforschung eng an die Theorieentwicklung in der Geschlechterforschung allgemein anlehnen. Eine genderanalytische Herangehensweise an Migrationsprozesse muss dabei, Helma Lutz (2010, 1651) folgend, vier Aspekte umfassen: (a) die Betrachtung von Arbeitsmärkten als vergeschlechtlichte, (b) *care*-Praktiken, (c) Diskurse und Praktiken um Geschlechterordnungen sowie das Zusammenwirken von Gender-, Migrations-, Arbeits- und Sorgeregimen in den Einwanderungsländern und (d) entsprechende Diskurse und Praktiken in den Herkunftsländern. Mittlerweile sind die konzeptionelle und die empirische Forschung derart ausdifferenziert und liegen Ergebnisse zu nahezu allen Fragen vor, dass es immer noch verwundert, wie abwesend die Kategorie Geschlecht wiederum in jenem Teil der Forschung zu Migration ist, der sich nicht ausdrücklich damit befasst.

5.3 »Feminisierung von Migration«: Ein zutreffendes Paradigma?

Die Auseinandersetzung mit klassischen Migrationstheorien im dritten Kapitel hat gezeigt, dass der Normalmigrant lange als Mann gedacht wurde. Frauen und Kinder wurden, mit Ausnahmen, als Zurückgebliebene bzw. Nachzuholende wahrgenommen. Diese Sichtweise ist überholt. Vielmehr gilt mittlerweile die »Feminisierung der Migration« als ein wichtiges Merkmal von gegenwärtigen Migrationsprozessen (z.B. Castles et al. 2013; Rothschild 2009; Gabaccia 2016). Aber was ist genau mit »Feminisierung« gemeint – eine Aussage über die Gesamtzahl weiblicher Migrationen oder über einen starken Anstieg binnen kurzer Zeit? Oder handelt es sich auch um qualitative Veränderungen? Um eine wachsende Zahl unabhängig migrierender Frauen? Und trifft die »Feminisierung« empirisch zu? Bei genauerer Betrachtung sollte die Aussage der Feminisierung zumindest spezifiziert, wenn nicht sogar relativiert werden. Die nachfolgende Auseinandersetzung mit dem Feminisierungsparadigma verläuft auf unterschiedlichen Ebenen: Sie berührt die im voranstehenden Kapitel angesprochenen Thematisierungsweisen von Geschlecht in der Migrationsforschung ebenso wie die im zweiten Kapitel diskutierte Frage nach statistischer Erfassung von Migration und kann auch nicht auf qualitativ arbeitende Fallstudien verzichten, da Komplexität und Widersprüchlichkeit Teil einer Realität sind, die sich nicht allein quantitativ abbilden lässt.

Der Begriff der Feminisierung wird nicht nur auf Migrationsprozesse angewendet, sondern bezieht sich vor allem auf die steigende Erwerbsbeteiligung von Frauen (»Feminisierung von Arbeit«). Für die Entwicklung der These der Feminisierung der Migration sind frühe Arbeiten von Saskia Sassen (1988) sowie der Beitrag von Guy Standing (1989) zur Feminisierung von Arbeit im globalen Rahmen wesentlich. Darunter verstand Standing die Transformation, die sich aus der Umwandlung von traditionell Männern vorbehaltenen Arbeitsplätzen in Frauenarbeitsplätze ergab. Eine besonders große Dynamik entfaltete neben dem generellen Anstieg der Erwerbsbeschäftigung von Frauen die Nachfrage nach weiblicher, billiger und flexibler Arbeitskraft in den exportorientierten Industrien Asiens. Hier kamen auch viele (Binnen-)Migrantinnen zum Einsatz, die sich u.a. aufgrund ihres Staatsbürgerschaftsstatus in einer besonders prekären Lage befanden. Laut Standing umfasst die Vulnerabilität der Arbeiterinnen folgende Dimensionen (ebd., 1091–1093): Einkommens- und Beschäftigungsvulnerabilität, geringe Fortbildungs- und Aufstiegsoptionen, gesundheits- und vitalitätsgefährdende Arbeitsbedingungen, Globalisierungsrisiken wie Jobverlust durch

Verlagerung der Produktion, Vulnerabilitäten aufgrund des sozialen Status als Frau (insbesondere z.B. als Alleinstehende, Witwe) und des Erwerbsstatus.

Analog zu diesen Veränderungen auf den Arbeitsmärkten weltweit (wenn auch in unterschiedlichem Ausmaß) wurden Feminisierungsprozesse seit den 1980er Jahren auch für die Migration von Frauen ausgemacht. Entsprechend sei eine »Feminisierung der Migration« zu konstatieren. Drei Entwicklungen werden in der Forschung dazu als zentral angesehen:

(a) Die Feminisierung der Migration als *quantitative Zunahme* der (eigenständigen) Migration von Frauen: Der Frauenanteil an der globalen Migration lag im Jahr 2015 bei knapp der Hälfte der Migrierenden (48,2 Prozent); in allen Weltregionen außer in Afrika und Asien sind mehr Frauen als Männer mobil (UNDESA 2016). Die Feminisierung ist zwar in den Regionen unterschiedlich stark, dennoch lasse sich der Trend plausibilisieren, so die gängige Argumentation. Die unten stehende Tabelle legt allerdings keine massiven Steigerungen nahe, obgleich die UN-Statistiken oft als Nachweis der Feminisierung herangezogen werden. Weltweit stieg die Zahl der Migrantinnen binnen vierzig Jahren moderat um gut zwei Prozent, und selbst dieser Anstieg geht vor allem auf die zunehmende Mobilität von Frauen in wohlhabenderen Weltregionen zurück. Gab es 1960 weltweit rund 35 Millionen Migrantinnen und 40 Millionen Migranten, so standen im Jahr 2000 rund 85 Millionen Migrantinnen etwa 90 Millionen Migranten gegenüber. Dass das Verhältnis etwa gleich geblieben ist, ist bei dem rasanten absoluten Anstieg beachtlich und unterstreicht, dass Frauen gleichermaßen zur Spezies des *homo migrans* gehören wie Männer.

In verschiedenen Regionen Afrikas gibt es gegenläufige Trends: Während der Anteil an migrierenden Frauen in Nordafrika sinkt (von 49,5 Prozent in 1960 auf 42,8 Prozent in 2000), steigt er im subsaharischen Afrika im gleichen Zeitraum von 40,6 Prozent auf 47,2 Prozent. Auch in Lateinamerika sind starke Anstiege zu verzeichnen. Mit Blick auf die transatlantische Migration von Europa nach Nordamerika im 19. und 20. Jahrhundert hat die historische Geschlechter- und Migrationsforschung aufgezeigt, dass es bereits damals viele alleinreisende Frauen gab (Blaschke/Harzig 1991).

Diese empirischen Befunde legen nahe, dass mit dem Begriff der Feminisierung von Migration vorsichtig umgegangen werden sollte. Global ist der Frauenanteil Migrierender nur leicht gestiegen, und in den verschiedenen Weltregionen gibt es sehr unterschiedliche Entwicklungen. Für das subsaharische Afrika oder für Lateinamerika etwa ist mit Recht von einem Feminisierungsprozess die Rede, für Regionen mit abnehmendem Frauenanteil (wie Südasien oder Nordafrika) wäre angemessener von einer Maskulinisierung zu sprechen. Aber auch innerhalb einer Weltregion kann die Lage heterogen aussehen: Während in lateinamerikanischen Ländern wie Argentinien, Chile und Venezuela der Frauenanteil über dem der Männer liegt, liegt er in Brasilien und der Dominikanischen Republik darunter. Und während die Emigration aus Osteuropa weiblich dominiert ist, sprechen Laura Oso und Christine Catarino (2013) von einer »Maskulinisierung von Migration«, wenn sie die Entwicklungen in Spanien und Portugal betrachten.

Region	1960	1970	1980	1990	2000
Welt	46,6	47,2	47,4	47,9	48,8
›Entwickeltere‹ Regionen	47,9	48,2	49,4	50,8	50,9
Weniger ›entwickelte‹ Regionen	45,7	46,3	45,5	44,7	45,7
Europa	48,5	48,0	48,5	51,7	52,4
Nordamerika	49,8	51,1	52,6	51,0	51,0
Ozeanien	44,4	46,5	47,9	49,1	50,5
Nordafrika	49,5	47,7	45,8	44,9	42,8
subsaharisches Afrika	40,6	42,1	43,8	46,0	47,2
Südasien	46,3	46,9	45,9	44,4	44,4
Ost- und Südostasien	46,1	47,6	47,0	48,5	50,1
Westasien	45,2	46,6	47,2	47,9	48,3
Karibik	45,3	46,1	46,5	47,7	48,9
Lateinamerika	44,7	46,9	48,4	50,2	50,5

Anteil der Migrantinnen in Prozent an der Gesamtzahl internationaler Migrant_innen nach Weltregion, 1960–2000 (Zlotnik 2003)

Die Gründe für die nach Geschlechtern unterschiedliche Zusammensetzung der Migrationspopulationen sind zahlreich und komplex. Einige Muster aber lassen sich deutlich erkennen: In Ländern mit langer Einwanderungstradition und männlicher Pioniermigration steigt der Frauenanteil später durch Familienzusammenführung; durch die längere Lebenserwartung von Frauen nimmt mit dem Alter der Frauenanteil zu. In Ländern mit starker temporärer Arbeitsmigration hängt die Zusammensetzung stark von den Sektoren ab, für die rekrutiert wird; aufgrund der kürzeren Verweildauern kommt hier auch nicht der Effekt der längeren Lebenserwartung von Frauen zum Tragen.

Insgesamt liegt der Anteil älterer Migrantinnen mit 15 Prozent weltweit über dem der Männer mit 11 Prozent (UNDESA 2016, 9). In den Ländern des subsaharischen Afrikas entwickelt sich die Zahl der Migrantinnen analog zu der der Flüchtlingszahlen. Die Abnahme des prozentualen Anteils von Frauen an der Migration in Südasien hat mit dem rasanten Anstieg der männlichen Migration insgesamt zu tun (Nachfrage nach männlicher Arbeitskraft in den ölproduzierenden Ländern Westasiens, die zwischen 2000 und 2015 noch einmal zugenommen hat), so dass die Zahl der migrierenden Frauen zwar angestiegen ist, aber nicht so stark wie die der Männer. Migrationspolitiken, auch wenn sie genderneutral scheinen, können geschlechtsselektiv wirken (z.B. Regelungen zum Familiennachzug; Auswanderungsbeschränkungen für Frauen; Anforderungen für die Visavergabe wie hohe Jahreseinkommen), und stets haben hierarchischere oder egalitärere Geschlechterverhältnisse einen Einfluss auf Migrationsentscheidungen und -verläufe.

(b) Die Feminisierung der Migration als *Ausdruck qualitativer Veränderungen*: In dieser Verwendung des Begriffs spielen mengenmäßige Veränderungen nicht die Hauptrolle, sondern neue Migrationstypen und -merkmale. Hinter dem global etwa gleich bleibenden Frauenanteil verbergen sich nicht selten qualitative Entwicklungen, zum Beispiel im Verhältnis von Familienmigration und der eigenständigen (Pionier-)Migration von Frauen (Kofman/Raghuram 2015, 25–26). Oder es wirken veränderte Migrations- und Erwerbsmuster (z.B. die Rekrutierung von Migrantinnen in den exportorientierten Industrien), eine größere Autonomie von Frauen insgesamt (Migration als Ausdruck von Emanzipation) oder auch komplexe Verkettungen von Entwicklungen wie die »care chains« (Yeates 2009; Palenga-Möllenbeck/Lutz 2011), die sich wie folgt zusammenfassen lassen: In einkommensstarken Regionen steigt die Frauenerwerbstätigkeit, und aufgrund fortbestehender Zuständigkeit der Frauen für Haushalt, Kinder und die Pflege Älterer werden Tätigkeiten an migrierte Haushaltsarbeiterinnen externalisiert, die für die Sorgearbeit in den Herkunftsländern wiederum weibliche Familienmitglieder oder lokale Hausangestellte engagieren. Es kommt also quasi zu einer Kettenreaktion, die dazu führt, dass sich die Emanzipation einiger ökonomisch gut situierter Frauen auf Kosten anderer Frauen vollzieht (Young 2001). Als eine Ursache wird in diesem Zusammenhang eine andere Feminisierung gesehen, nämlich die der Armut. Immer mehr weibliche Haushaltsvorstände in Ländern des Globalen Südens sind für das Einkommen verantwortlich. Da die Einkünfte aus typischen Bereichen der Frauenerwerbstätigkeit nicht ausreichen, entscheiden sich viele Frauen zur Migration, arbeiten am neuen Ort wiederum in weiblich dominierten Sektoren wie dem der Haushaltsarbeit und sind dort von Ausbeutung und Gewalt betroffen. Ein qualitativer Zugang zum Feminisierungsparadigma bezieht sich somit auf bestimmte Sektoren und Prozesse, in denen die Rolle von Frauen und geschlechtsspezifischer Arbeitsteilung zunimmt bzw. sich verändert, und sollte daher nicht als Universalbeschreibung im Sinne einer »Feminisierung *der Migration*« schlechthin verwendet werden.

(c) Die Feminisierung der Migration als *Frage der Sichtbarkeit von Migrantinnen*: Den geringen Gesamtanstieg und die konstante Bedeutung der Migration von Frauen vor Augen, ließe sich argumentieren, dass es vor allem die gesteigerte Wahrnehmung ist, die dazu führt, dass von einer Feminisierung gesprochen wird. Frauen waren in der Hochphase der Entwicklung von Migrationstheorien von den 1960er bis in die 1980er Jahre im theoretischen Setting lange unsichtbar, weil die Theorien sie nicht als Migrantinnen vorsahen und weil Migration vor allem als (Gast-) Arbeitsmigration gedacht wurde. So legt schon der Begriff Feminisierung der Migration nahe, dass Migration eigentlich ein männliches Phänomen sei. Die Arbeiten aus der Geschlechterforschung sowie die beharrliche Forderung, Geschlecht als Kategorie (*sex*) in Umfragen und Statistiken auszuweisen und Geschlecht als soziale Konstruktion (*gender*) in Forschungsdesigns zu integrieren, hat zu dieser stärkeren Wahrnehmung von Migrantinnen und Geschlecht in der Migrationsforschung geführt. Daher gilt heute die Migration von Frauen nicht mehr als Ausnahme. Wenn in diesem Sinne von Feminisierung der Migration gesprochen wird, ist damit die stärkere Wahrnehmung und Sichtbarkeit gemeint.

Zusammenfassend ist festzustellen, dass in empirischer Hinsicht schon immer mehr Frauen an Migrationsbewegungen beteiligt waren, als dies in der Öffentlichkeit und in der Forschung wahrgenommen wurde. Offizielle Statistiken legen auf globaler Ebene keine massiven Steigerungen nahe, obwohl regional deutliche Unterschiede auszumachen sind. In qualitativer Hinsicht kann von einer Feminisierung bestimmter Prozesse oder Sektoren gesprochen werden. Der Begriff sollte also nicht als allgemeine Beschreibung eines Trends von Migration verwendet werden, sondern die Form der Feminisierung sowie den damit angesprochenen Gegenstandsbereich benennen.

5.4 Wie verändern sich Geschlechterverhältnisse durch Migrationsprozesse?

Dass sich Geschlechterverhältnisse durch Migrationsprozesse verändern, steht außer Frage. Gegenstand zahlreicher Studien und Debatten ist vielmehr das Wie und Warum. Insbesondere die Folgen dieser Veränderungen werden kontrovers eingeschätzt: Führen Migrationserfahrungen dazu, dass sich in Partnerschaften und Familien die Anerkennung für Erwerbsarbeit, Reproduktionsarbeit und die Zuständigkeiten für familienbezogene Entscheidungen zugunsten von Frauen verändert? Ergeben sich durch die Abwesenheit von Männern größere Freiheiten und durch die Übernahme anderer Aufgaben durch Frauen im Herkunftskontext sowie im Falle der eigenen Migration neue Möglichkeiten der Entfaltung im Zielkontext? Oder vergrößert Migration vielmehr geschlechtsspezifische Ungleichheiten? Gründe für letztere Annahme könnten sein, dass Migrationsentscheidungen häufiger durch die männlichen Familienmitglieder getroffen werden, Frauen oft weniger Zugang zu Kommunikation, Information und migrationsermöglichenden Netzwerken haben, sich geschlechtshierarchische Muster von Arbeitsteilung auch verfestigen können und ›zurückgelassene‹ Frauen von mehrfacher Benachteiligung betroffen sind (als alleinlebende Frauen, Alleinerziehende etc.). Diese Kontroverse ist so alt wie die Forschung zu Geschlecht (Morokvašic 1984, 892 ff.), und beide Thesen werden in der Forschung etwa zu gleichen Teilen vertreten. Im Folgenden wird auf beide Positionen eingegangen, aber mit einem Fokus auf Studien, die einer dritten Position zugerechnet werden können. Diese hebt die Komplexität und teils auch Gleichzeitigkeit beider Entwicklungen hervor, denn bei genauerem Hinsehen lässt sich fast immer eine widersprüchliche Gleichzeitigkeit ausmachen.

Neben der Erfassung der Komplexität besteht eine weitere Herausforderung in der Frage, wie die Veränderungen der Geschlechterverhältnisse zu ›messen‹, zu beschreiben und zu bewerten sind: Wenn in Studien von »traditionellen« und »fortschrittlichen« Geschlechterverhältnissen gesprochen wird, so muss genauer danach gefragt werden, wie diese definiert werden. Ferner ist die jeweilige Beobachtungsperspektive zu reflektieren, denn oftmals werden westliche Normen verallgemeinert, denen dann ein

›Anderes‹ entgegengestellt wird. Studien sollten deshalb möglichst multiperspektivisch angelegt sein, Prozesse historisch verorten und in ihrer Komplexität erfassen.

Eine Vielzahl von Studien verweist auf die *stabilisierenden Effekte von Migration*, das heißt die Verfestigung geschlechterhierarchischer Geschlechterverhältnisse durch Migrationsprozesse. Mirjana Morokvašic argumentiert: »international migrants albeit women and men in different ways, tend to *use* the traditional gender order and *rely* on it for their own purposes, if they don't challenge or question it« (Morokvašic 2007, 71, Hervorhebung im Original). Die meisten Migrant_innen hinterfragen also das dominante Wissen über Geschlechterverhältnisse nicht und reproduzieren diese bewusst oder unbewusst. Die Migration von Frauen in ›typisch weibliche‹ Arbeitssektoren ist dafür ein Beispiel. »These occupations are built on gendered assumptions of women's innate affinities to work in the reproductive sphere and hence not conducive to destabilizing the gender norms about the division of labour in the household, but rather reinforcing gender hierarchies.« (ebd., 92) Wenn Frauen dennoch die als traditionell verstandenen Geschlechterordnungen herausfordern und etwa allein migrieren, versuchen sie ihre Handlungen häufig so zu rahmen, als seien sie Ausdruck von verantwortlicher Mutterschaft oder Weiblichkeit, wie dies etwa bei Rücküberweisungen an die Familien der Fall ist. Sie sehen sich als ›gute Mütter‹ oder sogar als bessere Mütter (als die Daheimgebliebenen), die für ihre Kinder sorgen und Opfer bringen (ebd., 83 f.). Damit wird die Norm der Mutterschaft verändert, aber nicht aufgehoben. Leyla Keoughs (2006) Studie über Migrantinnen aus Moldawien und Mirjana Morokvašics (2007) Forschung zu postsozialistischer Pendelmigration zeigen, wie ideologisch flexibel die veränderten Muster in bestehende Diskurse eingepasst werden. So wurde diese Form der Migration von Müttern Teil einer »new moral economy«, »a new way of organizing and understanding the responsibilities, rights, and entitlements of workers, consumers, and citizens« (Keough, 433). Sie ist kompatibel mit neoliberalen Rationalitäten, nach denen jede_r für sich selber sorgen muss, und fügt sich zugleich in das fortexistierende »ideal of a socialist good worker-mother superwoman« (Morokvašic 2007, 84) ein. Oder in den Worten von Leyla Keough: »neoliberalism greets postsocialist collapse« (Keough 2006, 437). Diese Beispiele zeigen, wie Migrantinnen mit traditionellem Geschlechterwissen umgehen und es an neue legitimatorische Erfordernisse anpassen.

Befunde wie diese deuten darauf hin, dass eine Mehrheit der Migrantinnen bestehende Geschlechterordnungen im Migrationsprozess keineswegs verändern möchte (Morokvašic 2007, 71). Andere Studien verweisen auf den Gebrauch von nicht-konfrontativen »hidden transcripts« oder »infrapolitics« (Scott 1990), in denen sich in der Migration *Räume von Widerstand und Alternativen* eröffnen. Ein Beispiel ist eine Studie zu vietnamesischen Bräuten, die durch Ehevermittlungsagenturen nach Taiwan gelangten (Wang 2007). In den Medien und in einem Teil der Forschung gelten sie als Paradebeispiel für Migrantinnen, die sich konservativ-patriarchalen Vorstellungen unterordnen, passiv seien und nur wenige Optionen jenseits der neuen Familie hätten. Wang konnte jedoch zeigen, dass die Frauen den neuen Familien mit Scheidung drohen und die Drohung dafür nutzen, ihre Spielräume zu erweitern. Eine Scheidung wäre angesichts der Gebühren für die Vermittlungsagenturen und der Zuwendungen an die vietnamesischen Familien der Bräute für viele Familien nicht nur finanziell schwer zu verkraften, sondern würde auch mit einem Gesichtsverlust in der Nachbarschaft (ebd., 719 f.) sowie dem Verlust der reproduktiven Arbeitskraft der Frauen einhergehen. Mit der Scheidungsandrohung gehen einige der Vietnamesinnen also strategisch um. Interessant an der Studie ist nicht nur, dass die Bräute sich die von Scott beschriebenen Waffen der Schwachen zunutze machen, Wang geht es auch um den politökonomischen Kontext und die Warenförmigkeit der Beziehungen, die durch die Vermittlung einer Heirat gegen Geld entstanden ist: »the commodification element, which brings them to start a new journey in their life history, has a strong influence on the social relations within the family and, paradoxically, helps them to develop strategies to escape social controls if there is a space produced by contradictory social relations« (ebd., 709). Die nicht nur für die Heiratsmigration via Agenturen, sondern auch für andere Formen der vermittelten Arbeitsmigration geltende Kommodifizierung migrantischer Arbeitskraft führt zweifelsohne zu ausbeuterischen und gewaltförmigen Situationen, kann aber auch unerwartete Spielräume eröffnen.

Der Fall der Heiratsmigrantinnen verdeutlicht bereits die *Komplexität der Praktiken und Aushandlungen von Geschlechterverhältnissen* in der Migration, für die im Folgenden noch einige weitere Studien aus verschiedenen geografischen Regionen vorgestellt werden.

Patricia Pessar (2001) hat in ihrer Forschung zu guatemaltekischen, nach Mexiko geflüchteten Frauen gezeigt, dass Empowerment nicht ein einmal erreichter und unwiederbringlicher Status ist, sondern häufig prekär und Rückschläge drohen. So konnten sich die Guatemaltekinnen im Exil eigene Räume erkämpfen und an eine globale Frauen- und Menschenrechtsnorm anknüpfen. Die Flüchtlingslager stellten in diesem Sinne einen Ermöglichungsraum dar, so dass die Frauen imaginierten, ihre stärker gleichberechtigte Position als Staatsbürgerinnen, obgleich arm und indigen, lasse sich auch nach ihrer Rückkehr ab 1996 in das »neue Guatemala« integrieren. Jedoch kam es bereits bei den Verhandlungen zwischen UNHCR, guatemaltekischer und mexikanischer Regierung und Vertretern einer Kommission der

Exilierten über die Frage der Rückkehr zu einem Rückschlag (ebd., 479–480): Die Führerinnen der Frauenorganisationen bekamen keinen Zugang zu den öffentlichen Foren, zu Kommunikation und Information. Die von einer internationalen Organisation wie dem UNHCR vertretene oder in Kauf genommene Marginalisierung von geflüchteten Frauen trug so dazu bei, dass sich die Frauen nach der Rückkehr erneut in einer alltäglichen und strukturell schlechten Position befanden. Dazu gehörte auch, dass die neuen Rechte der Frauen, wie der Zugang zu Landtiteln, nicht umgesetzt wurden. Teils mussten Frauen sogar Sondergenehmigungen für Reisen beantragen. »[M]asculine discipline and policing were imposed on a set of practices and places, in which women had, until recently, a far greater degree of control and autonomy.« (ebd., 482) Eine Erklärung für diesen Rollback ist, dass sich die Logiken von Gewalt, Krieg und Nationalismus nach der Rückkehr in Form patriarchaler Herrschaft fortsetzten.

Ein weiteres Beispiel für die Widersprüchlichkeit von Entwicklungen – die gleichzeitige Herausforderung und Verfestigung von patriarchalen Vorstellungen in Konstellationen transnationaler Migration – ist der Fall von Haitianerinnen, die Rücküberweisungen schicken (Fouron/Schiller 2001). Durch die Geldsendungen gewinnen die Migrantinnen unter nicht-migrierten Angehörigen und Bekannten an Macht und Ansehen (ebd., 565 f.). Haiti gehört zu den Staaten mit hohem Rücküberweisungsanteil am Bruttoinlandsprodukt (2016 betrug er über ein Viertel, Haiti war der Staat mit dem weltweit fünfthöchsten Anteil solcher Transfers). Zugleich ermöglichten die Zuwendungen auch den Machterhalt der Eliten, die für die Beibehaltung patriarchaler Strukturen in der haitianischen Gesellschaft stehen. In diesen Strukturen haben Frauen wenig Einfluss und auch nur ein geringes Maß an sicherer Erwerbsbeschäftigung. Diese Verhältnisse wurden von einer transnationalen feministischen Bewegung, die von rückgekehrten Migrantinnen sowie Haitianerinnen in Kanada und den USA gegründet wurde, kritisiert, u.a. um die Diktatur zu beenden. Zeitweise wurden die Frauenorganisationen auch vom Staat vereinnahmt, dann wieder bedroht. Der Fall zeigt neben der Gleichzeitigkeit von ermöglichenden und restringierenden Entwicklungen für (ehemalige) Migrantinnen nicht zuletzt die enge Verwobenheit des Themas Migration und Diaspora mit national(istisch)en Diskursen (siehe Kap. 6.5).

Eine Vielzahl von Studien hat sich mit dem in vielen asiatischen Staaten zu beobachtenden Phänomen befasst, dass Frauen im Rahmen temporärer Arbeitsmigrationsprogramme – etwa als Haushaltsarbeiterinnen – emigrieren. Viele der Frauen nehmen Partner und Kinder nicht mit bzw. lassen die Verträge dies nicht zu. Für die Geschlechterforschung handelt es sich um ein spannendes Feld: Was passiert in diesen Haushalten? Übernehmen die Väter nun den Großteil der reproduktiven Tätigkeiten? Bilden sich neue Formen von Männlichkeiten heraus? Welche Auswirkungen hat das Arrangement auf die (Gender-)Sozialisation der Kinder? Wie verändern sich die Beziehungen zwischen den Partner_innen, wenn die Frau die Hauptverdienerin ist? Ausgangspunkt dieser Fragen ist, dass Männer in dieser Situation mit zwei Anforderungen konfrontiert sind: Es müssen Kinder versorgt werden und es gibt gesellschaftliche Erwartungen an sie als Männer. So werden Männer in den Philippinen als »Säulen des (Zu-)Hauses« betrachtet, »signifying both the metaphorical importance of the man who makes the home stand and the material contributions he is expected to make to the family« (Parreñas 2005, 57). Zu diesen Anforderungen gehört stets auch, was die Männer demzufolge *nicht* tun: »Men's identity is structured by their participation or nonparticipation in domestic work and child care.« (Hoang/Yeoh 2011, 720) Durch die Emigration der

Partnerinnen gestaltet sich die Situation der Männer jedoch neu. Eine mittlerweile kaum noch zu übersehende Anzahl an Studien hat die unterschiedlichen Umgangsweisen der Familien mit dieser Situation herausgearbeitet (vgl. die Metastudie von Yeoh/Hoang/Lam 2010: (a) Weibliche Familienmitglieder (vor allem die Mütter der Emigrantinnen, ältere Töchter) übernehmen den Großteil der Reproduktionsarbeit, (b) Männer sehen sich in ihrer Rolle als Familienernährer bedroht und verweigern die Übernahme von Haushaltsarbeit und ggf. Kinderbetreuung, und (c) Männer übernehmen mehr oder gänzlich die Reproduktionsarbeiten. Letzteres wird häufig als temporäres Arrangement verstanden. Es wurde insbesondere dort beobachtet, wo die männliche Identität entweder nicht infrage gestellt wurde, weil auch die Männer weiter zum Familieneinkommen beitragen, oder die neue Rolle gesellschaftlich und individuell in das Männerbild integriert werden konnte. Nicht immer wird die Verrichtung von Haushaltsarbeiten durch Männer aber offen zugegeben. So stellte Gamburd in Sri Lanka fest, dass Männer mehr im Haushalt taten, als sie davon berichteten, weil diese Art der Arbeit ihre Vorstellungen von Maskulinität potenziell bedrohte (Gamburd 2000).

Ein interessanter Fall für (c) ist auch Vietnam, dessen Bewohner_innen im Vergleich mit anderen asiatischen Staaten erst vergleichsweise spät als Arbeitsmigrant_innen in den globalen Arbeitsmarkt eingestiegen sind (mit der für den deutschen Kontext wichtigen Ausnahme der Vertragsarbeitsmigration in die DDR). Aufgrund der langen sozialistischen Sozialisation besteht gegenüber Frauen eine gesellschaftliche Erwartung, sich an der Erwirtschaftung des Haushaltseinkommens zu beteiligen. Gleichzeitig führt die konfuzianische Tradition zu einem patriarchalischen Verständnis der Rolle des Mannes als Haushaltsvorstand. In ihrer Studie zur temporären Arbeitsemigration von Vietnamesinnen aus der nördlichen Region Thai Binh unterscheiden Lan Anh Hoang und Brenda Yeoh (2011) zwischen verschiedenen männlichen Rollen: der Rolle als Ehemann, der als Vater und der als Ernährer. Diese Perspektive erlaubt differenziertere Einsichten, als allgemein über *die* Männer oder *das* vietnamesische Modell von Männlichkeit zu sprechen. Hoang und Yeoh stellen fest, dass viele Interviewpartner betonten, letztendlich seien sie diejenigen gewesen, die über die Emigration ihrer Ehefrauen entschieden hätten (ebd., 727). Damit konnten sie die männliche Autorität unter den Eheleuten aufrechterhalten. Eine andere Argumentationsfigur hebt die Gleichberechtigung hervor, wenn etwa darauf verwiesen wird, dass beide Partner_innen ihre Verantwortung haben. Das Rechtfertigungsmuster, warum sich Männer oft ohne oder mit geringer weiblicher Unterstützung um die Kinder kümmern, besteht darin, dass sie den weiblichen Familienmitgliedern die für die Erziehung und Bildung ihrer Kinder notwendige Strenge nicht zutrauten – Großeltern seien zu ›soft‹. Daher sei es besser, wenn sich die Väter um Kinder und Haushalt kümmerten (ebd., 730–732). Die Anstellung einer Haushaltsarbeiterin kam bei vielen der Befragten aus finanziellen Gründen oder aber aus Angst um Gerüchte nicht infrage. Ihre Rolle als Familienernährer hielten viele der interviewten Männer insofern aufrecht, als sie, wenn auch in geringem Ausmaß, weiterhin arbeiteten. An diesem Fall zeigt sich, dass der gesellschaftliche Diskurs zu gesellschaftlich akzeptierten Formen von Männlichkeit nicht immer mit der tatsächlichen Praxis übereinstimmen muss. Genderpraktiken scheinen flexibler zu sein als der Diskurs um sie.

Obgleich einige Studien die Übernahme reproduktiver Tätigkeiten durch *left behind husbands* beobachten, findet dieser Wandel häufig nur während der Abwesenheit der Frau statt, insgesamt aber bleibt das Modell der Zuständigkeit von Frauen (vor allem weiblichen Familienmitgliedern) für die Reproduktionsarbeit in den meisten gesellschaftlichen Kontexten bestehen. Dass der Wandel umkämpft ist und es starke Beharrungskräfte gibt, zeigen auch die gesellschaftlichen Diskurse, wenn in Gesellschaften mit starker Mutterideologie Mütter zu emigrieren beginnen. So zeichnen Helma Lutz und Ewa Palenga-Möllenbeck für polnische und ukrainische Medien nach, dass die Abwesenheit von Eltern und insbesondere Müttern entlang des Musters *naming – blaming – shaming* skandalisiert wird (Lutz 2010, 1656 f.; Lutz/ Palenga-Möllenbeck 2010). Es wird dabei zunächst das Problem benannt (zurückgelassene Kinder), es werden Schuldige identifiziert (die egoistischen, unverantwortlich handelnden Mütter und der Staat, der eine *laissez-faire*-Politik der Emigration betreibe und für die zugrunde liegende wirtschaftliche Krise verantwortlich sei), und schließlich werden diese in den Medien entsprechend negativ dargestellt. Ein Begriff, der diese Beschämung besonders anschaulich macht, ist der in Polen gängige Begriff der »Euro-Waisen«, der Kinder beschreibt, die von ihren Eltern wegen der Verlockungen des Euros zurückgelassen und so zu Quasi-Waisen gemacht werden. Die gleiche Strategie wird hingegen in anderen Kontexten, vor allem in Ländern, in denen Rücküberweisungen in den Medien positiv dargestellt werden und staatlicherseits erwünscht sind, ganz anders bewertet: Die Mütter agieren besonders verantwortlich, weil sie die Mühen und psychischen Härten der Arbeit im Ausland auf sich nehmen, um mit den Geldüberweisungen ihren Kindern Bildung und Gesundheit zu ermöglichen.

Die Frage des Wandels von Geschlechterbeziehungen muss auch die Frage der Wirkung von Migrationsprozessen auf sexuelle Vielfalt und solche Lebensweisen umfassen, die nicht der heteronormativen Norm entsprechen. Im weiter oben eingeführten Konzept der »sexuellen Migration« wird die potenziell ermöglichende und befreiende Funktion von Migration betont. So werden in Héctor Carrillos Studie (2004), die auf Interviews mit nach Kalifornien migrierten homosexuellen mexikanischen Männern beruht, häufig Begriffe wie »Abenteuer« und »Erkundung« gewählt, die die Hoffnung auf neue Freiheiten, Coming-out und Selbstverwirklichung ausdrücken. Später reinterpretierte Carrillo seine Daten und arbeitete stärker heraus, wie die sexuellen Motivationen mit ökonomischen und familienbezogenen Motivationen verwoben sind (Carrillo 2018). So zeigt die Studie, dass die Erwartungen – ähnlich wie bei vielen anderen Migrationsprojekten – nicht immer ganz wie beabsichtigt in Erfüllung gehen oder dass politische Regulierungen im US-amerikanisch-mexikanischen Migrationssystem zu eklatanten neuen Unsicherheiten (Leben und Arbeiten in der Illegalität) und Gefahren (unautorisierte Grenzüberquerung) führen. Kritisch setzt er sich auch mit einem in den *Sexuality-* und *Queer Studies* verbreiteten Narrativ auseinander, dem zufolge die sexuelle Migration von Süd nach Nord von Repression in Richtung auf Befreiung verlaufe und die Freiheit durch den Akt einer heroischen Migration erlangt werden könne. Einen Kontrapunkt setzt Carrillo mit einer transnationalen Betrachtung und der Annahme von Rück- und Wechselwirkungen zwischen den involvierten Regionen. Mit Peggy Levitts (2001) Konzept der *social remittances* ließe sich argumentieren, dass es in Fällen, in denen es Kontakte, Besuche oder Remigrationen in die Herkunftsregionen gibt, durchaus zu einer Öffnung für nicht-heteronormative Lebenskonzepte kommen kann – aber nicht muss. So arbeitet Carrillo (2018) analytisch heraus, dass die Erfahrungen und gesellschaftlichen Kontexte ›vor der Migration‹ entscheidend die ›nach der Migration‹ prägen.

Die Kontroverse, ob Migration generell zu einem Mehr oder Weniger an Geschlechtergleichheit führt, kann empirisch nicht entschieden werden. Vielmehr ist dies nur fallspezifisch zu klären, wobei bestimmte Kriterien und konzeptionelle Ansätze indes hilfreich sein können.

5.5 Genderanalytische Konzepte zur Analyse von Migrationsphänomenen

Anschließend an die Diskussion aus dem letzten Abschnitt, wie Migration und Geschlechterordnungen zusammenwirken, sollen nun einige ausgewählte Heuristiken vorgestellt werden, die helfen, diese Fragen systematisch zu bearbeiten. Die Ansätze sind selbstverständlich nicht zur Bearbeitung aller Fragestellungen im Zusammenhang von Migration und Geschlecht geeignet, sondern müssen je nach Frage und Thematik spezifiziert und erweitert werden.

Die durch die Entwicklung des Transnationalismusansatzes bekannten Autorinnen Sarah J. Mahler und Patricia R. Pessar schlagen zur Analyse von *Migrationsprozessen* ein Modell vor, das sie als »gendered geographies of power« bezeichnen (Mahler/Pessar 2001). Mit ihm lassen sich die relevanten räumlichen Ebenen und Dimensionen von Macht und Handlungsfähigkeit erfassen, die dazu führen, dass Migration für die Frauen im einen Fall ermächtigend ist und im anderen nicht. Inspiriert ist dieses Modell von Ansätzen aus der feministischen Geografie wie aus der Transnationalismusforschung. Es umfasst vier Ebenen (Mahler/Pessar 2001, 445–447): (1) die der *geographic scales*, da Gender gleichzeitig auf verschiedenen räumlichen und sozialen Ebenen wirksam wird (z.B. Körper, Familie, Staat) und dabei grenzüberschreitend Geschlechterverhältnisse neu konfiguriert. (2) Die *social location* als zweite Komponente des Modells erfasst die Position der Person in Machtbeziehungen, die historisch, politisch, ökonomisch, geografisch, in familiären Verhältnissen oder auf andere Weise entstanden sind. Mit diesem Element wird berücksichtigt, dass Personen, unabhängig von ihrem eigenen Zutun, in vermachtete Beziehungen eingebunden sind. (3) Um den Grad der Handlungsfähigkeit der Person zu erfassen, greifen die Autorinnen auf das von Doreen Massey entwickelte Konzept der »power geography« zurück (Massey 1994). Darunter versteht Massey die Art und Weise, auf die Personen ihre soziale und geografische Verortung nutzen können, und wie diese Strukturen zur gleichen Zeit ganz ungleich auf die Personen wirken. Von Migration betroffen sind nicht nur diejenigen, die sich selbst bewegen, sondern auch alle anderen Personen aus dem Migrationskontext, weshalb auch sie in eine Migrationsperspektive einbezogen werden müssen. (4) Mahler und Pessar verweisen zur Erklärung von individuellen Unterschieden darauf, dass es auch auf die Disposition der Einzelnen ankommt, ob jemand die Initiative (zur Migration, zur Veränderung von Geschlechterbeziehungen) ergreift. Ein weiterer Faktor seien daher kognitive Prozesse wie Imagination oder substanzielle Handlungsfähigkeit (Mahler/Pessar 2001, 447).

Eine ähnliche, die Mikro-, Meso- und Makroebene umfassende Konzeptualisierung der genderanalytischen Untersuchung von Migrationsphänomenen schlagen Palenga-Möllenbeck und Lutz vor. Sie fokussieren ihrerseits stärker als Mahler und Pessar auf die Organisation von Sorgearbeit und die Vergeschlechtlichung von Arbeitsmärkten als eine Herausforderung, die sich insbesondere für Frauen in Migrationsprozessen stellt (Palenga-Möllenbeck 2014; Lutz 2010, 1658). Auf der Makroebene sind es bestimmte Arbeitsmarktsegmente, in die hinein migriert wird. Dabei ist nicht nur die Art der Arbeit feminisiert oder maskulinisiert, sondern auch die Organisation der Arbeit auf der Mesoebene (Vollzeitarbeit, Saisonarbeit, stundenweise oder unregelmäßige Beschäftigung) hat einen Einfluss auf die Lebensführung und Vereinbarkeit von Sorgearbeit und Erwerbsarbeit. Auf der Mikroebene haben individuelle Praktiken, Identitäten und gesellschaftliche Positionierungen (Alter, Bildung, *race*) einen Einfluss auf den Verlauf von Migrationsprojekten. Mit Raewyn Connell wäre zudem die Bedeutung von Emotionen und symbolischen Beziehungen zu ergänzen (Connell 2013). Noch zentraler setzen Eleonore Kofman und Parvati Raghuram (2015) den Komplex von *care*, der für sie ein integratives Moment der Weltwirtschaft und von gesellschaftlichen Beziehungen ist und viele Migrationsprozesse und Orte (*sites*) beeinflusst, von Haushalten in Herkunfts- und Zielregionen über den Privatsektor, *communities* und das Ehrenamt bis zum Staat. Damit kritisieren sie nicht nur klassische Migrationstheorien, sondern auch diejenigen, die die soziale Reproduktion einer *blackbox* Haushalt zuschreiben.

Für die genderanalytische Untersuchung von *Migrationspolitiken* schlägt die Verfasserin dieses Einführungsbandes eine Zusammenführung von regimetheoretischen Ansätzen aus der Geschlechter- und Migrationsforschung vor (Schwenken 2018). *Migrations*regime werden dabei als relativ stabile Ensembles von Politiken, Diskursen und Praktiken/Handlungsfähigkeit einer Vielzahl beteiligter Akteure im Feld der Migration verstanden (Forschungsgruppe Transit Migration 2007). Bestandteil einer »intersektionalen Migrationsregimeanalyse« ist die migrationsbezogene Analyse des Zusammenspiels dreier Ebenen von *Gender*regimen (Paulus 2012, 45, 170): (1) der strukturellen oder materiellen Ebene der gesellschaftlichen Organisation von Produktion und Reproduktion, der gesetzlichen und politischen Regulierungen und deren historischer Genese; (2) der symbolischen Ebene mit ihren vergeschlechtlichten Diskursen, normativen Grundierungen und impliziten Wissensbeständen, die für die Reproduktion der materiellen Ebene konstitutiv ist; und (3) der Subjektebene von Genderregimen mit ihren Subjektivierungen zwischen Einpassung und Widerstand. Auf allen drei Ebenen wirken intersektionale Besonderheiten. Eine intersektionale Migrationsregimeanalyse lässt beispielsweise verstehen, warum Staaten für männliche und weibliche Staatsbürger_innen unterschiedliche Regulationen von Migration erlassen. Ein Beispiel sind etwa geschlechtsspezifische Regelungen in Indien, bei denen Frauen im Alter von unter dreißig Jahren und mit geringer formaler Bildung vom Staat als schutzbedürftiger angesehen werden denn Männer mit ebenfalls geringer formaler Bildung. Den Frauen wird in patriarchal-benevolenter Absicht die Ausreise in eine Vielzahl von *Hauptzielländern* der Arbeitsmigration verweigert. Dieser »Schutz durch Kontrolle« (Schwenken 2018) ist eine Politikform, die nicht nur einen Gender Bias aufweist, sondern auch einen Bias entlang der Linien Alter und Klasse/Bildung beinhaltet. Der historisch informierte Blick legt zudem die kolonialen Ursprünge dieser Regelungen frei, in denen die durch die Briten installierte Institution des »Protector of Emigrants«, die allerdings für die Migrierenden weniger Schutz denn Kontrolle und Vulnerabilität durch massive Korruption bedeutet, nachwirkt. Im Unterschied zu Männern wird der Schutz von Frauen auch mit einer nationalen Verantwortung begründet sowie der Angst, dass unkontrollierte Emigration von Frauen zu ›nationaler Schande‹ führen könne. Nana Oishi bezeichnet diese Formen der Migrationspolitik als »value-driven« (Oishi 2005, Kap. 3). Männer und Frauen werden also in diesen Politiken aufgrund vergeschlechtlichter Normen und Wertevorstellungen anders behandelt. Ein Vergleich von Emigrationspolitiken in Asien zeigt, dass Frauen signifikant stärker von restriktiven Auswanderungsbeschränkungen betroffen sind als Männer und der Staat eher in ihre Mobilität eingreift (ebd.). Eine Motivation für diese wertegesteuerten Regelungen besteht darin, dass der Staat sich in der

Verantwortung sieht, die ›sexuelle Reinheit seiner Frauen‹ zu beschützen (ebd., 83). Ein konzeptioneller Ansatz, der diese teils offensichtlichen, teils impliziten Geschlechternormen freilegt, ist der des »Geschlechterwissens« (Dölling 2005; bezogen auf Migration: Schwenken 2008). Migrationspolitiken sind somit nur im Zusammenwirken von Migrations- und Genderregimen zu verstehen.

Mit konzeptionellen Ansätzen wie »gendered geographies of power«, ergänzt durch die Aufmerksamkeit für die Organisation von Arbeit und Sorge sowie die Berücksichtigung von Emotionen oder die »intersektionale Migrationsregimeanalyse«, lassen sich mit Blick auf Fragen wie die, ob sich durch Migration Geschlechterverhältnisse in Richtung von mehr Gleichheit und neue Optionen für Frauen entwickeln oder auf welche Weise Migrationspolitiken vergeschlechtlicht sind, Muster entlang der Linien von Struktur (als Begrenzungs- und Ermöglichungsrahmen, auf verschiedenen räumlichen und sozialen Ebenen angesiedelt), Handlungsfähigkeit (kollektiv, individuell und materiell) und kognitiven Prozessen wie dem Geschlechterwissen systematisch erfassen. Die hier vorgestellten Ansätze vertreten dank der Integration verschiedener Dimensionen und Prozessorientierungen keinen Geschlechterrollenansatz (in dem fixe Geschlechterrollen das Migrationsverhalten bestimmen), wie er teils noch in der Migrationsforschung durchscheint, wenn etwa gefragt wird, inwiefern Frauen anders migrieren als Männer.

5.6 Fazit

Gender als analytische Kategorie ist für die Analyse von Migrationsprozessen in vielerlei Hinsicht unverzichtbar. Um einer vorschnellen Reifizierung oder Stereotypisierung von Geschlecht vorzubeugen, sollte der forschende Blick offen für Paradoxien und ambivalente Effekte sein und in methodologischer Hinsicht Praktiken analysieren und nicht ›nur‹ Diskurse und Repräsentationen (Neuhauser/Hess/Schwenken 2016). Lohnend ist es in erkenntnistheoretischer Hinsicht auch, Naturalisierungen wie die vielen Studien zugrunde liegende Heterosexualitätsannahme zu hinterfragen. Die große Bedeutung der Organisation von Sorgearbeit und von Geschlechterordnungen setzt ein großes Fragezeichen hinter die vermeintliche Genderneutralität der klassischen Migrationstheorien und der sie grundierenden Annahmen – Migrant_innen (und alle anderen Menschen) lassen sich nicht lediglich als *homo oeconomicus* fassen, und globale Arbeitsmärkte sind durch vergeschlechtlichte Prozesse und Macht auf allen Ebenen charakterisiert. Geschlecht, so macht die lebhafte genderanalytische Forschung klar, ist weit mehr als die individuelle Zuordnung einer Person zu einer Geschlechterkategorie; vielmehr sind Gesellschaften zutiefst, wenn auch in unterschiedlichem Maße, geschlechterhierarchisch strukturiert.

6. Migration als Emigration

Gegenwärtige Migration wird in der Politik wie auch in der deutlichen Mehrzahl der wissenschaftlichen Studien vor allem aus der Perspektive der Zielländer betrachtet. Dabei war für Europa die Abwanderung lange Zeit bestimmend (Oltmer 2012, 41 ff.). Die Zuwanderung aus den kolonisierten Gebieten nach Europa begann – vor allem als Bildungsmigration – erst im späten 19. Jahrhundert und verstärkte sich nach der Dekolonisierung im 20. Jahrhundert (ebd., 69 ff.). Der algerische Soziologe Abdelmalek Sayad kritisiert die *Einwanderungs*perspektive, die seither die europäische Migrationsforschung dominiert: »One cannot write on the sociology of immigration without [...] outlining a sociology of emigration. One country's immigration is another country's emigration.« (Sayad 2004, 1) Mit einem ethnografischen Ansatz arbeitete Sayad seit den 1960er Jahren zum Thema Migration in/aus Algerien und Frankreich eng mit Pierre Bourdieu zusammen. Allerdings ist ihm der alleinige Fokus auf Emigration ebenfalls zu eng – häufig werde diese nur als Export von Arbeitskraft gesehen und die Emigranten würden definiert »first as unemployed men, and then as unemployed men who emigrate so as to cease being unemployed: nothing more and nothing else« (ebd., 5). Sayad hat Migration dagegen immer durch das doppelte Prisma Einwanderung/Auswanderung gesehen. Sein von Bourdieu posthum zusammengestelltes Hauptwerk trägt den Titel »Die doppelte Abwesenheit« (2004). Migrant_innen seien in beiden gesellschaftlichen Kontexten, sowohl im Aus- als auch im Einwanderungsland, nicht wirklich anerkannt – physisch anwesend, aber moralisch abwesend. Der heutigen Migrations- als Integrationsforschung setzt Sayads Perspektive immer noch einen wichtigen Impuls entgegen, ist aber auch Ausdruck einer Zeit, in der Migration als unilinearer Prozess zwischen zwei Orten gedacht wurde. Im kritisch-produktiven Anschluss an Sayad sprechen Vertreter_innen des transnationalen Paradigmas heute von der »doppelten Anwesenheit« von Migrant_innen (Dufoix/Guerassimoff/Tinguy 2010, 27), auch wenn Exklusion und Prekarisierung vieler Migrant_innen weiterhin fortbestehen.

Dieses Kapitel betrachtet einige Facetten von Migration aus der Perspektive der Emigration oder des Herkunftslands. Zunächst werden Gemeinsamkeiten und Differenzen zwischen den verschiedenen Typen von Emigrationsstaaten sowie deren unterschiedliche Positionierung im globalen Mobilitätsregime dargestellt. Exemplarisch wird sodann ein Typ genauer beschrieben: der *labour brokering state*, der aktiv die (temporäre) Migration eines Teils seiner Bürger_innen befördert. Eine Motivation dieser Staaten liegt darin, Migration als Mittel zur ›Entwicklung‹ zu betrachten, insbesondere weil durch sie Ressourcen zurückfließen. An diesen Punkt schließt das nächste Unterkapitel zu den Kontroversen um das Verhältnis von Migration und Entwicklung an. Eng verbunden ist damit die Rolle der Diaspora oder von transnationalen Gemeinschaften. Gefragt wird u.a., wie sich der weltweit rasante Anstieg der Zahl von staatlichen Einrichtungen für Emigrierte erklären lässt.

6.1 Merkmale und politische Ökonomie der Emigrationsstaaten

Alle Staaten regulieren die Auswanderung ihrer Staatsbürger_innen und den Kontakt, den diese nach dem Verlassen des Landes zu ihnen unterhalten. Bei der folgenden Betrachtung stehen Staaten im Vordergrund, die entweder in absoluten Zahlen oder im Verhältnis an der Gesamtbevölkerung über viele Emigrant_innen verfügen (siehe Kap. 2.5).

Emigrationsstaaten lassen sich voneinander unterscheiden, sei es nach dem vorherrschenden Typ von Emigration und dem soziodemografischen Profil der Emigrierenden, der Einbindung des Staates in Migrationssysteme, nach Art und Umfang der staatlichen Institutionen, die mit Migration befasst sind, aktiven, *laissez-faire*- oder restriktiven Politiken der Emigration, dem Ratifikationsstatus und der Umsetzungspraxis internationaler Abkommen und völkerrechtlicher Verpflichtungen, der Stärke und Ausrichtung von Diaspora-Organisationen, ihrer Positionierung im globalen Mobilitätsregime, der Rechte der Emigrant_innen in den Hauptzielländern oder der öffentlich-medialen Perspektive auf (E-)Migration.

Gibt es Faktoren, die dazu beitragen, dass bestimmte Staaten eher zu Emigrationsstaaten werden als andere? Stephen Castles und Raúl Delgado-Wise sind dieser Frage nachgegangen und haben systematisch fünf große Emigrationsstaaten – Indien, Marokko, Mexiko, die Philippinen und die Türkei – miteinander verglichen, und zwar nicht nur hinsichtlich migrationsbezogener Merkmale, sondern auch mit Blick auf weitere historische, ökonomische und politische Kontexte (Castles 2008). Dabei identifizieren sie eine spezifische »politische Ökonomie der Emigration«, die das Ergebnis eines historischen Transformationsprozesses ist, der insbesondere durch Kolonialismus und wirtschaftlichpolitische Abhängigkeitsverhältnisse entstand: Alle fünf Staaten standen in kolonialen oder semi-kolonialen Machtverhältnissen, und diese bereiteten den Weg für spätere Migrationsbewegungen (ebd., 176–180). Beispielsweise wurde Indien im 19. Jahrhundert durch die britische Kolonialmacht zum Herkunftsland von *indentured workers* (eine mit dem britischen Kolonialismus verbundene Form der Lohnsklaverei, vgl. Brass 1999; Kumar 2017) und Soldaten für das britische Empire. Der marokkanisch-französische Migrationskorridor entwickelte sich mit der kolonialen Anwerbung von Soldaten und Arbeiter_innen für den Ersten Weltkrieg durch Frankreich. Auf den Philippinen rekrutierten die USA ab dem frühen 20. Jahrhundert Plantagenarbeiter_innen für Hawaii. Die Situation Mexikos stellt sich etwas anders dar, weil nach der Unabhängigkeit Mexikos von Spanien 1822 große Gebiete der heutigen USA zunächst zu Mexiko gehörten. Diese fielen jedoch 1848 nach dem mexikanisch-amerikanischen Krieg sowie dem Gadsen-Ankauf weiterer Landesteile (des heutigen südlichen Arizona und südwestlichen New Mexico, benannt nach dem damaligen US-Botschafter in Mexiko, James Gadsen) 1853 an die USA. Die Migration von Mexikaner_innen nach Norden und eine starke ökonomische Abhängigkeit Mexikos von den USA prägen seitdem das Verhältnis der beiden Staaten. Auch nach 1945 erlebten die heutigen Emigrationsstaaten ökonomische Unterdrückung in Form von Neokolonialismus, multinationaler Kontrolle im Agrarsektor und in der Industrie sowie durch ungleiche Handelsbeziehungen. Diese Abhängigkeitsverhältnisse resultierten in einer ungleichen Entwicklung auf internationaler Ebene und innerhalb der Staaten, indem ganze Bevölkerungsteile verarmten, die Land-Stadt-Migration wuchs und als weiterer Migrationsschritt die Migration in Länder des globalen Nordens folgte, nicht selten in die ehemaligen Kolonialstaaten. So unterschiedlich die koloniale Herrschaft dabei im

Detail auch war, hatte sie doch einen großen Einfluss auf die späteren Migrationsmuster und die Entstehung von Emigrationsstaaten. Eine weitere Gemeinsamkeit aller fünf analysierten Staaten liegt darin, dass sie hinsichtlich der Altersstruktur ihrer Bevölkerungen als Länder mit »late demographic transition« (Castles 2008, 197) bezeichnet werden können, d.h. dass sie eine wachsende relativ junge Bevölkerung haben, die von den Ökonomien der betreffenden Länder nicht alle in den Arbeitsmarkt integriert werden konnten. Migration wurde daher von den Betroffenen und teils auch von den Staaten als möglicher und erwünschter Ausweg gesehen.

Die Darstellung in dieser Einführung kann die historischen Hintergründe der Entstehung von Emigrationsstaaten nicht genauer ausleuchten. Wichtig ist festzuhalten, dass es bei allen Unterschieden zwischen großen Emigrationsstaaten auch Konvergenzen und – vorsichtig – zu verallgemeinernde Gemeinsamkeiten gibt.

6.2 Emigrationsstaaten im globalen Mobilitätsregime

Die Bedingungen von Migration werden durch die Position eines Staates im globalen Mobilitätsregime erheblich mitbestimmt. Das globale Mobilitätsregime besteht aus institutionalisierten Mobilitätsfiltern. Die Kontrolle des Zugangs zu einem nationalstaatlichen Territorium findet längst nicht mehr nur an den geografischen Grenzen statt, sondern bereits in den Herkunftsländern und auf den Migrationsrouten (Externalisierung und Exterritorialisierung von Grenzkontrollen). Es sind nicht nur staatliche Akteur_innen, die diese Kontrollen ausüben, sondern zunehmend auch private (siehe Kap. 4). Zudem sind die Filtermechanismen immer stärker technologiebasiert (biometrische

Dokumente, Datenaustausch etc.). Über einen Pass und über Zugang zu Visa zu verfügen zählt heute zu den zentralen Faktoren, an denen sich die globale soziale Ungleichheit ablesen lässt. Der Anstieg von Mobilität ist also stark selektiv. Steffen Mau und Kolleg_innen haben die Visa(befreiungs)politik genauer analysiert (Mau 2012). Wohlhabende Staaten fördern erwünschte und schränken unerwünschte Mobilität mit dem Instrument der Visabefreiung vielfach ein. Seit 1950 ist die Zahl der visabefreiten Staaten in OECD-Mitgliedsländern wie Österreich oder Finnland von nahezu null auf um die sechzig in den 1990er Jahren angestiegen. Es hat also eine stetige Ausweitung stattgefunden, mit einer Stagnation seit den 1990er Jahren (ebd., 471–475). Ein Blick auf die Liste der visabefreiten Staaten lässt den Schluss zu, dass Staaten, die einander hinsichtlich ihres politischen Systems und des Wohlstandsniveaus relativ ähnlich sind, sich gegenseitig die Visapflicht erlassen. In diesem »OECD-Mobilitätsregime« (ebd., 475) herrscht eine hohe Selektivität, und es profitieren vorwiegend Reisende aus wohlhabenden Staaten.

Auf der anderen Seite stehen die Staatsbürger_innen aus den weniger wohlhabenden Staaten. Der *Visa Freedom Index* oder der *Henley Passport Index* der *International Air Transport Association* (IATA) bzw. der *Travel Freedom Index* zeigen beispielsweise, dass afghanische Staatsangehörige nur in einige karibische Inselstaaten visafrei einreisen dürfen. Ebenfalls erheblich mobilitätsbeschränkend sind die Pässe von Somalia, Liberia, dem Irak, Sierra Leone oder Pakistan. Ganz anders die Papiere von Staatsbürger_innen aus Schweden, Deutschland, Japan oder Singapur – sie verfügen über einen hohen Visafreiheitsgrad, so dass ihre Inhaber_innen in bis zu 95 Länder ohne Visum einreisen können.

Innerhalb der Staaten bestehen wiederum teils Passregime, die die Staatsbürger_innen in mehrere Klassen teilen. In Kapitel 5.5 wurde am Beispiel von Indien bereits ausgeführt, dass nicht alle Staatsangehörigen gleichermaßen ausreisen dürfen, sondern Personen mit niedriger formaler Bildung für 18 Destinationen der Arbeitsmigration eine Extragenehmigung benötigen und für Frauen unter dreißig Jahren ein Ausreiseverbot besteht. Es gibt dort einen Pass ohne Ausreiserestriktionen und einen mit solchen Beschränkungen (*Emigration Clearance Required*). Es sind demnach nicht allein die Zielstaaten, die die selektive Mobilität organisieren.

Das globale Mobilitätsregime spannt sich also auf zwischen dem Pol derjenigen mit fast unbegrenzten Mobilitätsoptionen und denjenigen, die nur über sehr beschränkte Reisemö|glichkeiten verfügen. Dazwischen liegt ein breites Feld, in dem Reisende und Migrierende mit immer mehr Anforderungen konfrontiert sind, um nachzuweisen, dass sie nicht zu den unerwünschten Mobilen gehören. Diese Entwicklungen stehen in theoretischer Hinsicht für allgemeinere Veränderungen. In seinen Ausführungen zu postmodernen Formen von *citizenship* benennt John Urry (1999, 315) »mobility citizenship« als einen Merkmalskomplex, der Rechte und Pflichten von Reisenden umfasst. Es spricht Bände, dass Wohlhabende trotz Visapflichten leichter reisen können (Guild 2005) und sich die Staatsbürger_innenschaft von Ländern, die ihnen beispielsweise aufgrund steuerlicher Regelungen Vorteile bieten, auch erkaufen können (Boatcă 2014).

6.3 Labour brokering states

Im Folgenden soll ein Typ von Emigrationsstaaten vorgestellt werden, der bei der Förderung von Emigration eine aktive Rolle einnimmt. Eine solche Position ist nur im Zusammenhang mit der globalen Arbeitsteilung und den entsprechenden Wirtschaftsbeziehungen zu verstehen. Denn es geht darum, dass sich Staaten auf bestimmte Sektoren des Arbeitsmarkts und auf einige Zielländer spezialisieren (*niching*), um möglichst viele ihrer Staatsbürger_innen zwecks Rücküberweisungen von Devisen per befristeter Arbeitsmigrationsverträge zu entsenden. Eine strategische Spezialisierung von Herkunftsstaaten zeigt sich beispielsweise darin, dass die Philippinen und Indien regelmäßig die Liste der Herkunftsstaaten für in OECD-Staaten arbeitende ausländische Pflegekräfte und Ärzt_innen anführen (OECD 2007, Teil III, 175). Beides sind Staaten – im Fall Indiens handelt es sich vor allem um drei der südlichen Bundesstaaten –, in denen bereits die Ausbildung für diese Berufe mit der Arbeitsmigration verbunden ist. So werden Prüfungen teils nach US-amerikanischen Regularien abgehalten, damit in den USA keine Probleme mit der Anerkennung von Abschlüssen entstehen. Auch die Vermittlung von Arbeitskräften ist auf die Nachfrage nach Migrant_innen aus Gesundheitsberufen ausgerichtet. Mehr oder weniger seriöse Agenturen sind Teil einer Emigrationsinfrastruktur, die auf die Organisation von Visa, Arbeitsangeboten, Reisen, Versicherungen sowie die Versorgung mit ›heimischen‹ Lebensmitteln, Nachrichten etc. spezialisiert ist.

Die Philippinen können als der prototypische Entsendestaat gelten, an dessen Vorbild sich andere Staaten bei der Reform ihrer Emigrationspolitiken und beim Aufbau einer staatlichen Entsendeinfrastruktur orientieren. Rund zehn Prozent der philippinischen Bevölkerung leben im Ausland, hinzu kommen bei der Zählung der philippinischen Diaspora diejenigen, die die Staatsbürger_innenschaft eines anderen Staates angenommen haben. Der Begriff des *niching*, der die Spezialisierung der Emigrant_innen auf die Erfordernisse der Zielarbeitsmärkte beschreibt, wurde bereits erwähnt. Philippinische Arbeitsmigrant_innen haben solche Nischen insbesondere in den Sektoren der Schifffahrt (Kreuzfahrtschiffe ebenso wie Handelsschiffe), im Bereich der Gesundheitsdienstleistungen und anderer Dienstleistungen (Haushaltsarbeit, Hotel- und Unterhaltungsgewerbe) ausgebaut. In vielen dieser Sektoren arbeiten vornehmlich Angehörige eines bestimmten Geschlechts – was u.a. Folgen für die mediale Repräsentation philippinischer Arbeitsmigration hat.

Robyn Rodriguez bezeichnet die Philippinen als »labor brokerage state«: »Labor brokerage is a neoliberal strategy that is comprised of institutional and discursive practices through which the Philippine state mobilizes its citizens and sends them abroad to work for employers throughout the world while generating a ›profit‹ from the remittances that migrants send back to their families and loved ones remaining in the Philippines.« (Rodriguez 2010, x) Ermöglicht wird die Arbeitskräftemobilität durch ein umfassendes institutionelles System, das alle mit der temporären Arbeitsmigration verbundenen Lebensbereiche der Migrierenden und ihrer Familien reguliert. Im Jahr 1974 wurden erste Abteilungen im Außenministerium der Philippinen, u.a. das *National Seaman Board*, gegründet. Heute betreibt der Staat dort sowie im Arbeitsministerium zahlreiche Abteilungen, die sich mit der Arbeitsmigration befassen und für die das *Department of Labor and Employment* (DOLE) die übergeordnete Koordination innehat. Dort ist die *Philippine Overseas Employment Administration* (POEA) angesiedelt, die u.a. die privaten Rekrutierungsagenturen überwacht. Die *Overseas Workers Welfare Administration* (OWWA) organisiert Seminare, die auf die Ausreise vorbereiten, hat einen Fonds für wohlfahrtsstaatliche Leistungen eingerichtet und kümmert sich im Todesfall um die Überführung von Staatsangehörigen. Für die Reintegration (z.B. Schulungen für den verantwortlichen Umgang mit Geld, Aufbau von Kleinunternahmen) ist das *National Reintegration Center for Overseas Filipino Workers* (NRCO) zuständig. Die Aufzählung ließe sich fortführen – deutlich wird, dass ein ganzes System an bürokratischen Einrichtungen auf die temporäre Arbeitsmigration ausgerichtet ist. Dies und der erhebliche Anteil von Rücküberweisungen am Bruttosozialprodukt (siehe Kap. 2.5) sind Indizien dafür, dass Migration zentraler Bestandteil der Entwicklungsstrategie der Philippinen ist.

Die Philippinen gelten weltweit als Vorbild für eine rechtebasierte Migrationspolitik. Nach besonders öffentlichkeitswirksamen Fällen der Ausbeutung und Misshandlung von Philippinos/as im Ausland wurde 1995 der *Migrant Workers Act of 1995* (RA 8042) beschlossen, der bis heute die Minimalstandards für den Schutz und die Unterstützung der Arbeitsmigrant_innen im Ausland festschreibt. Elemente sind die Verhandlung zahlreicher bilateraler Abkommen auf Grundlage dieser Mindeststandards, ein weltweites Netz an *Labor Attachés* in den Botschaften, Absicherungen für Arbeitsmigrant_innen in Not, die Vorbereitung von Migrierenden auf ihren Auslandsaufenthalt mit *pre-departure trainings* oder Hilfestellungen für die Reintegration. In der Tat bietet das philippinische Modell den Migrant_innen im Vergleich mit Programmen anderer Staaten am meisten Schutz. Weil die Philippinen ein vergleichsweise machtvoller Akteur sind (philippinische Arbeitsmigrant_innen sind quasi zur Marke geworden; kein anderer Staat hat so viele Abkommen verhandelt), kommt es hier teils zu erheblichen Konkurrenzsituationen mit benachbarten Nationen. Kleinere Staaten wie Nepal oder Sri Lanka etwa haben weniger institutionelle Kapazitäten und Verhandlungsmacht, um die aufgrund der Anzahl der Hauptdestinationen zahlreichen Abkommen zu verhandeln. So werden innerhalb Asiens verschiedene Gruppen von Migrant_innen gegeneinander ausgespielt bzw. es kommt zu Konkurrenzen zwischen den Arbeiter_innen selbst. So erhalten philippinische Arbeitsmigrant_innen vielerorts höhere Löhne, was zu Konflikten führt. Rodriguez berichtet auf der anderen Seite von Auseinandersetzungen zwischen Arbeiter_innen aus den Philippinen und Bangladesch in Brunei. Erstere hielten sich für besser qualifiziert und beschwerten sich, dass Letztere die gleichen Löhne erhielten (Rodriguez 2010, 126).

Diese Beispiele veranschaulichen die Konsequenzen einer umfassenden Kommodifizierung von Migration, und hier setzt auch die Kritik von einigen zivilgesellschaftlichen Organisationen und Netzwerken philippinischer (und anderer) Migrant_innen an. Sie möchten nicht länger in instrumenteller Weise ausschließlich als Rücksender_innen von Geld gesehen werden. Einer ihrer Slogans dafür lautet »Migrants not for Export!«. Der 28. August wurde von der Gruppe *Migrante* symbolisch zum »No Remittance Day« erklärt. Ihre Kritik richtet sich dagegen, dass der gesamte staatliche Apparat die Körper der Migrierenden, von der Ausbildung zur ›exotischen Tänzerin‹ bis zur Repatriierung der Leichen, als Kapital und Mittel zur Gewinnmaximierung begreift. Ligaya Lindio-McGovern (2012) stellt in ihrer Beschreibung der Einbindung von Migrant_innen in die *circuits of commodification* die Verbindung zwischen den »labor-sending countries« und den »labor-receiving countries« her. Verbunden werden diese durch die transnationale Arbeitsteilung wie auch durch die Transnationalisierung von Haushalten der Migrierenden (ebd., 37). Den *circuits of commodification*« stehen *circuits of resistance* gegenüber. Ähnlich stilbildend wie der philippinische staatliche Migrationsapparat ist das zivilgesellschaftliche Netzwerk. In nahezu allen Zieldestinationen philippinischer Migration gibt es eine sozial diverse, teils auch von politischen Konflikten geprägte Szene von Frauenorganisationen (z.B. *Gabriela*), (Quasi-)Gewerkschaften, informellen Gruppen, kirchlichen Einrichtungen (wie der *Mission for Filipino Migrant Workers*), NGOs, politischen Parteien etc., die Beratung anbieten, Kampagnen durchführen, mit den Konsulaten und Botschaften kooperieren oder den Interessen der Migrant_innen bei diesen sowie der philippinischen Regierung zur Durchsetzung verhelfen. Die Gruppen sind lokal verankert und transnational vernetzt. Sie bewegen sich zwischen verschiedenen Typen des Engagements, dem »empowerment model« und dem »service model« (ebd., 70).

6.4 Zum Verhältnis von Migration und Entwicklung

Zehn Mythen über Migration und Entwicklung (Delgado-Wise/Márquez/Gaspar 2015) und *Internationale Migration, Rücküberweisungen und Entwicklung: Mythen und Fakten* (de Haas 2005). Diese beiden Titel von Veröffentlichungen beschreiben die in der jüngeren Forschung vorherrschende Sicht auf Migration und Entwicklung recht gut: Das Feld ist stark von Annahmen, Erwartungen und Hoffnungen geprägt – und von ihrer Entzauberung. Ein Blick auf die letzten Jahrzehnte zeigt dabei, dass die Kausalitätsbeziehungen zwischen Entwicklung und Migration entweder als fast ausschließlich positiv oder als vornehmlich negativ gedacht werden. Thomas Faist (2007) identifiziert drei Zyklen, in denen solche Vorannahmen dominant waren, und bringt sie wissenssoziologisch mit den jeweils prägenden Entwicklungstheorien in Verbindung:

1. Phase (1950/60er Jahre): Migration befördert Entwicklung, so lautete verkürzt die Annahme. In Westeuropa gab es einen Arbeitskräftemangel, im südlichen Europa hingegen zu mobilisierende Arbeitskräfte sowie Regierungen, die die Erwerbslosigkeit zu senken und über Devisenflüsse zu mehr Wohlstand zu gelangen hofften. Die Modernisierungstheorie in der Entwicklungstheorie ging schlicht davon aus, dass ökonomisches Wachstum zu einem Mehr an Entwicklung führe. Auch wurde angenom-

men, dass durch Migration ein Gleichgewicht zwischen Kapital und Arbeit erreicht werden könne und folglich längerfristig eine Reduktion der Emigration durch Entwicklung in den Herkunftsländern eintrete. Rücküberweisungen galten als wichtiger Beitrag für Investitionen und für höhere Löhne in den Herkunftsländern. Diese Sichtweise wurde in zahlreichen Herkunftsländern geteilt, die ihre Bürger_innen zur zeitweisen Migration ermutigten (z.B. Marokko, Türkei, Philippinen).

2. Phase (1970/80er Jahre): Als die ökonomisch messbaren Erfolge in vielen Ländern ausblieben, begann eine zweite, pessimistischere Phase, die von der Dependenztheorie geprägt war. Nach der neuen Lesart führte Unterentwicklung zu Migration, und die ›unterentwickelten‹ Länder stellten Arbeitskraft für die ›entwickelteren‹ bereit. Der globale Norden profitiere durch die Abwanderung gut ausgebildeter Personen (*brain drain*) zudem von den Ausbildungsinvestitionen und entziehe den Herkunftsländern wichtige Fachkräfte. Durch die Rücküberweisungen komme es zudem zu größerer sozialer Ungleichheit in den Herkunftsregionen, weil die Empfänger_innen von Rücküberweisungen ihren Status im Vergleich mit nicht unterstützten Einwohner_innen weiter verbessern könnten. In der Weltsystemtheorie gilt Migration als Ausdruck ungleicher Zentrum-Peripherie-Verhältnisse und »Entwicklung durch Migration« als Beispiel für eine »abhängige Entwicklung«. Seit den 1970er Jahren wurden schließlich komplexere Konzepte entwickelt, die auf eine zeitliche Dynamik im Migrationsprozess verwiesen, so dass es zunächst zu vermehrter Emigration, später jedoch zu einer Abnahme komme (*migration hump*). Mit Blick auf die dominanten Paradigmen kann die Debatte als Kontroverse zwischen Neoklassik und historischem Institutionalismus sowie marxistischen und Weltsystemansätzen gelesen werden. Stellen erstere mit dem Humankapitalmodell die rationale Entscheidung und die ratio-

nale Zukunftserwartung höherer Einkommen von Individuen als Migrationsmotive in den Vordergrund (siehe Kap. 3.4), so betrachten historisch-institutionelle und materialistische Analysen vornehmlich die Strukturebene und verstehen Migration als eine Form der Mobilisierung günstiger Arbeitskräfte für das Kapital (siehe Kap. 3.6, 3.8).

3. Phase (seit Mitte der 1990er Jahre): Von den Akteur_innen der *migration governance* (siehe Kap. 4.2) wird Migration zunehmend *als* Entwicklung gedacht und soll für die Herkunfts- und Zielstaaten sowie die Migrant_innen möglichst nutzbringend sein (*triple-win*-Effekte). Diese Phase ist im Zusammenhang mit der neoliberalen Transformation von Entwicklungspolitik zu sehen. Die Verantwortung für Entwicklung wird teils an den Markt und teils an die Migrant_innen – die ›Diasporas‹ (siehe Kap. 6.5) – delegiert. Gefasst wird dieses Zusammenspiel als *co-development* und ist in Staaten wie Frankreich und den Niederlanden zur entwicklungspolitischen Leitlinie geworden. Adressiert werden insbesondere gut ausgebildete Emigrant_innen, deren Auswanderung in den vorherigen Phasen als *brain drain* bezeichnet wurde. Die Anzahl der Migrant_innen mit Hochschulabschluss in die OECD-Länder stieg in der letzten Dekade um siebzig Prozent auf 27 Millionen (ein Fünftel davon aus Indien, China, den Philippinen). Für einige kleine Staaten bedeutet dies tatsächlich einen erheblichen *brain drain*: So leben mehr als die Hälfte der in Guyana, Barbados, Haiti und Trinidad und Tobago gut Ausgebildeten nicht mehr in diesen Ländern. Auch jede neunte in Afrika geborene Person mit einem Abschluss des tertiären Bildungssektors lebte 2010/2011 in Ländern der OECD. Die Abwanderung ist bei Frauen ausgeprägter als bei Männern und liegt beispielsweise in der Republik Kongo, Sierra Leone und Togo über zehn Prozentpunkte höher als bei Männern (OECD/UNDESA 2013). Insbesondere im Gesundheitssektor hat der *brain*

drain negative Folgen, die sich in der medizinischen Unterversorgung vor allem ländlicher Regionen bemerkbar machen. Seit der Jahrtausendwende wird deshalb versucht, gegen die negativen Folgen möglichst auch positive Effekte durch *brain circulation* und *co-development* zu befördern. Monetäre, soziale und ideelle Rücküberweisungen sollen sich in dieser Weise auf die Ökonomie auswirken und zur Reduktion der Armut beitragen.

Diese dritte Phase ist also durch einen Entwicklungsoptimismus geprägt. Rahel Kunz (2011) spricht vom »global remittance trend«, der den Blick auf Migration und Entwicklung bestimme und Migrant_innen disziplinierе, zuverlässig Transfers zu leisten und so ihrer Verantwortung für die Herkunftsländer nachzukommen. Der Weltbankökonom Devesh Kapur (2004) fragt allerdings selbstkritisch, ob es sich bei der positiven Bezugnahme auf Rücküberweisungen nicht um ein »new development mantra« handele. Insbesondere im Lichte des Scheiterns vorheriger Modellannahmen wie jener von der Wirksamkeit privater Direktinvestitionen Mitte der 1990er Jahre hält er es für problematisch, dass viele Akteure ihre Hoffnung auf die positive ökonomische Wirkung von Rücküberweisungen setzen. Rücküberweisungen seien nämlich ein komplexes Phänomen und mit vielen Mythen behaftet, unter anderem der Vorstellung, dass sie den *brain drain* kompensieren könnten. Daran anschließend spricht Alan Gamlen (2014b) von einem neuen Pessimismus in Sachen Migration und Entwicklung und beruft sich dabei gar nicht so sehr auf neue Befunde, sondern fragt vielmehr, warum diese als eindeutig positiv oder negativ gedeutet werden. Zu dieser Einschätzung führen ihn drei Einsichten: »First, [...] critics have shown that the new optimism is not new, but only the latest phase in an ongoing debate that may well be cyclical. Second, some of these new pessimists have suggested that developmental arguments for and against migration have been driven less by scholarly progress than by political and economic interests, including immigration control and neoliberal economic reform. Third, the new pessimists have argued that the hype around migration and development is rife with hyperbole and superstition [...]. In this way, the new pessimism grafts critiques of recent policy discourse onto older scepticism about immigration itself.« (ebd., 586) Stephen Castles und Raúl Delgado-Wise kommen beim Vergleich der fünf Emigrationsstaaten Indien, Marokko, Mexiko, Philippinen und Türkei (siehe Kap. 6.1) ebenso wenig zu einem Ergebnis, das die simple These, Migration bzw. Rücküberweisungen führten zu ›Entwicklung‹, stützen könnte: »there is great potential for outcomes beneficial to sending country populations, but the conditions for realising these are complex and difficult. Strategies of ›remittance-led development‹ seem simplistic and naïve. Migration alone cannot remove structural constraints to economic growth, social change and greater democracy. There is a need for broadly-based long-term approaches that links the potential benefits of migration with more general strategies to reduce inequality and to improve economic infrastructure, social welfare and political governance.« (Castles 2008, 201)

Die Debatte um Migration und Entwicklung bleibt trotz zeitweise an Bedeutung gewinnender neuer Aspekte dem modernisierungstheoretischen Paradigma von Entwicklung verhaftet, da ökonomische Transfers und Wirtschaftswachstum synonym mit Entwicklung gesetzt werden. Migrant_innen werden zwar in diesen Diskurs und die daraus folgende Politik mit einbezogen, jedoch vor allem im Sinne einer utilitaristischen Logik. Die Frage ihrer sowie der Rechte der ›Zurückgebliebenen‹ treten dagegen in den Hintergrund. Um diesen Aspekt der Einbeziehung von Emigrierenden soll es nun im Folgenden zum Abschluss des Kapitels gehen.

6.5 Staatliche Beziehungen zur Diaspora

War in den vorherigen Kapiteln in der Regel von Migrant_innen die Rede, findet in diesem Abschnitt ein Wechsel zum Begriff »Diaspora« statt – obwohl er teils die gleichen Personengruppen beschreibt. Der Begriff Diaspora hat eine lange Tradition und wird – ausgehend vom paradigmatischen Fall der jüdischen Diaspora – mit gewaltsamem Exil und der Verstreuung einer Gruppe über verschiedene Länder sowie der fortbestehenden Bezugnahme auf die (imaginierte) Heimat verbunden. Eine zweite Verwendung des Begriffs bezieht sich auf die afrikanische Diaspora und die historischen Erfahrungen der Sklaverei. Sie wurde von den *British Cultural Studies* Mitte der 1970er Jahre, insbesondere von Paul Gilroy und Stuart Hall, geprägt. »In this respect, not referring to any kind of real and direct connection to Africa, ›diaspora‹ became the positive symbol of ›life‹ as opposed to ›survival‹ and of ›heterogeneity‹ as opposed to ›homogeneity‹.« (Dufoix 2015, 10) Damit stehen sich zwei unterschiedliche Begriffsverständnisse gegenüber – »a modern, centered, territorial and political vision versus a postmodern, emancipatory, deterritorialised and cultural one« (ebd.) –, und es öffnete sich ein breites semantisches Feld. Denn mit Diaspora waren Minderheiten, Migrant_innen, transnationale Gemeinschaften oder jede andere Personengruppe angesprochen, die über verschiedene Staaten verstreut lebt. Auf Grundlage dieses breiten Verständnisses griffen zahlreiche Emigrationsstaaten und internationale Organisationen den Begriff auf, die nun »Diaspora-Programme« durchführen oder staatliche Diaspora-Organisationen schufen. Er wird heute als Bezeichnung für all diejenigen Staatsbürger_innen und ihre Nachkommen verwendet, die außerhalb der Staatsgrenzen leben, sich aber weiter mit dem Herkunftsland (ihrer Vorfahren) verbunden fühlen. Die Staatsbürger_innenschaft ist kein notwendiges Kriterium, Angehörige der Diaspora können auch andernorts eingebürgert sein.

In internationalen Foren wie dem *Global Forum on Migration and Development* wird der Begriff auch verwendet, um Akteur_innen zu bezeichnen, die keine *advocacy*-Organisationen – wie die meisten NGOs – sind, sondern ihre Interessen ›selbstorganisiert‹ vertreten. Dabei wird angenommen, dass diasporische Gemeinschaften einen privilegierten Zugang zu lokalem Wissen und den entsprechenden Problemlagen haben. Allerdings kritisiert Kwesi Aikins, dass Geberorganisationen und Staaten im Rahmen der Entwicklungszusammenarbeit diasporisch-selbstorganisierte Aktivitäten oft vereinnahmten; so fördere die »diaspora option« der Weltbank nur diejenigen, deren Aktivitäten sich positiv auf das von ihr vertretene Wirtschafts- und Politikmodell auswirkten (Aikins 2016, 228). Zudem werde über den Begriff der Diaspora eine »quasi-organische Verbundenheit, eine Wesensgleichheit mit der Gemeinschaft« (ebd., 227) hergestellt. Dabei seien innerhalb diasporischer Gruppen stets unterschiedliche Interessenlagen und eine erhebliche Binnenheterogenität anzutreffen.

Staaten entdecken ›ihre‹ Diasporas – so lässt sich die Entwicklung der etwa zwei letzten Jahrzehnte zusammenfassen. Während um 1970 nur zehn Staaten Institutionen für ihre Staatsbürger_innen im Ausland unterhielten, waren es 2000 bereits vierzig Staaten und 2014 schon 110 der insgesamt 193 Mitglieder der Vereinten Nationen. In der Terminologie des Transnationalismusparadigmas (Kap. 3.10) lässt sich diese Entwicklung als »transnationalism from above« oder als »state-led transnationalism« bezeichnen. Der exponentielle Anstieg an Institutionen ist beachtlich und erklärungsbedürftig. Doch zunächst soll kurz die unterschiedliche Ausrichtung der staatlichen Diaspora-Einrichtungen beschrieben werden.

Staaten, deren Bürger_innen ihr Land vor allem temporär zu Arbeitszwecken verlassen (siehe Kap. 6.3), richten Agenturen wie etwa die usbekische *Agency for External Labor Migration* oder das *Ministry of Expatriates' Welfare and Overseas Employment* in Bangladesch ein. Dort wird über eine legale Ausreise informiert, können Rekrutierungsagenturen sich lizenzieren lassen und gibt es eine Hotline für Notfälle.

Staaten mit einer weit zerstreuten Diaspora entscheiden sich wie Armenien für ein Diaspora-Ministerium oder wie Chile für ein interministerielles Komitee für chilenische Gemeinschaften im Ausland (mit dem Slogan »Chile somos todos«/»Wir alle sind Chile«). Sie konzentrieren sich darauf, Kontakt zu halten und über rechtliche Belange wie Grunderwerb und Auslandswahlrecht, Rentenansprüche oder Entschädigungen für Opfer der chilenischen Diktatur zu informieren.

Ein weiterer Typus von Organisationen bezieht sich vor allem auf die politische Ebene. Konsultativorgane wie das *Joint Parliamentary Committee for Diaspora Affairs* in Jamaica oder die in einigen Städten ansässigen *Consejos consultivos* für Uruguayer_innen befassen sich mit Gesetzen und Anliegen, die die Auslandsstaatsbürger_innen betreffen; andere organisieren, wie in Portugal, Algerien und Frankreich, die Wahl für die Parlamentssitze, die aus dem Ausland heraus besetzt werden.

Ein Staat, der ein forderndes, repressives Verhältnis zu seinen Staatsbürger_innen im Ausland unterhält, ist Eritrea. Eritrea verlangt, etwa anlässlich der Beantragung neuer Pässe in seinen konsularischen Vertretungen, von in Europa lebenden Eritreer_innen auch rückwirkend für die Zeit seit der Emigration eine sich auf zwei Prozent des jeweiligen Einkommens belaufende »Recovery and Rehabilitation Tax«. Für den Fall der Nichtzahlung werden Drohungen ausgesprochen und Konsequenzen für (in Eritrea lebende) Angehörige angekündigt. Zudem müssen

Oppositionelle bzw. aus Eritrea Geflohene ein Schuldeingeständnis unterzeichnen.

Um die Ansätze und staatlichen Organe zu typologisieren, unterscheidet Alan Gamlen (2008) vom *Oxford Diasporas Programme*, in dem umfangreiche Bestandsaufnahmen und Vergleiche durchgeführt wurden, zwischen Maßnahmen zum »diaspora buildung« und zur »diaspora integration«. Unter »diaspora building« versteht er Aktivitäten, die dazu beitragen, dass Emigrant_innen geteilte Gefühle als Emigrant_innen entwickeln und sich trotz teils jahrzehntelanger Abwesenheiten weiterhin ›ihrem Staat‹ verbunden fühlen. In vielen Emigrationsstaaten werden zu diesem Zweck Preise ausgelobt, Schönheitswettbewerbe durchgeführt und Feste veranstaltet. Die dabei stets wirksame normative Ebene, auf der sich Geschlechter- und Familiennormen mit solchen der nationalen Identität und einer neoliberalen »Regierung des Selbst« vereinen, lässt sich idealtypisch am *Model Oversea Filipino Workers' Family of the Year Award* illustrieren. Mit diesem Preis werden Familien ausgezeichnet, die besonders gut die Risiken der Migration meistern: »These families demonstrated evidence of success in keeping positive family values and family unity, despite physical separation, in providing quality education for the children and in the achievement of economic prosperity for themselves and for their community.« (www.gfmd.org/pfp/ppd/2191) Anders die Politiken der »diaspora integration«, die die Rechte der Emigrierten in den Mittelpunkt stellen. Ganz oben auf ihrer Agenda stehen Fragen doppelter Staatsangehörigkeit sowie das Auslandswahlrecht, Fragen von Erbrecht und Grundbesitz sowie Dienstleistungen, die den Aufenthalt im Ausland vereinfachen und sicherer gestalten wie etwa Fonds zur Absicherung von Risiken, bilaterale Abkommen mit Hauptzielstaaten etc. Die Orientierung auf Rechte ist die eine Seite, ihr gegenüber steht die Integration mittels Pflichten und

Abgaben. Darunter fallen Steuern, Abgaben auf Rücküberweisungen oder die an Bedingungen geknüpfte Vergabe von Stipendien zur Wahrnehmung von Bildungsangeboten im Ausland, z.B. die Verpflichtung, fünf Jahre im öffentlichen Dienst tätig zu sein. Viele Staaten verpflichten ihre emigrierten Staatsbürger_innen in der einen oder anderen Art, aber nur wenige in ähnlich repressiver Weise wie Eritrea.

Die Typologisierung zeigt nicht nur die unterschiedlichen Herangehensweisen, sondern auch, dass in vielen Ländern sehr ähnliche Organe oder Politiken bestehen (Collyer 2013, 328). So ist die *Ethiopian Origin ID Card* (*The Yellow Card*) wie die indische *PIO Card* (*People of Indian Origin*) konzipiert. In beiden Staaten ist eine doppelte Staatsbürgerschaft nicht möglich, aber die Karte gewährt Privilegien wie Visumfreiheit bei der Einreise oder beim Zugang zum Arbeitsmarkt. In Mexiko und Marokko bestehen seit 2002 bzw. 2007 recht ähnlich verfasste konsultative Räte für Auslandsmexikaner_innen bzw. -marokkaner_innen. Auch wurden in etlichen Ländern nahezu zur gleichen Zeit Büros zur Unterstützung von Inlandsinvestitionen durch im Ausland wohnende (ehemalige) Staatsbürger_innen, sogenannte *Diaspora Desks*, in den Außenministerien eingerichtet. Erklären lässt sich die Ähnlichkeit der Ansätze durch einen zunehmend intensiveren Austausch. Der Einfluss der *International Organization for Migration* (IOM) und des *Global Forum on Migration and Development* (GFMD) sind hier nicht zu unterschätzen. Eine *policy-and-practice*-Datenbank enthält weit über tausend Einträge, die Regierungen helfen, sich über mögliche Praktiken auszutauschen. Mögen diese Ähnlichkeiten eine neoinstitutionalistische Erklärungsweise nahelegen, der zufolge hier Lern- und Diffusionseffekte bestehen, kann dies indes nicht die einzige Erklärung für den rasanten Anstieg der Zahl staatlicher Einrichtungen sein.

Warum gründen also immer mehr Staaten Ministerien oder eigene staatliche Organe für die Ausgewanderten? Zur Erklärung dieser Frage finden sich unterschiedliche Antworten, die sich grob unterteilen lassen in diejenigen, die ökonomische oder politische Interessen am Werk sehen, und diejenigen, die einen Normenwandel bzw. ein verändertes Verständnis von Regieren für plausibel halten (Gamlen 2014a).

Die *interessenbasierte Position* geht von rational handelnden Staaten aus. In der Variante, die *ökonomische Interessen* als wichtigsten Faktor einschätzt, ist den Staaten daran gelegen, dass Angehörige der Diaspora entweder Rücküberweisungen oder Investitionen tätigen. Alan Gamlen nennt dies die »Anzapfstrategie« (2014a, 186 ff.). Getragen ist diese Strategie von der Annahme, dass Migration, wenn sie gut gemanagt ist, zur Entwicklung beitragen kann. Migrationstheorien, die ein solches Verständnis nahelegen, sind etwa die *New Economics of Labour Migration* (Kap. 3.5) oder auch der *Push-/pull*-Ansatz (Kap. 3.3), die davon ausgehen, dass sich Migration aus der Perspektive des Herkunftslands u.a. mit dem Bedarf an Devisen, also Rücküberweisungen, erklären lässt. Um diese möglichst effektiv und über längere Zeiträume zu sichern, wird die Bindung an das Herkunftsland befördert, denn wie Untersuchungen zum Rücküberweisungsverhalten zeigen, nehmen die entsprechenden Zahlungen nach den ersten Jahren der Emigration ab; nur wenige Angehörige der zweiten Generation tätigen überhaupt noch Rücküberweisungen. Auch für Länder mit starkem *brain drain*, also der Emigration von gut Ausgebildeten und damit dem Verlust von Bildungsinvestitionen, kann die Strategie sinnvoll sein, um etwa über den Transfer von Fachwissen oder Technologie davon zu profitieren bzw. die Verluste zu minimieren. Kritisiert worden ist an dieser Erklärung erstens, dass Soziologie und Anthropologie einerseits viel Kritik an ökonomistischen Migrationstheorien geübt haben (siehe Kap. 3), solche Erklärungsweisen bei der Frage des Diasporaengagements aber wieder plausibel erscheinen (Ragazzi 2009, 381). Zweitens ist schwer zu erklären, warum Staaten wie Mexiko, Italien oder Irland ihre Emigrant_innen zunächst weitestgehend ignorierten, ihre Politik dann aber änderten. Und drittens zeigt der Blick auf die große Zahl von Staaten mit eigenen Diasporapolitiken, dass längst nicht alle Emigrationen volkswirtschaftlich ins Gewicht fallen. Eine zweite Variante der Erklärung des Diaspora-Engagements von Staaten argumentiert mit der *politischen* Interessengeleitetheit. Gamlen bezeichnet diesen Ansatz als »Umarmungsstrategie« (Gamlen 2014a, 188 ff.). Vertreter_innen dieser Perspektive sind vor allem dem Transnationalismusparadigma oder den konstruktivistisch orientierten Internationalen Beziehungen zuzurechnen. Sie messen der Frage von Identität als handlungsleitender Maxime eine große Bedeutung zu. Diasporaeinrichtungen und -programme tragen dazu bei, dass z.B. auch Kinder von Migrant_innen weiter einen Bezug zum Herkunftsland ihrer Familie haben. Dass Staaten daran interessiert sind, kann unterschiedliche Hintergründe haben – das Spektrum reicht von autoritärer Kontrolle bis zu der Annahme, dass solche Bezüge demokratisierende Effekte auf die Emigrationsstaaten haben. Yasemin Soysal (1994) ordnet die verschiedenen Diasporastrategien dem von ihr so benannten Trend in Richtung postnationaler Zugehörigkeiten zu. Christian Joppke (2005) hingegen interpretiert sie eher als Ausdruck einer »Re-Ethnisierung« von Zugehörigkeit, also als Ausdruck eines zunehmenden und teils auch aggressiven Nationalismus. Und Laurie Brand (2006) hält mit Blick auf autoritär geprägte nordafrikanische Staaten die Motivation, die Emigrierten zu kontrollieren, für eine wichtige Erklärung. Die Erklärungsansätze zur Schaffung von Diasporainstitutionen sind also unterschiedlich, treffen sich aber in der Annahme, dass ihre Einrichtung grundlegend einer interessegeleiteten rationalen Motivation der Staaten folgt.

Sowohl Alan Gamlen (2014a) als auch Francesco Ragazzi (2009), die beide umfangreichere Vergleichsstudien durchgeführt haben, halten eine andere Erklärung für den rasanten Anstieg an entsprechenden Programmen und staatlichen Einrichtungen für plausibler, nämlich strukturelle Veränderungen in der »Kunst des Regierens«, für diesen Kontext vor allem das Regieren durch Gemeinschaften. Dabei beziehen sie sich auf gouvernementalitätstheoretische Überlegungen im Anschluss an Michel Foucault. In einer genealogischen Perspektive identifiziert Ragazzi die sich verändernden Rationalitäten, mit denen Emigrationsländer sich zu ihren Emigrant_innen verhalten (ebd., 385–387): Lange habe ein disziplinierender Modus vorgeherrscht, den Emigrierenden sei oftmals Misstrauen entgegengebracht worden (›Vaterlandsverräter‹). Der »Gastarbeitsmodus« des Diasporaengagements war von Gedanken des *social engineering* und nationaler Entwicklung geprägt. Die Emigrationsstaaten versuchten, ihren Staatsbürger_innen über die Distanz »governmental care« zukommen zu lassen, z.B. in Form schulischer Angebote in den Herkunftssprachen. Darin trafen sich die Interessen der Zielstaaten, die keine Integration der Gastarbeiter_innen in die Gesellschaft anstrebten, mit denen der Herkunftsstaaten, die ihre Staatsbürger_innen auf die etwaige Rückkehr vorbereiten wollten. Nationale Identität war hierzu der Schlüssel. Für den aktuellen Modus des neoliberalen Regierens (»advanced liberal government«) sieht Ragazzi zwei wichtige Veränderungen (ebd., 389 f.): Erstens werde Wettbewerbsfähigkeit nicht länger allein national gedacht, sondern zunehmend auch in lokaler oder regionaler Hinsicht, so dass zunehmend nur noch Teilgruppen unterstützt werden und Maßnahmen der allgemeinen Wohlfahrt zurückgingen. Zweitens werde die Verantwortung für das Wohlergehen immer mehr auf die Individuen und »communities« verlagert. Diese müssen nicht notwendigerweise an einem Ort präsent sein, sondern können auch verstreut leben (»deterritorialisiert«). Hier liegt es nahe, dass *diaspora communities* adressiert und von Staaten als Ressource betrachtet werden. Auf symbolischer Ebene wurden vielerorts neue Begriffe für die Emigrierten verwendet. Aus ›Gastarbeitern‹ oder ›Exilierten‹ wurden ›Landsleute im Ausland‹; abwertende Bezeichnungen (z.B. das mexikanische *pochos*) bekamen durch die wertschätzende Nennung in Programmen wie dem »Programm für mexikanische Gemeinschaften im Ausland« eine positive Konnotation; und mit essentialistischer Tendenz fand eine Nationalisierung der Diskurse statt (»italianità«, »mexicanidad« etc.). Die wertschätzende und nationale Ansprache kommt auch darin zum Ausdruck, dass die Emigrierten als Lobbyist_innen und Botschafter_innen ihres Staates im Ausland gelten, als informelle Träger der Außenpolitik. Gamlen fügt der governementalitätstheoretischen Deutung noch weitere politikwissenschaftliche Erklärungen zu *policy diffusion* und *epistemic communities* hinzu, die oben bereits mit Blick auf den Austausch zwischen Expert_innen in globalen Arenen der Migrationsgovernance beschrieben wurden. Diese Erklärungsweisen zur Vermehrung der Diasporainstitutionen lassen die Intentionalität staatlichen Handelns nicht vollständig außer Acht, betten sie aber in übergreifende Zeitdiagnosen ein.

Zur Weiterentwicklung des vergleichsweise neuen Forschungsfeldes der Staat-Diaspora-Beziehungen bieten sich systematische Vergleiche an, die etwa die Bedeutung der Emigrations- und Immigrationskontexte aufeinander beziehen oder jeweils gleiche ›Diasporagruppen‹ in verschiedenen Aufnahmekontexten miteinander vergleichen. Wenig untersucht sind bislang die längerfristigen Wirkungen der staatlichen Diasporapolitiken.

6.6 Fazit

Der von Sayad (2004) eingeforderte analytische Blick auf Migration als Immigration und Emigration betont die Interdependenzen zwischen Emigrations- und Immigrationskontexten. Diese sind Ausdruck globaler sozialer Ungleichheit. Ungleichheit und Ausbeutung im Migrationskontext zu thematisieren hat eine lange, auch theoretische Tradition (siehe Kap. 3.6–3.11). Die politische Ökonomie von Ein- und Auswanderung ist nur zu verstehen, wenn die globale Arbeitsteilung, die Auswirkungen von (neo-)kolonialer Herrschaft und die Organisation globaler Produktionsketten betrachtet werden. Die in diesem Kapitel vertretene Perspektive, Migration von den Emigrationsstaaten her zu denken, kann aber auch dazu führen, den Blick wieder zu verengen, nämlich Migration nur als eine Frage von ›Entwicklung‹ zu verstehen. Diese Entwicklungsperspektive geht immer noch mit dem modernisierungstheoretischen Paradigma von erwünschtem Wirtschaftswachstum und der neoliberalen Umstrukturierung von Weltregionen einher. Interessanterweise werden in der Migrationsforschung kaum Beiträge rezipiert, die einige dieser Annahmen infrage stellen, etwa die in der Umwelt-, Entwicklungs- oder Globalisierungsforschung viel diskutierten Ansätze von Dekolonialisierung, *buen vivir*, *post development* und *degrowth*. Einige dieser Debatten ermöglichen ein Nachdenken darüber, wie wir leben möchten, wie Wirtschaften und soziale Sicherung gerecht und für die Zukunft gedacht werden können. Zudem lenken sie den Blick darauf, dass im Globalen Norden und privilegierten Teilen des Globalen Südens eine »imperiale Lebensweise« (Brand/Wissen 2017) vorherrscht. Damit ist gemeint, dass in den kapitalistischen Zentren tief verankerte »Produktions-, Distributions- und Konsumnormen« herrschen, die gelebt werden können über »den unbegrenzten Zugriff auf das

Arbeitsvermögen [und] die natürlichen Ressourcen [...] andernorts« (ebd., 43 f.). Migration kann unter diesen Verhältnissen Ausdruck einer gewählten Option sein, jedoch würden viele Menschen ein besseres Leben vorziehen, ohne migrieren zu müssen. In normativer Hinsicht wird aktuell viel über ein Recht auf Migration gestritten, aber ein Recht auf Nicht-Migration wird in emanzipatorischer Weise kaum vertreten. Vielmehr dient die »Bekämpfung von Fluchtursachen« der Abwehr von Flucht_Migration in den Globalen Norden und damit der Verteidigung jener »imperialen Lebensweise«.

7. Ausblick

Migrationsforschung befasst sich mit Migrationsprozessen, mit verschiedenen Formen der Migration sowie den vielfältigen, teils widersprüchlichen und konflikthaften Folgen. Eine reflexive oder kritische Migrationsforschung sollte dabei die Perspektive der Wissensproduktion und der von Machtprozessen begleiteten Konstitution des Feldes Migration und Migrationsforschung stets mit einbeziehen. Von den gesellschaftlichen Debatten und politischen Kontroversen um Migration lässt sich die Migrationsforschung nur schwer trennen. Migrationsforschende werden insbesondere dann zu ihren Einschätzungen konsultiert, wenn Migration in den Fokus der medialen Aufmerksamkeit gerät (ohne dass diese dann politisch berücksichtigt würden), und Studien werden zuweilen für politische Aussagen passend gemacht. Nicht wenige Arbeiten lassen sich dagegen als ein »Anschreiben gegen Migrationsmythen« deuten: Nein, nicht alle Flucht- und Migrationsbewegungen gehen ›gen Norden‹. Nein, nicht die Ärmsten migrieren. Nein, Immigration ist ökonomisch zumeist nicht nachteilig. Nein, Migrantinnen ziehen nicht nur ihren Männern hinterher. Nein, restriktive Migrationskontrollen halten die Migrierenden nicht in der gedachten Weise von der Migration ab. Wenn diese Einführung nicht nur als Bestandsaufnahme wissenschaftlicher Theorien und Debatten gelesen wird, sondern auch als ein Beitrag, den Debatten um Migration mehr Substanz zu geben und alternative Einschätzungen plausibel machen zu können, hätte dieses kleine Buch seinen Zweck erfüllt.

Dank

Diese Einführung basiert auf der Konzeption der Lehrveranstaltung »Einführung in die sozialwissenschaftliche Migrationsforschung« im Rahmen des Masterstudiengangs *Internationale Migration und Interkulturelle Beziehungen* (IMIB) an der Universität Osnabrück. Den »IMIBs« danke ich für vielfältige Anregungen und die Motivation, dem Integrations-Bias der deutschen Migrationsforschung mit einer globaleren Perspektive zu begegnen. *kritnet*, das Netzwerk für kritische Migrations- und Grenzregimeforschung, ist seit mittlerweile einem Jahrzehnt ein Forum, um die Wissensproduktion zu Migration allgemein zu reflektieren und über Interventionen nicht nur nachzudenken – ein kollektiver Dank! Bedanken möchte ich mich bei meinem Fachgebietsteam »Migration und Gesellschaft«, insbesondere Helge Schwiertz und Katherine Braun, sowie unserer Forschungswerkstatt für Kommentare zur Gliederung und zu einzelnen Kapitelentwürfen. Shari Heuer, Verena Hucke, Laura Dederichs und Sigrid Pusch danke ich für kritisches Gegenlesen, Recherchen, Unterstützung bei der Erstellung des Index sowie für den Transport nicht weniger Bücher aus der hervorragend bestückten Bibliothek des Instituts für Migrationsforschung und Interkulturelle Studien (IMIS). Muriel und Olaf Berg danke ich für ihre Geduld während der Schreibphase. Ina Kerner vom wissenschaftlichen Beirat der Reihe »zur Einführung« danke ich für die Einladung und Ermutigung, dieses Buch zu schreiben, und *last but not least* Steffen Herrmann vom Junius Verlag für das Lektorat.

Anhang

Literaturverzeichnis

Abbott, Edith (1924): Immigration: Select documents and case records, Chicago: University of Chicago Press.

Abreu, Alexandre (2010): The New Economics of Labor Migration: Beware of Neoclassicals bearing Gifts, in: Forum for Social Economics 41, 1, S. 1–17.

Adepoju, Aderanti (2003): Migration in West Africa, in: Development 46, 3, S. 37–41.

Adepoju, Aderanti (2007): Highly skilled migration: balancing interests and responsibilities and tackling brain drain. Background paper, Civil Society Day, First Global Forum on Migration and Development, Brüssel.

Aikins, Joshua Kwesi (2016): Fallstudie: Diasporas als AkteurInnen der Entwicklungspolitik, in: Handbuch Entwicklungsforschung, Wiesbaden: Springer VS, S. 225–230.

Alba, Richard/Nee, Victor (2003): Remaking the American Mainstream: Assimilation and Contemporary Immigration, Cambridge: Harvard UP.

Allsopp, Jennifer (2017): Agent, victim, soldier, son: Intersecting masculinities in the European »refugee crisis«, in: Jane Freedman/Zeynep Kivilcim/Nurcan Özgür Baklacıoğlu (Hg.), A Gendered Approach to the Syrian Refugee Crisis. London, New York: Routledge, S. 155–174.

Amelina, Anna/Nergiz, Devrimsel D./Faist, Thomas/Glick Schiller, Nina (Hg., 2012): Beyond methodological nationalism: research methodologies for cross-border studies, New York: Routledge.

An Architektur, Produktion und Gebrauch gebauter Umwelt (2003): Grenzgeografie Sangatte, in: An Architektur 03, www.anarchitektur.com/aa03_sangatte/aa03_sangatte.pdf (22.10.2009).

Anderson, Benedict (1996): Die Erfindung der Nation. Zur Karriere eines folgenreichen Konzepts. Frankfurt/New York: Campus.

Andrijasevic, Rutvica (2009): Sex on the move: Gender, subjectivity and differential inclusion, in: Subjectivities 29, 1, S. 389–406.

Aneesh, A. (2006): Virtual Migration: The Programming of Globalization, Durham: Duke UP.

Arndt-Schug, Rosalind/Franger, Gaby (1991): Fremde Frauen. Migrantinnen im Lichte der neueren deutschen Migrationsforschung, in: Beate Fieseler/Birgit Schulze (Hg.), Frauengeschichte: Gesucht – gefunden? Köln/Weimar/Wien: Böhlau, S. 257–274.

Arrighi, Giovanni (1994): The Long Twentieth Century. Money, Power, and the Origins of Our Times, London/New York: Verso.

Ataç, Ilker/Kron, Stefanie/Schilliger, Sarah/Schwiertz, Helge/Stierl, Maurice (2015): Struggles of Migration as in-/visible Politics. Introduction, in: movements. Journal for Critical Migration and Border Regime Studies 1, http://movements-journal.org/issues/02.kaempfe/01.ataç,kron, schilliger,schwiertz,stierl--einleitung~en.html (14.12.2017).

Auernheimer, Georg (1988): Der sogenannte Kulturkonflikt: Orientierungsprobleme ausländischer Jugendlicher, Frankfurt a.M.: Campus.

Aumüller, Jutta (2015): Assimilation: Kontroversen um ein migrationspolitisches Konzept, Bielefeld: transcript.

Autonome Iranische Frauenbewegung im Ausland (1993): »Wir haben keine Heimat.« Migrantinnen im vereinigten Deutschland. Fünf Aufsätze, 1989 bis 1993, Berlin: Eigenverlag.

Ayim, May/Prasad, Nivedita (Hg., 1992): Dokumentation. Wege zu Bündnissen. Zweiter bundesweiter Kongreß von und für Immigrantinnen, Schwarze deutsche, jüdische und im Exil lebende Frauen, Bremen 8.–11.06.1990, Berlin: Eigenverlag.

Bade, Klaus J. (1983): Vom Auswanderungsland zum Einwanderungsland? Deutschland 1880–1980, Berlin: Colloquium.

Bade, Klaus J./Emmer, Pieter C./Lucassen, Leo/Oltmer, Jochen (Hg.) (2007): Enzyklopädie Migration in Europa: vom 17. Jahrhundert bis zur Gegenwart, Paderborn: Schöningh.

Bakewell, Oliver (2014): Relaunching migration systems, in: Migration Studies 2, 3, S. 300–318.

Bakewell, Oliver/Engbersen, Godfried/Fonseca, Maria Lucinda/Horst, Cindy (2016): Beyond Networks: Feedback in International Migration, Houndmills, Basingstoke: Palgrave Macmillan.
Bartels, Inken (2017): ›We must do it gently.‹ The contested implementation of the IOM's migration management in Morocco, in: Migration Studies 5, 3, S. 315–336.
Basch, Linda/Glick Schiller, Nina/Blanc-Szanton, Cristina (1994): Nations Unbound. Transnational Projects, Postcolonial Predicaments, and Deterritorialized Nation-States, Amsterdam: Gordon and Breach.
Bauer, Rudolph (1999): Hilfekulturen und Organisationsansätze in Europa, in: Woge/Institut für Soziale Arbeit (Hg.), Handbuch der Sozialen Arbeit mit Kinderflüchtlingen. Münster: Votum, S. 498–507.
Bayer, Natalie/Engl, Andrea/Hess, Sabine/Moser, Johannes (Hg.) (2009): Crossing Munich. Beiträge zur Migration aus Kunst, Wissenschaft und Aktivismus, München: Edition Metzel.
Bech, Rüdiger/Faust, Renate (1981): Die sogenannten Gastarbeiter: Ausländische Beschäftigte in der BRD, Frankfurt a.M.: Marxistische Blätter.
Behrends, Jan C./Lindenberger, Thomas/Poutrus, Patrice G. (Hg., 2003): Fremde und Fremd-Sein in der DDR: zu historischen Ursachen der Fremdenfeindlichkeit in Ostdeutschland, Berlin: Metropol.
Benz, Martina/Schwenken, Helen (2005): Jenseits von Autonomie und Kontrolle: Migration als eigensinnige Praxis, in: PROKLA. Zeitschrift für kritische Sozialwissenschaft 35, 3, S. 363–377.
Benz, Wolfgang (1991): Das Exil der kleinen Leute: Alltagserfahrungen deutscher Juden in der Emigration, München: C.H. Beck.
Berger, John/Mohr, Jean (1975): A Seventh Man, London/New York: Verso.
Betts, Alexander (2013): Survival Migration: Failed Governance and the Crisis of Displacement, Cornell UP.
Bielefeld, Uli/Kreissl, Reinhard/Münster, Thomas (1982): Junge Ausländer im Konflikt: Lebenssituationen und Überlebensformen, München: Juventa.
Blaschke, Monika/Harzig, Christiane (1991): Frauen wandern aus: Deutsche Migrantinnen im 19. und 20. Jahrhundert, Bremen: Universität Bremen.
Boatcă, Manuela (2014): Commodification of citizenship: Global inequalities and the modern transmission of property, in: Immanuel Waller-

stein/Christopher Chase-Dunn/Christian Suter (Hg.), Overcoming Global Inequalities. Boulder: Paradigm, S. 3–18.
Boccagni, Paolo/Decimo, Francesca (2013): Mapping social remittances, in: Migration Letters 10, 1, S. 1–10.
Bogue, Donald Joseph (1969): Principles of demography, New York: Wiley.
Bojadžijev, Manuela (2002): Antirassistischer Widerstand von Migrantinnen und Migranten in der Bundesrepublik: Fragen der Geschichtsschreibung, in: 1999. Zeitschrift für Sozialgeschichte des 20. und 21. Jahrhunderts 17, 1, S. 125–152.
Bojadžijev, Manuela/Karakayalı, Serhat (2007): Autonomie der Migration. 10 Thesen zu einer Methode, in: Transit Migration Forschungsgruppe (Hg.), Turbulente Ränder. Neue Perspektiven auf Migration an den Grenzen Europas. Bielefeld: transcript, S. 203–209.
Bojadžijev, Manuela/Liebelt, Claudia (2014): Cosmopolitics, oder: Migration als soziale Bewegung: Von Bürgerschaft und Kosmopolitismus im globalen Arbeitsmarkt, in: Boris Nieswand/Heike Drotbohm (Hg.), Kultur, Gesellschaft, Migration. Die reflexive Wende in der Migrationsforschung, Wiesbaden: Springer VS, S. 325–346.
Bojadžijev, Manuela/Römhild, Regina (2014): Was kommt nach dem »transnational turn«? Perspektiven für eine kritische Migrationsforschung, in: Berliner Blätter. Ethnographische und ethnologische Beiträge 65, S. 10–24.
Bommes, Michael/Thränhardt, Dietrich (2010): Introduction: National Paradigms of Migration Research, in: Dies. (Hg.), National Paradigms in Migration Research, Osnabrück: V&R unipress, S. 9–38.
Bommes, Michael (2011). Nationale Paradigmen der Migrationsforschung, in: Bommes, Michael: Migration und Migrationsforschung in der modernen Gesellschaft. Eine Aufsatzsammlung. IMIS-Beiträge, 38, 15–52.
Borjas, George J. (1985): Assimilation, Changes in Cohort Quality and the Earnings of Immigrants, in: Journal of Labor Economics 3, 4, S. 463–489.
Borjas, George J. (1987): Self-selection and the earnings of immigrants, in: American Economic Review 77, 4, S. 531–553.
Brand, Laurie A. (2006): Citizens Abroad: Emigration and the State in the Middle East and North Africa, Cambridge: Cambridge UP.

Brand, Ulrich/Wissen, Markus (2017): Imperiale Lebensweise: Zur Ausbeutung von Mensch und Natur in Zeiten des globalen Kapitalismus, München: oekom.
Brass, Tom (1999): Towards a Comparative Political Economy of Unfree Labour: Case Studies and Debates, London: Routledge.
Bratic, Ljubomir (2000): MigrantInnenorganisationen: Einblick und Ausblick, in: European Institute for Progressive Cultural Policies, eiPCP (Hg.), Cultura migrans. MigrantInnen, kulturalistische Konzepte und politische Effekte: Wien/Linz, http://www.eipcp.net/diskurs/d02/text/bratic01.html (20.1.2005).
Brettell, Caroline B./Hollifield, James F. (Hg., 2014): Migration Theory: Talking across Disciplines, New York: Routledge.
Bukow, Wolf-Dietrich/Llaryora, Roberto J. (1988): Mitbürger aus der Fremde: Soziogenese ethnischer Minoritäten, Opladen: Westdeutscher Verlag.
Carens, Joseph H. (1987): Aliens and Citizens: The Case for Open Borders, in: The Review of Politics 49, 2, S. 251–273.
Carling, Jørgen (2002): Quantifying the Transnational: Using Numbers in Research on Transnational Migration, unpublished paper, www.academia.edu/448511/Quantifying_the_Transnational_Using_Numbers_In_Research_on_Transnational_Migration (31.10.2017).
Carling, Jørgen/Jolivet, Dominique (2015): Exploring 12 Migration Corridors: Rationale, Methodology and Overview, in: Oliver Bakewell/Godfried Engbersen/Maria Lucinda Fonseca/Cindy Horst (Hg.), Beyond Networks Feedback in International Migration. Basingstoke: Palgrave Macmillan, S. 18–46.
Carrillo, Héctor (2004): Sexual migration, cross-cultural sexual encounters, and sexual health, in: Sexuality Research & Social Policy 1, 3, S. 58–70.
Carrillo, Héctor (2018): Pathways of Desire: The Sexual Migration of Mexican Gay Men, Chicago: University of Chicago Press.
Casas-Cortes, Maribel/Cobarrubias, Sebastian/Heller, Charles/Pezzani, Lorenzo (2014): Kollidierende Kartografien, migrating maps, in: Lisa-Marie Heimeshoff et al. (Hg.), Grenzregime II. Migration, Kontrolle, Wissen. Transnationale Perspektiven. Berlin/Hamburg: Assoziation A, S. 301–324.

Cassarino, Jean-Pierre (2004): Theorising Return Migration: The Conceptual Approach to Return Migrants Revisited, in: International Journal on Multicultural Societies 6, 2, S. 253–279.
Cassee, Andreas (2016): Globale Bewegungsfreiheit: Ein philosophisches Plädoyer für offene Grenzen, Berlin: Suhrkamp.
Castles, Stephen (2005): Warum Migrationspolitiken scheitern, in: Peripherie. Zeitschrift für Politik und Ökonomie in der Dritten Welt 25, 97/98, S. 10–34.
Castles, Stephen (2008): Comparing the Experiences of Five Major Emigration Countries, in: Stephen Castles/Raúl Delgado Wise (Hg.), Migration and Development. Perspectives from the South. Geneva: IOM, S. 255–284.
Castles, Stephen/Haas, Hein de/Miller, Mark J. (2013): The Age of Migration: International Population Movements in the Modern World, 5. Auflage, Houndmills/Basingstoke: Palgrave Macmillan.
Castles, Stephen/Loughna, Sean (2005): Trends in Asylum Migration to Industrialized Countries, 1990–2001, in: George J. Borjas/Jeff Crisp (Hg.), Poverty, International Migration and Asylum. Houndmills/Basingstoke: Palgrave Macmillan, S. 39–69.
Celikates, Robin (2016): Migration. Normative und sozialtheoretische Perspektiven, in: Internationale Politische Theorie, Stuttgart: J.B. Metzler, S. 229–244.
Chan, Shelly (2018): Diasporas Homeland. Modern China in the Age of Global Migration, Durham: Duke UP.
Chavez, Karma R. (2013): Queer Migration Politics: Activist Rhetoric and Coalitional Possibilities, Urbana: Feminist Media Studies.
Chiswick, Barry R. (2000): Are Immigrants Favorably Self-Selected? An Economic Analysis, in: Caroline B. Brettell/James F. Hollifield (Hg.), Migration Theory. Talking Across Disciplines, New York/London: Routledge, S. 61–76.
Chueca Sancho, Ángel G. (2007): Ius migrandi y el derecho humano al desarrollo, in: Eikasia: Revista de filosofía 2, 8, S. 191–207.
Collyer, Michael (Hg., 2013): Emigration nations: policies and ideologies of emigrant engagement, Basingstoke: Palgrave.
Connell, Raewyn (2013): Gender, Wiesbaden: Springer VS.
Connell, Robert W. (1999): Der gemacht Mann. Konstruktion und Krise von Männlichkeiten, Opladen: Leske + Budrich.

Cornelius, Wayne A./Tsuda, Takeyuki/Martin, Philip L./Hollifield, James F. (Hg., 2004): Controlling Immigration. A Global Perspective. Second Edition, Stanford, Stanford UP.
Crenshaw, Kimberlé W. (1989): Demarginalizing the Intersection of Race and Sex: a Black Feminist Critique of Antidiscrimination Doctrine. Feminist Theory and Antiracist Politics, in: University of Chicago Legal Forum 140, S. 139–167.
Dahinden, Janine (2016): A plea for the ›de-migranticization‹ of research on migration and integration, in: Ethnic and Racial Studies 39, 13 S. 2207–2225.
Davis, Angela (1981): Women, Race, & Class, New York/Toronto: Random House.
Delgado Wise, Raúl/Márquez, Humberto/Gaspar, Selene (2015): Ten Myths about Migration and Development. Revelations Involving the Mexico-United States Experience, in: Diego Acosta Arcarazo/Anja Wiesbrock (Hg.), Global Migration: Old Assumptions, New Dynamics. Santa Barbara: Praeger, S. 103–138.
de Haas, Hein (2005): International Migration, Remittances and Development: Myths and Facts, in: Third World Quarterly 26, 8, S. 1269–1284.
Dölling, Irene (2005): »Geschlechter-Wissen« – ein nützlicher Begriff für die »verstehende« Analyse von Vergeschlechtlichungsprozessen?, in: Zeitschrift für Frauenforschung und Geschlechterstudien 23, 1+2, S. 44–62.
Donaldson, Mike/Hibbins, Raymond/Howson, Richard/Pease, Bob (Hg., 2009): Migrant Men. Critical Studies of Masculinities and the Migration Experience, London: Routledge.
Donato, Katherine M./Gabaccia, Donna/Holdaway, Jennifer/Manalansan IV, Martin/Pessar, Patricia R. (2006): A Glass Half Full? Gender in Migration Studies. Introduction to the Special Issue on Gender and Migration, in: International Migration Review 40, 1, S. 3–26.
Dong-Hoon, Seol/Skrentny, John D. (2004): South Korea: Importing Undocumented Workers, in: Cornelius et al. (Hg.), Controlling Immigration, S. 475–513.
Dufoix, Stéphane (2015): The loss and the link: a short history of the long-term word ›diaspora‹, in: Nando Sigona/Alan Gamlen/Giulia Liberatore/Hélène Neveu Kringelbach (Hg.), Diasporas Reimagined: Spaces,

Practices and Belonging. Oxford: Oxford Diasporas Programme, S. 8–11.
Dufoix, Stéphane/Guerassimoff, Carine/Tinguy, Anne de (Hg.) (2010): Loin des yeux près du coeur: Les Etats et leurs expatriés, Paris: Les Presses de Sciences Po.
Eberhardt, Pia/Schwenken, Helen (2010): Gender Knowledge in Migration Studies and Practice, in: Brigitte Young/Christoph Scherrer (Hg.), Gender Knowledge and Knowledge Networks in International Political Economy, Baden Baden: Nomos, S. 94–115.
Elsner, Eva-Maria/Elsner, Lothar (1994): Ausländerpolitik und Ausländerfeindschaft in der DDR, Leipzig: Rosa-Luxemburg Verein.
Elsner, Lothar (Hg., 1987): Imperialismus und Ausländerfeindlichkeit, Rostock: Wilhelm-Pieck-Universität.
Emirbayer, Mustafa/Mische, Ann (1998): What is Agency?, in: American Journal of Sociology 103, 4, S. 962–1023.
Enloe, Cynthia (1998): All the Men Are in the Militias, All the Women Are Victims: The Politics of Masculinity and Femininity in Nationalist Wars, in: Lois Ann Lorentzen/Jennifer Turpin (Hg.), The Women and War Reader, New York: New York UP, S. 50–62.
Esping-Andersen, Gøsta (1990): The Three Worlds of Welfare Capitalism, Cambridge: Polity Press.
Esser, Hartmut (1980): Aspekte der Wanderungssoziologie: Assimilation und Integration von Wanderern, ethnischen Gruppen und Minderheiten. Eine handlungstheoretische Analyse, Darmstadt: Luchterhand.
Faist, Thomas (2000): The Volume and Dynamics of International Migration and Transnational Social Spaces, Oxford: Clarendon Press.
Faist, Thomas (2007): Transnationalisation and Development(s): Towards a North-South Perspective, in: Migration Letters 4, 2, S. 183–199.
Faist, Thomas/Fauser, Margit/Reisenauer, Eveline (2013): Transnational Migration, Cambridge/Malden: Polity Press.
Fan, C. Cindy (2014): China on the Move, London: Routledge.
Fassin, Didier (2011a): Humanitarian Reason: A Moral History of the Present, Berkeley/Los Angeles: UC Press.
Fassin, Didier (2011b): Policing Borders, Producing Boundaries. The Governmentality of Immigration in Dark Times, in: Annual Review of Anthropology 40, S. 213–226.

Feller, Erika (2005): Refugees are not Migrants, in: Refugee Survey Quarterly 24, 4, S. 27–35.
FeMigra, Feministische Migrantinnen (1994): Wir, die Seiltänzerinnen. Politische Strategien von Migrantinnen gegen Ethnisierung und Assimilation, in: Cornelia Eichhorn/Sabine Grimm (Hg.), GenderKiller. Texte zu Feminismus und Politik, Berlin/Amsterdam: Edition ID-Archiv, S. 49–63.
Findlay, Allan M./Li, F.L.N. (1999): Methodological Issues in Researching Migration, in: The Professional Geographer 51, 1, S. 50–59.
Fitzgerald, David (2008): A Nation of Emigrants: How Mexico Manages Its Migration, Berkeley/Los Angeles: UC Press.
Forschungsgruppe Staatsprojekt Europa (Hg.) (2013): Kämpfe um Migrationspolitik: Theorie, Methode und Analysen kritischer Europaforschung, Bielefeld: transcript.
Forschungsgruppe Transit Migration (Hg., 2007): Turbulente Ränder. Neue Perspektiven auf Migration an den Grenzen Europas, Bielefeld: transcript.
Foucault, Michel (2004): Die Geburt der Biopolitik, Geschichte der Gouvernementalität II, Frankfurt a.M.: Suhrkamp.
Foucault, Michel (2006): Sicherheit, Territorium, Bevölkerung. Geschichte der Gouvernementalität I, Frankfurt a.M.: Suhrkamp.
Fouron, Georges/Glick Schiller, Nina (2001): All in the Family: Gender, Transnational Migration, and the Nation-State, in: Identities 7, 4, S. 539–582.
Frauenkongreß, Arbeitsgruppe (1985): Ausländische und deutsche Frauen im Gespräch: Sind wir uns denn so fremd? Berlin: subrosa Frauenverlag.
Freeman, Gary P. (1994): Can Liberal States Control Unwanted Migration? in: The Annals of the American Academy of Political and Social Science 534, S. 17–30.
Freeman, Gary P. (1995): Modes of Immigration Politics in Liberal Democratic States, in: International Migration Review 29, 4, S. 881–902.
Frühwald, Wolfgang (1995): Die gekannt sein wollen. Prolegomena zu einer Theorie des Exils, in: Hermann Haarmann (Hg.), Innen-Leben. Ansichten aus dem Exil, Berlin: Fannei & Walz, S. 56–69.

Fuchs, Hans-Jürgen (1986): Das glückliche Bewusstsein und die Krise: Ausländerfeindlichkeit in der Bundesrepublik, Frankfurt a.M.: Brandes & Apsel.
Gabaccia, Donna R. (2016): Feminization of Migration, in: The Wiley Blackwell Encyclopedia of Gender and Sexuality Studies. DOI: 10.1002/9781118663219.wbegss732.
Gamburd, Michele Ruth (2000): The Kitchen Spoon's Handle: Transnationalism and Sri Lanka's Migrant Housemaids, Ithaka: Cornell UP.
Gamlen, Alan (2008): The emigration state and the modern geopolitical imagination, in: Political Geography 27, 8, S. 840–856.
Gamlen, Alan (2014a): Diaspora Institutions and Diaspora Governance, in: International Migration Review 48, 1, S. 180–217.
Gamlen, Alan (2014b): The new migration-and-development pessimism, in: Progress in Human Geography 38, 4, S. 581–597.
García Zamora, Rodolfo (Hg., 2017): El retorno de los migrantes mexicanos de Estados Unidos a Michoacán, Oaxaca, Zacatecas, Puebla, Guerrero y Chiapas 2000-2012, Zacatecas, México: UAZ.
Geiger, Martin/Pécoud, Antoine (Hg., 2010): The Politics of International Migration Management, Houndsmill/Basingstoke: Palgrave Macmillan.
Geiger, Martin/Pécoud, Antoine (Hg., 2013): Disciplining the Transnational Mobility of People, Houndsmill/Basingstoke: Palgrave Macmillan.
Georgi, Fabian (2009): Kritik des Migrationsmanagements. Historische Einordnung eines politischen Projekts, in: juridikum. Zeitschrift für Politik – Recht – Gesellschaft 2, S. 81–84.
Georgi, Fabian (2016): Widersprüche im Sommer der Migration. Ansätze einer materialistischen Grenzregimeanalyse, in: PROKLA. Zeitschrift für kritische Sozialwissenschaft 46, 2, S. 183–203.
Georgi, Fabian/Schatral, Susanne (2012): Towards a Critical Theory of Migration Control. The Case of the International Organization for Migration, in: IMIS-Beiträge 40, S. 193–221.
Gerking, Shelby D./Mutti, John H. (1980): Costs and Benefits of Illegal Immigration: Key Issues for Government Policy, in: Social Science Quarterly 61, 1, S. 72–85.
Ghosh, Bimal (2000): Managing Migration: Time for a New International Regime? Oxford: Oxford UP.

Gibney, Matthew J. (2013): Is Deportation a Form of Forced Migration? in: Refugee Survey Quarterly 32, 2, S. 116–129.

Glick Schiller, Nina/Basch, Linda/Blanc-Szanton, Cristina (1992): Transnationalism: A New Analytic Framework for Understanding Migration, in: Dies. (Hg.), Towards a Transnational Perspective on Migration: Race, Class, Ethnicity and Nationalism Reconsidered. Annals of the New York Academy of Sciences 645, New York, S. 1–24.

Glick Schiller, Nina/Basch, Linda/Szanton Blanc, Cristina (1997): From Immigrant to Transmigrant: Theorizing Transnational Migration, in: Transnationale Migration. Soziale Welt: Sonderband 12, Baden Baden: Nomos, S. 121–140.

Global Commission on International Migration, GCIM (2005): Report of the Global Commission on International Migration: Migration in an interconnected world, Genf.

Gogolin, Ingrid (2008): Der monolinguale Habitus der multilingualen Schule, Münster: Waxmann.

Grelet, Stany (2001): The Art of Flight: An Interview with Yann Moulier Boutang, in: Rethinking Marxism 13, 3-4, S. 227–235.

Guarnizo, Luis Eduardo/Portes, Alejandro/Haller, William (2003): Assimilation and Transnationalism: Determinants of Transnational Political Action among Contemporary Migrants, in: American Journal of Sociology 108, 6, S. 1211–1248.

Guevarra, Anna Romina (2010): Marketing dreams, Manufacturing heroes: The transnational labor brokering of Filipino workers, New Brunswick: Rutgers UP.

Guild, Elspeth (2005): The Legal Framework. Who is Entitled to Move?, in: Didier Bigo/Elspeth Guild (Hg.), Controlling frontiers. Free movement into and within Europe. London, New York: Routledge, S. 14–48.

Guild, Elspeth/Mantu, Sandra (Hg., 2011): Constructing and Imagining Labour Migration. Perspectives of Control from Five Continents, Farnham/Burlington: Ashgate.

Gümen, Sedef (1998): Das Soziale des Geschlechts. Frauenforschung und die Kategorie »Ethnizität«, in: Das Argument 224, S. 187–202.

Gutiérrez Rodríguez, Encarnación (1996): Frau ist nicht gleich Frau, nicht gleich Frau, nicht gleich Frau ... Über die Notwendigkeit einer kritischen Dekonstruktion in der feministischen Forschung, in: Ute Luise

Fischer/Marita Kampshoff/Susanne Keil/Mathilde Schmitt (Hg.), Kategorie: Geschlecht, Opladen: Leske + Budrich, S. 163–190.
Haas, Peter M. (1992): Introduction: Epistemic Communities and International Policy Coordination, in: International Organization 46, 1, S. 1–35.
Hahn, Sylvia (2000): Wie Frauen in der Migrationsgeschichte verloren gingen, in: Karl Husa/Christof Parnreiter/Irene Stacher (Hg.), Internationale Migration. Die globale Herausforderung des 21. Jahrhunderts? Frankfurt a.M./Wien: Brandes & Apsel/Südwind.
Hammer, Hans (1976): Wirkungen politischer Maßnahmen zur Lenkung der Ausländerbeschäftigung: eine Studie zur Arbeitsmarktpolitik, Göttingen: Schwartz.
Hansen-Schaberg, Inge (2014): Exilforschung – Stand und Perspektiven, http://www.bpb.de/apuz/192561/exilforschung-stand-und-perspektiven?p=all, (25.12.2017).
Haritaworn, Jin (2012): Women's rights, gay rights and anti-Muslim racism in Europe: Introduction, in: European Journal of Women's Studies 19, 1, S. 73–78.
Harzig, Christiane/Hoerder, Dirk/Gabaccia, Donna R. (2009): What is Migration History?, Cambridge/Malden: Polity Press.
Hebenstreit, Sabine (1984): Rückständig, isoliert, hilfsbedürftig – das Bild ausländischer Frauen in der deutschen Literatur, in: Frauenforschung ifg 2, S. 24–38.
Heimeshoff, Lisa-Marie/Hess, Sabine/Kron, Stefanie/Schwenken, Helen/Trzeciak, Miriam (Hg.) (2014): Grenzregime II: Migration – Kontrolle – Wissen. Transnationale Perspektiven, Berlin: Assoziation A.
Hess, Sabine/Binder, Jana/Moser, Johannes (2009): No integration?!: kulturwissenschaftliche Beiträge zur Integrationsdebatte in Europa, Bielefeld: transcript.
Hess, Sabine/Karakayalı, Serhat (2016): Fluchtlinien der Migration. Grenzen als soziale Verhältnisse, in: Hess et al. (Hg.), Der lange Sommer der Migration: Grenzregime III, S. 25–37.
Hess, Sabine/Kasparek, Bernd (Hg., 2010): Grenzregime. Diskurse – Praktiken – Institutionen in Europa, Berlin/Hamburg: Assoziation A.
Hess, Sabine/Kasparek, Bernd/Kron, Stefanie/Rodatz, Mathias/Schwertl, Maria/Sontowski, Simon (Hg., 2016): Der lange Sommer der Migration: Grenzregime III, Berlin/Hamburg: Assoziation A.

Hess, Sabine/Kasparek, Bernd/Schwertl, Maria (2018): Regime ist nicht Regime ist nicht Regime. Zum theoriepolitischen Einsatz der ethnografischen (Grenz-)Regimeanalyse, in: Andreas Pott/Christoph Rass/Frank Wolff (Hg.), Was ist ein Migrationsregime? What Is a Migration Regime? Wiesbaden: Springer, S. 257–282.

Hirsch, Joachim/Kannankulam, John (2006): Poulantzas und Formanalyse. Zum Verhältnis zweier Ansätze materialistischer Staatstheorie, in: Lars Bretthauer/Alexander Gallas/John Kannankulam/Ingo Stützle (Hg.), Poulantzas lesen. Zur Aktualität marxistischer Staatstheorie, Hamburg: VSA, S. 65–81.

Hoang, Lan Anh/Yeoh, Brenda S. A. (2011): Breadwinning Wives and »Left-Behind« Husbands: Men and Masculinities in the Vietnamese Transnational Family, in: Gender & Society 25, 6, S. 717–739.

Hoesch, Kirsten (2018): Migration und Integration. Eine Einführung, Wiesbaden: Springer VS.

Hoffmann, Lutz/Even, Herbert (1985): »Sie beschäftigen uns wie Sklaven«: Erfahrungen von Türken an deutschen Arbeitsplätzen. Abschlussbericht »Wahrnehmung der alltäglichen Ausländerfeindlichkeit in Industriebetrieben durch ausländische Arbeitnehmer«, Bielefeld: Universität Bielefeld.

Hoffmann-Nowotny, Hans-Joachim/Hondrich, Karl Otto (Hg.) (1982): Ausländer in der Bundesrepublik Deutschland und in der Schweiz: Segregation und Integration, Frankfurt a.M.: Campus.

Hollifield, James F. (1992): Immigrants, Markets, and States: Political Economy of Postwar Europe, New Haven/London: Harvard UP.

Hondagneu-Sotelo, Pierrette (2006): Gender and Migration, in: Cynthia Cranford/Janet Saltzman Chafetz (Hg.), Handbook of the Sociology of Gender, New York: Springer, S. 105–126.

Hönekopp, Elmar (1987): Aspekte der Ausländerbeschäftigung in der Bundesrepublik Deutschland, Nürnberg: Institut für Arbeitsmarkt- und Berufsforschung, Bundesanstalt für Arbeit.

hooks, bell (1982): Ain't I A Woman. Black Women and Feminism, London: Pluto Press.

Huth-Hildebrand, Christine (1992): Germanozentrismus oder interkulturelles Denken? Deutsche Frauen und ihre Beziehung zu den Migrantinnen, in: Marion Schulz (Hg.), Fremde Frauen. Von der Gastarbeiterin zur Bürgerin, Frankfurt a.M.: IKO, S. 6–25.

Huth-Hildebrand, Christine (2002): Das Bild von der Migrantin. Auf den Spuren eines Konstrukts, Frankfurt a.M.: Brandes & Apsel.
International Women Space (Hg., 2017): In our own Words: Refugee Women in Germany tell their Stories, Berlin.
IOM, International Organization for Migration (2015): Environmental Migrants, www.iom.int/definitional-issues (5.10.2016).
IOM, International Organization for Migration (2013): World Migration Report 2013. Geneva: IOM.
Irudaya, Rajan S. (2016): South Asia Migration Report 2017: Recruitment, Remittances and Reintegration, New Delhi: Routledge.
Irudaya, Rajan S. (2017): India Migration Report 2017: Forced Migration, New Delhi: Routledge.
Irudaya, Rajan S./Varghese, V. J./Jayakumar, M. S. (2011): Dreaming Mobility and Buying Vulnerability. Overseas Recruitment Practices in India, New Delhi: Routledge.
Jones, Terry-Ann/Mielants, Eric (2010): Mass Migration in the World-system: Past, Present, and Future, Boulder: Routledge.
Joppke, Christian (2005): Selecting by Origin: Ethnic Migration in the Liberal State, Cambridge: Harvard UP.
Joppke, Christian (2007): Beyond national models: Civic integration policies for immigrants in Western Europe, in: West European Politics 30, 1, S. 1–22.
Kalpaka, Annita/Räthzel, Nora (1986): Die Schwierigkeit, nicht rassistisch zu sein, Berlin: Express.
Kalpaka, Annita/Räthzel, Nora (1992): Rassismus und Migration in Europa: Beiträge des Kongresses »Migration und Rassismus in Europa«, Hamburg, 26.–30.09.1990, Hamburg: Argument.
Kannankulam, John (2014): Kräfteverhältnisse in der bundesdeutschen Migrationspolitik. Die Asyldebatte als Schlüsselereignis des schwerfälligen Wandels vom Gastarbeitsregime hin zu Managed Migration, in: Forschungsgruppe Staatsprojekt Europa (Hg.), Kämpfe um Migrationspolitik, Bielefeld: transcript, S. 93–112.
Kapur, Devesh (2004): Remittances: The new development mantra? G-24 Discussion Paper No. 29, New York, Geneva: United Nations.
Karakayalı, Serhat/Tsianos, Vassilis (2005): Mapping the Order of New Migration. Undokumentierte Arbeit und die Autonomie der Migration, in: Peripherie. Zeitschrift für Politik und Ökonomie in der Dritten Welt 25, 97/98, S. 35–64.

Karakayalı, Serhat/Tsianos, Vassilis (2007): Movements that matter. Eine Einleitung, in: Transit Migration Forschungsgruppe (Hg.), Turbulente Ränder. Neue Perspektiven auf Migration an den Grenzen Europas, Bielefeld: transcript, S. 7–17.

Keough, Leyla J. (2006): Globalizing »Postsocialism«: Mobile Mothers and Neoliberalism on the Margins of Europe, in: Anthropological Quarterly 79, 3, S. 431–461.

King, Russell (2002): Towards a new map of European migration, in: International Journal of Population Geography 8, 2, S. 89–106.

Kivisto, Peter (2001): Theorizing transnational immigration: a critical review of current efforts, in: Ethnic and Racial Studies 24, 4, S. 549–577.

Kleist, J. Olaf (2015): Über Flucht forschen. Herausforderungen der Flüchtlingsforschung, in: Peripherie – Zeitschrift für Politik und Ökonomie der Dritten Welt 35, 138/139, S. 150–169.

Klepp, Silja (2017): Climate Change and Migration, in: Oxford Research Encyclopedia of Climate Science, DOI: 10.1093/acrefore/9780190228620.013.42

Kofman, Eleonore (1999): Female ›Birds of Passage‹ a Decade Later: Gender and Immigration in the European Union, in: International Migration Review 33, 2, S. 269–299.

Kofman, Eleonore (2008): Managing migration and citizenship in Europe: towards an overarching framework, in: Christina Gabriel/Hélène Pellerin (Hg.), Governing International Labour Migration. Current issues, challenges and dilemmas, London: Routledge, S. 13–26.

Kofman, Eleonore/Raghuram, Parvati (2015): Migration, Social Reproduction and Inequality, in: Gendered Migrations and Global Social Reproduction, Houndsmill/Basingstoke: Palgrave Macmillan, S. 156–179.

Kölnischer Kunstverein (2005): Projekt Migration, Köln: DuMont.

König, Peter/Schultze, Günther/Wessel, Rita (1986): Situation der ausländischen Arbeitnehmer und ihrer Familienangehörigen in der Bundesrepublik Deutschland: Repräsentativuntersuchung ’85, Bonn: Bundesminister für Arbeit und Sozialordnung.

Koopmans, Ruud (2016): Does assimilation work? Sociocultural determinants of labour market participation of European Muslims, in: Journal of Ethnic and Migration Studies 42, 2, S. 197–216.

Krasberg, Ulrike (1979): Ich mache die Nacht zum Tag: Emanzipation und Arbeitsemigration. Griechische Frauen in Deutschland und Griechenland, Frankfurt a.M.: Peter S. Lang.

Krüger-Potratz, Marianne (1991): Anderssein gab es nicht: Ausländer und Minderheiten in der DDR, Münster/New York: Waxmann.

Kumar, Ashutosh (2017): Coolies of the Empire: Indentured Indians in the Sugar Colonies, 1830–1920, Cambridge: Cambridge UP.

Kunz, Rahel (2011): The Political Economy of Global Remittances: Gender, Governmentality and Neoliberalism, London: Routledge.

Kunz, Rahel/Lavenex, Sandra/Panizzon, Marion (2011): Governance through Partnerships in International Migration, in: Rahel Kunz/Sandra Lavenex/Marion Panizzon (Hg.), Multilayered Migration Governance. The Promise of Partnership. London: Routledge, S. 1–20.

Lee, Everett S. (1966): A Theory of Migration, in: Demography 3, 1, S. 47–57.

Lenz, Ilse (1994): wir wollen sein ein einig Volk von Brüdern ... Zur sozialen Konstruktion von Geschlecht und Ethnizität, in: Christine Tillner (Hg.), Frauen: Rechtsextremismus, Rassismus, Gewalt. Feministische Beiträge. Münster: Agenda, S. 49–64.

Lenz, Ilse (1995): Geschlecht, Herrschaft und internationale Ungleichheit, in: Regina Becker-Schmidt/Gudrun-Axeli Knapp (Hg.), Das Geschlechterverhältnis als Gegenstand der Sozialwissenschaften. Frankfurt a.M./New York: Campus, S. 19–46.

Levitt, Peggy (2001): The Transnational Villagers, Berkeley/Los Angeles: UC Press.

Levitt, Peggy/Lamba-Nieves, Deepak (2011): Social Remittances Revisited, in: Journal of Ethnic and Migration Studies 37, 1, S. 1–22.

Lewis, Rachel A./Naples, Nancy A. (2014): Introduction: Queer migration, asylum, and displacement, in: Sexualities 17, 8, S. 911–918.

Lindio-McGovern, Ligaya (2012): Globalization, Labor Export and Resistance. A Study of Filipino Migrant Domestic Workers in Global Cities, London: Routledge.

List, Friedrich (1842): Die Ackerverfassung, die Zwergwirthschaft und die Auswanderung, Stuttgart, Tübingen: Cotta.

Lutz, Helma (2010): Gender in the Migratory Process, in: Journal of Ethnic and Migration Studies 36, 10, S. 1647–1663.

Lutz, Helma/Amelina, Anna (2017): Gender, Migration, Transnationalisierung. Eine intersektionelle Einführung, Bielefeld: transcript.

Lutz, Helma/Palenga-Möllenbeck, Ewa (2010): Care Work Migration in Germany: Semi-Compliance and Complicity, in: Social Policy & Society 9, 3, S. 1–12.

Mabogunje, Akin L. (1970): Systems Approach to a Theory of Rural-Urban Migration, in: Geographical Analysis 2, 1, S. 1–18.

Mahler, Sarah J./Pessar, Patricia R. (2001): Gendered Geographies of Power: Analyzing Gender Across Transnational Spaces, in: Identities 7, 4, S. 441–459.

Manalansan IV, Martin (2006): Queer Intersections: Sexuality and Gender in Migration Studies, in: International Migration Review 40, 1, S. 224–249.

Márquez Covarrubias, Humberto (2012): Diccionario crítico de migración y desarrollo México, D.F.: Porrúa.

Massey, Doreen (1994): Space, Place and Gender, Minneapolis: University of Minnesota Press.

Massey, Douglas S./Durand, Jorge/Malone, Nolan J. (2003): Beyond Smoke and Mirrors: Mexican Immigration in an Era of Economic Integration, New York: Russell Sage Foundation.

Massey, Douglas S. et al. (1994): An Evaluation of International Migration Theory: the North American Case, in Population and Development Review 20, 4, S. 699–751.

Mau, Steffen (2012): Das globale Mobilitätsregime und die Ungleichheitsfrage, in: Hans-Georg Soeffner (Hg.), Transnationale Vergesellschaftungen. Wiesbaden: Springer, S. 467–482.

McKay, Steven C. (2007): Filipino Sea Men: Constructing Masculinities in an Ethnic Labour Niche, in: Journal of Ethnic and Migration Studies 33, 4, S. 617–633.

Mecheril, Paul (2014): Was ist das X im Postmigrantischen?, in: sub\urban. zeitschrift für kritische stadtforschung 2, 3, S. 107–112.

Mecheril, Paul/Thomas-Olalde, Oscar/Melter, Claus/Arens, Susanne/Romaner, Elisabeth (2013): Migrationsforschung als Kritik? Erkundung eines epistemischen Anliegens in 57 Schritten, in: Dies. (Hg.), Migrationsforschung als Kritik? Wiesbaden: Springer, S. 7–55.

Mende, Christiane (2013): Migration in der DDR. Über staatliche Pläne, migrantische Kämpfe und den real-existierenden Rassismus, in: Duygu

Gürsel/Zülfukar Çetin/Allmende e.V. (Hg.), Wer MACHT Demo_kratie? Kritische Beiträge zu Migration und Machtverhältnissen, Münster: Edition Assemblage, S. 152–164.

Meyer, John W. (2005): Weltkultur. Wie die westlichen Prinzipien die Welt durchdringen, Frankfurt a.M.: Suhrkamp.

Meyer, Katrin (2017): Theorien der Intersektionalität zur Einführung, Hamburg: Junius.

Mezzadra, Sandro (2010): Autonomie der Migration. Kritik und Ausblick – eine Zwischenbilanz, in: Grundrisse. Zeitschrift für linke Theorie und Debatte, www.grundrisse.net/grundrisse34/Autonomie_der_Migration.htm (28.12.2017).

Mezzadra, Sandro/Neilson, Brett (2013): Border as Method, or, the Multiplication of Labor, Durham: Duke UP.

Migreurope (2016): Map of Camps 2016 – sixth edition. Scenes of desolation at the EU borders, www.migreurop.org/article2747.html?lang=fr (15.12.2017).

Morokvašic, Mirjana (1984): Birds of Passage are also Women, in: International Migration Review 18, 4, S. 886–907.

Morokvašic, Mirjana (1987): Jugoslawische Frauen. Die Emigration - und danach, Basel/Frankfurt a.M.: Roter Stern.

Morokvašic, Mirjana (2007): Migration, Gender, Empowerment, in: Ilse Lenz/Charlotte Ullrich/Barbara Fersch (Hg.), Gender Orders Unbound? Globalisation, Restructuring and Reciprocity. Opladen, Farmington Hills: Barbara Budrich, S. 69–97.

Moulier Boutang, Yann (1993): Interview mit Yann Moulier Boutang, Paris. Aus: »razza operaia«; Padova edizioni, Mai 1992, in: Materialien für einen neuen Antiimperialismus 5, S. 29–55.

Moulier Boutang, Yann (1998): De l'esclavage au salariat. Economie historique du salariat bridé, Paris: Presses Universitaires de France.

Moulier Boutang, Yann/Garson, Jean-Pierre/Silberman, Roxane (1986): Économie politique des migrations clandestines de main d'œuvre, Paris: Publisud.

Müller, Christian Th./Poutrus, Patrice G. (Hg., 2005): Ankunft – Alltag – Ausreise: Migration und interkulturelle Begegnung in der DDR-Gesellschaft, Köln: Böhlau.

Nauck, Bernhard (1985): Arbeitsmigration und Familienstruktur: eine Analyse der mikrosozialen Folgen von Migrationsprozessen, Frankfurt a.M.: Campus.

Neuhauser, Johanna/Hess, Sabine/Schwenken, Helen (2016): Unter- oder überbelichtet: Die Kategorie Geschlecht in medialen und wissenschaftlichen Diskursen zu Flucht, in: Sabine Hess et al. (Hg.), Der lange Sommer der Migration. Grenzregime III, S. 176–195.

Nikolinakos, Marios (1973): Politische Ökonomie der Gastarbeiterfrage: Migration und Kapitalismus, Reinbek bei Hamburg: Rowohlt.

OECD, Organisation for Economic Co-operation and Development (2007): International Migration Outlook, Paris: OECD.

OECD/UNDESA (2013): World Migration in Figures, New York: UN.

Oishi, Nana (2005): Women in Motion: Globalization, State Policies, and Labor Migration in Asia, Stanford: Stanford UP.

Oltmer, Jochen (2012): Globale Migration: Geschichte und Gegenwart, München: C.H. Beck.

Oso, Laura/Catarino, Christine (2013): From Sex to Gender: The Feminisation of Migration and Labour-Market Insertion in Spain and Portugal, in: Journal of Ethnic and Migration Studies 39, 4, S. 625–647.

Oswald, Ingrid (2007): Migrationssoziologie, Konstanz: UVK, UTB.

Özcan, Ertekin (1992): Türkische Immigrantenorganisationen in der Bundesrepublik Deutschland. Die Entwicklung politischer Organisationen und politischer Orientierung unter türkischen Arbeitsmigranten in der Bundesrepublik Deutschland und Berlin West, Berlin: Hitit.

Palenga-Möllenbeck, Ewa (2014): Pendelmigration aus Oberschlesien: Lebensgeschichten in einer transnationalen Region Europas, Bielefeld: transcript.

Palenga-Möllenbeck, Ewa/Lutz, Helma (2011): Das Care-Chain-Konzept auf dem Prüfstand. Eine Fallstudie der transnationalen Care-Arrangements polnischer und ukrainischer Migrantinnen, in: GENDER. Zeitschrift für Geschlecht, Kultur und Gesellschaft 3, 1, S. 9–27.

Palmary, Ingrid (2017): Gender, Sexuality and Migration in South Africa: Governing Morality, Basingstoke/Hampshire: Palgrave Macmillan.

París Pombo, María Dolores (Hg., 2012): Migrantes, desplazados, braceros y deportados experiencias migratorias y prácticas políticas, Tijuana: El Colegio de la Frontera Norte, UAM-X.

Parnreiter, Christof (1994): Migration und Arbeitsteilung: AusländerInnenbeschäftigung in der Weltwirtschaftskrise, Wien: Promedia.

Parreñas, Rhacel (2005): Children of Global Migration: Transnational Families and Gendered Woes, Stanford: Stanford UP.

Parreñas, Rhacel Salazar (2009): Inserting Feminism in Transnational Migration Studies, in: Migration Online CZ, migrationonline.cz/en/inserting-feminism-in-transnational-migration-studies (05.03.2018).

Paulus, Stefan (2012): Das Geschlechterregime. Eine intersektionale Dispositivanalyse von Work-Life-Balance-Maßnahmen, Bielefeld: transcript.

Pessar, Patricia R. (1999): The Role of Gender, Households and Social Networks in the Migration Process. A Review and Appraisal, in: Charles Hirschman/Philip Kasinitz/Josh DeWind (Hg.), The Handbook of International Migration: The American Experience, New York: Russel Sage Foundation, S. 53–70.

Pessar, Patricia R. (2001): Women's Political Consciousness and Empowerment in Local, National, and Transnational Contexts: Guatemalan Refugees and Returnees, in: Identities 7, 4, S. 461–500.

Pessar, Patricia R./Mahler, Sarah J. (2003): Transnational Migration: Bringing Gender In, in: International Migration Review 37, 3, S. 812–846.

Phillips, Anne (2010): What's wrong with Essentialism?, in: Distinktion: Journal of Social Theory 11, 1, S. 47–60.

Piore, Michael J. (1979): Birds of Passage: Migrant Labor and Industrial Societies, Cambridge: Cambridge UP.

Portes, Alejandro/Guarnizo, Luis E./Landolt, Patricia (1999): The study of transnationalism: pitfalls and promise of an emergent research field, in: Ethnic and Racial Studies 22, 2, S. 217–237.

Pott, Andreas/Rass, Christoph/Wolff, Frank (Hg., 2018): Migration Regimes: Interdisciplinary Approaches to a Key Concept, Wiesbaden: Springer.

Potts, Lydia (1988): Weltmarkt für Arbeitskraft. Von der Kolonisation Amerikas bis zu den Migrationen der Gegenwart, Hamburg: Junius.

Pries, Ludger (2001): Internationale Migration, Bielefeld: transcript.

Ragazzi, Francesco (2009): Governing Diasporas, in: International Political Sociology, S. 378–397.

Raute, Rudolf (1976): Lohn- und Verteilungswirkungen der Ausländerbeschäftigung, Bochum: Brockmeyer.

Ravenstein, Ernest George (1885): The Laws of Migration, in: Journal of the Statistical Society of London 48, 2, S. 167–235.

Rivera-Batiz, Francisco L. (1999): Undocumented Workers in the Labor Market: An Analysis of the Earnings of Legal and Illegal Mexican Immigrants in the United States, in: Journal of Population Economics 12, 1, S. 91–116.

Rodriguez, Robyn Magalit/Schwenken, Helen (2013): Becoming a Migrant at Home: Subjectivation Processes in Migrant-Sending Countries Prior to Departure, in: Population, Space and Place 19, 4, S. 375–388.

Rodriguez, Robyn Magalit (2010): Migrants for Export: How the Philippine State Brokers Labor to the World, Minneapolis, London: University of Minnesota Press.

Rothschild, Teal Kristen (2009): Feminization of Migration, in: Encyclopedia of Gender and Society, Thousand Oaks: Sage, S. 321–324.

Samers, Michael (2010): Migration, Oxon/New York: Routledge.

Sassen, Saskia (1988): The Mobility of Labor and Capital: A Study in International Investment and Labor Flow, New York: Cambridge UP.

Sayad, Abdelmalek (2004): The suffering of the immigrant, Cambridge: Polity.

Scheel, Stephan (2013): Autonomy of migration despite its securitisation? Facing the terms and conditions of biometric rebordering, in: Millennium 41, 3, S. 575–600.

Scheel, Stephan (2015): Das Konzept der Autonomie der Migration überdenken? Yes, please!, in: movements. Journal for Critical Migration and Border Regime Studies 1, http://movements-journal.org/issues/02.kaempfe/14.scheel--autonomie-der-migration.html (28.12.2017).

Schönbach, Peter (1970): Sprache und Attitüden: über den Einfluß der Bezeichnungen »Fremdarbeiter« und »Gastarbeiter« auf Einstellungen gegenüber ausländischen Arbeitern, Bern: Huber.

Schwenken, Helen (2000): Frauen-Bewegungen in der Migration. Zur Selbstorganisierung von Migrantinnen in der Bundesrepublik Deutschland, in: Ilse Lenz/Michiko Mae/Karin Klose (Hg.), Frauenbewegungen weltweit, Opladen: Leske + Budrich, S. 133–166.

Schwenken, Helen (2006): Rechtlos, aber nicht ohne Stimme. Politische Mobilisierungen um irreguläre Migration in die Europäische Union, Bielefeld: transcript.

Schwenken, Helen (2008): Beautiful Victims and Sacrificing Heroines: Exploring the Role of Gender Knowledge in Migration Policies, in: Signs: Journal of Women in Culture and Society 33, 4, S. 770–776.
Schwenken, Helen (2018): Intersectional Migration Regime Analysis: Explaining Gender-Selective Labour Emigration Regulations, in: Andreas Pott/Christoph Rass/Frank Wolff (Hg.), Was ist ein Migrationsregime? What Is a Migration Regime? Wiesbaden: Springer, S. 207–224.
Schwiertz, Helge (2011): Foucault an der Grenze: Mobilitätspartnerschaften als Strategie des europäischen Migrationsregimes, Münster: LIT.
Scott, James C. (1990): Domination and the Arts of Resistance. Hidden Transcripts, New Haven/London: Yale UP.
Seibert, Niels (2008): Vergessene Proteste: Internationalismus und Antirassismus 1964-1983, Münster: Unrast.
Short, Patricia/Hossain, Moazzem/Khan, M. Adil (Hg., 2017): South-south migration: emerging patterns, opportunities and risks, London: Routledge.
Shue, Henry (1980/1996): Basic Rights: Subsistence, Affluence, and U.S. Foreign Policy, Princeton: Princeton UP.
Sigona, Nando (2015): Seeing double? How the EU miscounts migrants arriving at its borders, in: The Conversation, http://theconversation.com/seeing-double-how-the-eu-miscounts-migrants-arriving-at-its-borders-49242 (31.8.2017).
Simmel, Georg (1968 [1908]): Neuntes Kapitel. Der Raum und die räumlichen Ordnungen der Gesellschaft, in: Georg Simmel, Soziologie. Untersuchungen über die Formen der Vergesellschaftung. Gesammelte Werke. Zweiter Band. Berlin: Duncker & Humblot, S. 460–526.
Sjaastad, Larry A. (1962): The Costs and Returns of Human Migration, in: Journal of Political Economy 70, 5, S. 80–93.
Smith, Michael Peter/Guarnizo, Luis Eduardo (1998): Transnationalism from Below, Livingston, NJ: Transaction.
Soysal, Yasemin Nuhoglu (1994): Limits of Citizenship. Migrants and Postnational Membership in Europe, Chicago/London: The University of Chicago Press.
Standing, Guy (1989): Global feminization through flexible labor, in: World Development 17, 7, S. 1077–1095.
Stark, Oded (1991): The Migration of Labor Reprint, Cambridge: Blackwell.

Stark, Oded/Bloom, David Elliot (1985): The new economics of labor migration, Migration and Development Program, Harvard University.
Statistisches Bundesamt (2017): Bevölkerung und Erwerbstätigkeit Bevölkerung mit Migrationshintergrund. Ergebnisse des Mikrozensus 2016. Fachserie 1, Reihe 2.2.
Straubhaar, Thomas (2002): Migration im 21. Jahrhundert, Freiburg i. Br.: Mohr Siebeck.
Supik, Linda (2014): Statistik und Rassismus: Das Dilemma der Erfassung von Ethnizität, Frankfurt a.M.: Campus.
Supik, Linda (2017): Wie erfassen andere europäische Staaten den »Migrationshintergrund«? Expertise, Mediendienst Integration, https://mediendienst-integration.de/fileadmin/Dateien/Expertise_Migrationshintergrund_andere_Laender.pdf (15.12.2017).
Thielemann, Eiko R. (2009): The Effectiveness of Governments' Attempts to Control Unwanted Migration, in: Craig A. Parsons/Timothy M. Smeeding (Hg.), Immigration and the Transformation of Europe, Cambridge: Cambridge UP, S. 442–472.
Thielen, Marc (2009): Wo anders leben? Migration, Männlichkeit und Sexualität. Biografische Interviews mit iranischstämmigen Migranten in Deutschland, Münster: Waxmann.
Thomas, William I./Znaniecki, Florian (1958 [1918]): The Polish Peasant in Europe and America, New York: Dover.
Toyota, Mika/Yeoh, Brenda S.A./Nguyen, Liem (2007): Bringing the ›Left Behind‹ back into View in Asia: a Framework for Understanding the ›Migration-Left Behind Nexus‹, in: Population, Space and Place 13, 3, S. 157–161.
Treibel, Annette (1988): Engagement und Distanzierung in der westdeutschen Ausländerforschung: eine Untersuchung ihrer soziologischen Beiträge, Stuttgart: Enke.
Tsianos, Vassilis/Hess, Sabine (2010): Ethnographische Grenzregimeanalyse: Eine Methodologie der Autonomie der Migration, in: Sabine Hess/Bernd Kasparek (Hg.), Grenzregime. Diskurse, Praktiken, Institutionen in Europa. Berlin/Hamburg: Assoziation A, S. 243–264.
Tsianos, Vassilis/Karakayalı, Serhat (2010): Transnational Migration and the Emergence of the European Border Regime: An Ethnographic Analysis, in: European Journal of Social Theory 13, 3, S. 373–387.

Türkoglu, Sevim (1991): Bilanz der Zusammenarbeit zwischen Immigrantinnen und deutschen Frauen, in: Bettina Kaufmann (Hg.), Dokumentation des Kongresses »Frauen gegen Nationalismus – Rassismus/Antisemitismus – Sexismus« am 16.–18.11.1990 in Köln. Köln, S. 16–19.

UNDESA, United Nations Population Division, Department of Economic and Social Affairs (1995): International Migration Policies and the Status of Female Migrants. Proceedings of the UN Expert Group Meeting, 28-31.03.1990.

UNDESA, United Nations Population Division, Department of Economic and Social Affairs (2015): International migration flows to and from selected countries. www.un.org/en/development/desa/population/migration/data/empirical2/migrationflows.shtml (7.8.2017)

UNDESA, United Nations Population Division, Department of Economic and Social Affairs (2016): International Migration Report 2015. ST/ESA/SER.A/384.

UNDP, United Nations Development Programme (2009): Human Development Report 2009. Overcoming barriers: Human mobility and development, New York: UNDP.

UNHCR, United Nations High Commissioner for Refugees (2017): Global Trends: Forced Displacements in 2016, Geneva: UNHCR.

Urry, John (1999): Globalization and Citizenship, in: Journal of World Systems Research 5, 2, S. 311–324.

Valiani, Salimah (2012): Unequal Exchange: The Global Integration of Nursing Labour Markets, Toronto: University of Toronto Press.

Van Hear, Nicholas (1998): New Diasporas, London: Routledge.

Vertovec, Steven (2003): Migration and Other Modes of Transnationalism: Towards Conceptual Cross-Fertilization, in: International Migration Review 37, 3, S. 641–665.

Vertovec, Steven (2007): Super-diversity and its implications, in: Ethnic and Racial Studies 30, 6, S. 1024–1054.

Vigneswaran, Darshan/Quirk, Joel (2015): Mobility Makes States, Migration and Power in Africa, Boston: University of Pennsylvania Press.

Walby, Sylvia (2007): Complexity Theory, Systems Theory, and Multiple Intersecting Social Inequalities, in: Philosophy of the Social Sciences 37, 4, S. 449–470.

Wang, Hong-zen (2007): Hidden Spaces of Resistance of the Subordinated: Case Studies from Vietnamese Female Migrant Partners in Taiwan, in: International Migration Review 41, 3, S. 706–727.
Wehner-Franco, Silke (1994): Deutsche Dienstmädchen in Amerika 1850–1914, Münster: Waxmann.
Weiner, Myron (1995): The Global Migration Crisis. Challenges to States and to Human Rights, New York: HarperCollins.
Wimmer, Andreas/Glick Schiller, Nina (2002): Methodological Nationalism and Beyond: Nation-state Building, Migration and the Social Sciences, in: Global Networks 2, 4, S. 301–334.
Winders, Jamie (2014): New Immigrant Destinations in Global Context, in: International Migration Review 48, Golden Anniversary Issue, S. 149–179.
Winker, Gabriele/Degele, Nina (2009): Intersektionalität. Zur Analyse sozialer Ungleichheiten, Bielefeld: transcript.
Wong, Tom (2015): Rights, Deportation, and Detention in the Age of Immigration Control, Stanford: Stanford UP.
Wright, Steve (2005): Den Himmel stürmen. Eine Theoriegeschichte des Operaismus, Berlin/Hamburg: Assoziation A.
Yeates, Nicola (2009): Globalising care economies and migrant workers: explorations in global care chains, Basingstoke: Palgrave Macmillan.
Yeoh, Brenda S A/Hoang, Lan Anh/Lam, Theodora (2010): Effects of International Migration on Families Left Behind. GFMD background paper, Puerto Vallarta.
Yildiz, Erol/Hill, Marc (Hg., 2014): Nach der Migration: Postmigrantische Perspektiven jenseits der Parallelgesellschaft, Bielefeld: transcript.
Young, Brigitte (2001): The ›Mistress‹ and the ›Maid‹ in the Globalized Economy, in: Leo Panitch/Colin Leys (Hg.), Socialist Register, 43, S. 315–328.
Zetter, Roger (1991): Labelling Refugees: Forming and Transforming a Bureaucratic Identity, in: Journal of Refugee Studies 4, 1, S. 39–62.
Zetter, Roger/Griffiths, David/Ferretti, Silvia/Pearl, Martyn (2003): An assessment of the impact of asylum policies in Europe 1990-2000. Home Office Research Study 259, London: Home Office.
Zlotnik, Hania (2003): The Global Dimensions of Female Migration, www.migrationpolicy.org/article/global-dimensions-female-migration (3.2.2018).

Sachregister

Länderregister (mit Regionen, Kontinenten)

Helen Schwenken ist Professorin für Migration und Gesellschaft am Institut für Migrationsforschung und Interkulturelle Studien (IMIS) und am Fachbereich Sozial- und Kulturwissenschaften der Universität Osnabrück. Sie ist Ko-Sprecherin der Forschungsstelle Geschlechterforschung an der Universität Osnabrück und eine der Koordinatorinnen des globalen *Research Network for Domestic Workers' Rights* (RN-DWR). Ihre Promotion schloss sie 2005 an der Universität Kassel mit einer Arbeit zu politischen Mobilisierungen um irreguläre Migration in der EU ab (*Rechtlos, aber nicht ohne Stimme*, transcript Verlag 2006). Ihre Schwerpunkte in Forschung und Lehre liegen in den Bereichen Migrationsforschung (insbesondere zu Arbeit, Flucht), Geschlechterforschung und sozialer Bewegungsforschung.